黄帝陵

中华文明的精神标识

何炳武 主编

2019年度陕西省社科联
资助科普读物

HUANG DI LING
ZHONGHUA WENMING DE
JINGSHEN BIAOZHI

总主编 李炳武

西安出版社

图书在版编目（CIP）数据

黄帝陵 : 中华文明的精神标识 / 何炳武主编.
—西安 : 西安出版社, 2020.12
ISBN 978-7-5541-5111-2

Ⅰ. ①黄… Ⅱ. ①何… Ⅲ. ①黄帝陵—介绍
Ⅳ. ①K878.8

中国版本图书馆CIP数据核字(2020)第251483号

黄帝陵——中华文明的精神标识
HUANGDILING —— ZHONGHUA WENMING DE JINGSHEN BIAOZHI

丛书主编：李炳武
本书主编：何炳武
撰　　稿：何炳武　李友广　温　雅　何　源　张玲玲
图片供稿：黄陵县委宣传部　黄陵县摄影家协会　黄帝陵管理局
摄　　影：王从录　张会文　王春梅　李小军
　　　　　王晓斌　张西陵　何炳彦　梁海虹
出 版 人：屈炳耀
策划统筹：李宗保　张正原
责任编辑：吴　革
审　　读：高　峰
封面设计：安　梁
版式设计：梅月兰
责任校对：卜　源　邵鹏飞
印刷统筹：尹　苗
出版发行：西安出版社
社　　址：西安市曲江新区雁南五路 1868 号
　　　　　影视演艺大厦 11 层
电　　话：（029）85253740
邮政编码：710061
印　　刷：陕西龙山海天艺术印务有限公司
开　　本：787 mm × 1092 mm　1/16
印　　张：25.5
字　　数：371 千
版　　次：2020 年 12 月第 1 版
印　　次：2021 年 1 月第 1 次印刷
书　　号：ISBN978-7-5541-5111-2
定　　价：168.00 元

△本书如有缺页、误装，请寄回另换

总 序

2015年2月，习近平总书记在陕西考察时指出："黄帝陵、兵马俑、延安宝塔、秦岭、华山等，是中华文明、中国革命、中华地理的精神标识和自然标识。"这一精辟而深刻的总结与概括，不仅指出这些互相联系的标识的内涵及其意义，更是对博大精深、源远流长的中华文化的理解与诠释，也自然成为树立文化自信的深厚基础。2016年7月1日，习近平总书记在庆祝中国共产党成立95周年大会上提出，全党要坚定道路自信、理论自信、制度自信、文化自信。

五年来，陕西省以习近平新时代中国特色社会主义思想和习近平总书记来陕考察重要讲话精神为指引，勠力同心，艰苦奋斗，三秦大地焕发出新的气象。2020年，习近平总书记再次来到陕西考察。习近平总书记指出要坚持不懈用延安精神教育广大党员、干部，用以滋养初心、淬炼灵魂，从中汲取信仰的力量、查找党性的差距、校准前进的方向；强调陕西是中华民族和华夏文明重要发祥地之一，要加大文物保护力度，弘扬中华优秀传统文化、革命文化、社会主义先进文化，培育社会主义核心价值观，加强公共文化产品和服务供给，更好满足人民群众精神文化生活需要。

由是，中共陕西省委、陕西省人民政府，中共西安市委、西安市人民政府认真传达学习习近平总书记两次来陕考察重要讲话精神，并将此作为首要政治任务全面贯彻落实。为了把习近平总书记重要讲话精神以图书形式表现出来，传承下去，西安出版社约请著名文化学者、"长安学"创始人李炳武先生担任主编，组织专业学者，主动担当历史与社会责任，对中国标识的精神内涵深入梳理研讨，历时四年，全方位地展示和述说黄帝陵、长安、延安和秦岭的历史地位、文化内涵和标识价值，汇聚成即将出版的《中国标识》丛书。

《秦岭——中华地理的自然标识》卷，从"自然标识"出发，将秦岭作为中国的地理标志、中国的中央公园来展开、深掘，抓住了主脉。全书由山进入去展示史，由空间进入去打开时间，揭示出了一座山与一个民族、与一脉文明的深度关系。这部书也一改人们印象中陕西文化的土原色，全景式地推出了陕西的另一种文化底色——绿色。

《黄帝陵——中华文明的精神标识》卷，把黄帝陵放在中华五千年文明史的大背景下进行研究，歌颂“人文初祖”轩辕黄帝的赫赫功德，记述历朝历代对黄帝的祭祀活动，从理论上论证黄帝时代是中华文明的开端，展示了黄帝与中华文化的渊源关系，万里寻根，历久弥新。“人文初祖”黄帝象征着中华民族勤劳勇敢、不怕牺牲等伟大精神，重新认识黄帝陵既是敬畏历史，也更顺乎和平与发展的时代潮流。

《长安——中华民族的文化标识》卷，以史前、西周、秦汉、隋唐和丝路文明为横轴，以古都长安在物质文明、政治文明和精神文明方面具有文化标识性的重大事件、代表人物和科技成果等为纵轴，立体展现了中华民族绵延不断的发展脉络，夯实了“文化自信”的基础，诠释了“文化标识”的内涵。长安所积淀的历史遗产之深厚、所蕴藏的文化瑰宝之丰富、所蕴含的民族精神之博大，在中国乃至世界城市之林中都是罕有其匹的。

《延安——中国革命的精神标识》卷，以详尽的资料和严谨的论述，把延安总结为新中国的雏形、中国特色社会主义道路和理论的逻辑起点、新中国的精神摇篮、新中国的干部之源和新中国的文化之基，进而从延安十三年这段中国革命的“黄金时期”提炼出“转折、思想、文化、人才、民心和精神”的中国革命标识。延安精神是我们党保持旺盛生命力、赢得人心的精神支柱，也是我们党加强自身建设的不竭动力。

要构建中华文明标识体系，就应有坚挺的脊梁、强健的血肉和丰满的羽翼。我想，黄帝陵、长安、延安和秦岭四地无疑是这个体系的中枢，有着特殊的地位。当然，在陕西可称为“中国标识”者还有很多；或者说，陕西就是构建中华文明标识体系的一方圣地。

我们构建中华文明标识体系，不仅是为了增长知识，更重要的是深入理解人民创造历史、推动社会文明进步的伟大意义，从而坚定中国的道路自信、理论自信、制度自信、文化自信，以昂扬的姿态迈向光辉的未来。

是为序。

郑欣淼

（郑欣淼：原文化部副部长、故宫博物院原院长）

黄帝陵与中华文明
（代序）

一、中华民族有五千多年的文明史

黄帝和炎帝是中国远古传说中的人物，这些传说经过文字加工，保存在先秦时期的一些文献中。

传说不都是虚构的，只要有佐证，其中就有可信的部分。司马迁在《史记》中的叙述，以及后来中国考古学关于中华文明起源的探讨，都说明黄帝时期揭开了中华文明的序幕。

司马迁说，神农氏以前的事他不了解，在《史记》中不写燧人、伏羲、神农“三皇”之事。他写《五帝本纪》，作为中华历史的开篇。“五帝”即黄帝、颛顼、帝喾、唐尧、虞舜，“五帝”之首就是黄帝。

根据《史记·五帝本纪》，加上中华文明起源的考古研究，认定黄帝时代距今有五千多年。今天中华儿女称中华文明源远流长，有五千多年的悠久历史。

中华文明的开局是这样：在氏族部落的繁衍过程中，黄帝统一了黄河流域的大片土地，成为中原部落联盟的首领。黄帝时代，国家雏形确立，文字初现，又设官治民，推进原始农业，人们开始制作冠冕衣裳，制作车、船，学会打井、养蚕和缫丝，为中华民族的多元统一奠定了物质和教化的基础。后代子孙推崇黄帝，祭祀黄帝，认定黄帝是中华的人文初祖。

2015年2月，国家主席习近平到陕西视察工作，指出陕西省有许多特点，“黄帝陵是中华文明的精神标识”就是其中之一。对此加以阐发，使更多的人了解，从而建立坚实的文化自信基石，加强民族凝聚力，是十分必要的。

中华文明的精神标识有哪些？中华历史进入春秋战国时期，出现了“百家之学”的昌盛文化局面，其中渗透着探本穷源的辩证精神、天人合一的和谐精神、人格养成的道德精神、博采众家之长的文化会通精神、以天下为己任的经世致用精神，以及奋发图强、生生不息的民族团结精神等。

中华文明的精神标识是我们民族精神的源头，黄帝陵是这个源头的象征。对此，我们有这样的认知：“不论树的影子有多长，根永远扎在这里。”

二、中华文明的精神标识与史书

人们了解中华文明的精神标识，需要读史。2015年2月，国家主席习近平在陕西，建议干部们读《史记》与《汉书》。

司马迁，今陕西韩城人，他撰写的《史记》，是中华的第一部纪传体通史。在《史记·太史公自序》中，司马迁介绍父亲司马谈的《论六家之要指》，“六家”即六个思想文化学派：阴阳、儒、墨、名、法、道德（即道家）。司马谈受汉初“黄老之学”的影响，对道家的思想文化予以很高的评价。汉武帝时“罢黜百家，独尊儒术”，因而司马迁推崇孔子和儒学，在《史记》中写了《孔子世家》，并为孔子的弟子们立传，称孔子为“至圣”。这些对中华思想文化有很大影响。

还要提到东汉时期史学家班固，今陕西咸阳人，他继承父业，用二十多年时间完成了《汉书》，即西汉时期历史的大部分。《汉书》是中国第一部完整的断代史史书。

《汉书》中有《艺文志·诸子略》，包含儒、墨、道、法、阴阳、名、纵横、杂、农、小说诸子十家的思想观点。《诸子略》有言："诸子十家，其可观者九家而已。"至于在街头巷尾说故事的小说家是否可称为"家"，尚可讨论。认为各家的思想观点"相反而皆相成也。《易》曰'天下同归而殊途，一致而百虑'"，表示对百家之学兼容并包的态度。正因为有这样的优良传统，中华文明才能长期传承发展。

还要提到，《汉书》中有《西域传》上下。西汉时期，玉门关和阳关以西的地域即今新疆乃至中亚地区，被称为"西域"。汉武帝时，张骞（今陕西城固人）艰苦备尝，用十三年时间，获得关于西域的认知，对汉朝的政治、经济、文化有很大影响。后来又第二次去西域。张骞通西域，使汉王朝的声威和汉文化的影响传播到西域，又由此传到欧洲。当时的中国，以文明、富强的政治实体而闻名于世。

东汉时期，被封为"定远侯"的班超也为沟通西域做出过重大贡献。这不但是物产、经济的互通，而且是文明的交流互鉴。

关于两汉时期丝绸之路的状况，我们读了《汉书·西域传》就会有明晰的印象。唐宋时期又有海上丝绸之路的开拓，将中外连接起来。读史才能更好地知今。这些历史认知有助于我们今天对筑梦"一带一路"重大战略意义的理解。

三、中华文明中包含独特的科学精神

这是一个长久被人们忽略的问题，十分可惜。有人只承认西方近代的科学精神（从牛顿开始），否认中华有自身独特的科学精神。现在已到应当加以澄清的时候了。

2015 年 12 月 7 日下午，中国科学家屠呦呦获得诺贝尔医学奖，在瑞典卡罗琳斯卡医学院用中文发表了题为《青蒿素：中医药给世界的一份礼物》的讲演，其中阐述了中国的科学精神。

中国古代的许多医学典籍中都有关于青蒿治病的记载。至于如何从植物中提取青蒿素，制作成适合人用的药物，需要科学家们进行研究。屠呦呦及其团队经过反复试验，得到从青蒿素中提取抗疟成分的启示，制成了药品，在非洲和其他地区使用，取得了很大疗效。屠呦呦在讲演中说：“通过抗疟药青蒿素的研究历程，我深感中西医药各有所长，二者有机结合，优势互补，当具有更大的开发潜力和良好的发展前景。……中医药从神农尝百草开始，在几千年的发展中积累了大量临床经验，对于自然资源的药用价值已经有所整理归纳。通过继承发扬，发掘提高，一定会有所发现，有所创新，从而造福人类。”

屠呦呦获得2015年诺贝尔生理学或医学奖，是世界对中国科学精神的认定和赞扬。

中国第一部编于战国时代，写定于西汉时期的医学经典《黄帝内经》，托名黄帝撰，实际上是战国时诸多医学家共同完成的，包括《素问》《灵枢》两大部分，共十八卷，一百六十二篇。《素问》的内容偏重中医人体生理、病理学、药物治疗的基本理论。《灵枢》主要论述针灸理论、经络学说和人体结构等。

值得注意的是，《黄帝内经》中有阴阳五行学说、儒家思想、墨家思想、道家思想，还有法家的若干见解。此外，名家、兵家等的某些思想也被吸纳，体现了博采众家之长的特色，说明中国医药学是百家之学的融会贯通。

2015年12月22日，国家主席习近平致信祝贺中国中医科学院成立六十周年，信中强调，中医药学是打开中华文明宝库的钥匙。可见，人们要全面理解中华文明，需要研究和阐述中国古代的科学精神。

司马迁名言：“究天人之际，通古今之变，成一家之言。”（《汉书·司马迁传》）“天人之学”中包含有中国古代的科学技术，从天文历算、中医药学、古地理学、古化学、古建筑学中都可看到“天人之学”的卓越成果。中华文明有自己独特的科学精神，这是必须加以肯定的。

四、中华文明是民族之魂

“文明”一词不是外来语，《尚书·舜典》中的“浚哲文明”，指治国理政者应当具有文明的美德。《疏》解释说：“经纬天地曰文，照临四方曰明。”在中华历史文献中，对文明的赞美很多，如《易大传》有“见龙在田，天下文明”“其德刚健而文明，应乎天而时行，是以元亨”等文字，认为具有文明美德的君子能与时俱进，其事业伟大而美好。与文明相对的是愚昧野蛮，由此产生了“文野之分”的理论，赞美前者，反对后者，这一直是中华儿女熟记于心的箴言。

关于中华文明，归纳起来，可以看到：

1. 中华文明有自己的源头，从黄帝开始，五千多年没有中断，这在世界史上是仅有的。《易经・贲卦・彖辞》曰：“观乎人文，以化成天下。”可见文化就是文明所产生的正面社会作用。

2. 中华文明在春秋战国时期孕育出博大精深的百家之学，这对中华民族的生衍发展产生了重大影响。

3. 中华文明在中国历史上为维护国家统一和民族团结做出了不可磨灭的贡献。一部中国历史实际上是中华文明传承发展的历史。

4. 今天，中华文明是实现民族伟大复兴的强大精神动力，它继续推动世界上不同文明的交流互鉴，致力于为人类的文明进步做出新的贡献。

張岂之

张岂之，1927 年生，江苏南通人。1946 至 1950 年夏在北京大学哲学系学习，毕业后考入清华大学哲学系读研究生。1952 年到西安市西北大学任教。现为西北大学中国思想文化研究所所长、教授。参与主编《宋明理学史》。自著和主编的著作有《中华人文精神》《儒学・理学・实学・新学》《大学的人文教育》《中国历史十五讲》《中国传统文化》等。主编《华夏文化》（季刊）。

目录

目录

第二章　慎终追远　四海同钦

——历代恭祭黄帝陵盛典

第三章 人文初祖 功垂千秋
——奠民族之丕基

第四章　赫赫始祖　华诞龙昂

——中华儿女魂魄所系

第五章　疆理万国　绥服九州

——创制礼仪法度

第六章　躬蚕稼桑　始作衣裳

——奠定农业文明

第七章　斅首作画　制礼作乐

——深植文化根脉

第八章　岁月无语　古树可证

——历代整修黄帝陵纪事

绪论

溯到源 找到根 寻到魂

习近平总书记2015年在陕西视察时指出，黄帝陵是中华文明的精神标识。同时他还强调，“轩辕黄帝陵文化积淀十分深厚，对历史文化要注重发掘和利用，溯到源，找到根，寻到魂。找到历史和现实的结合点，深入挖掘历史文化中的价值观念、道德规范、治国智慧，做到以文化人，以史资政”。

一、中华民族的血脉认同

黄帝陵，是始祖轩辕黄帝的陵冢所在地，也是海内外华夏儿女的精神维系。黄帝，被尊为中华“人文初祖”，是中华文明生生不息的象征和海内外华人共同的文化根基。每年清明、重阳节在黄帝陵举行的祭祖典礼满含华夏民族的基因符号，仪式上击鼓鸣钟、恭读祭文是中华民族精神的文化感召，是炎黄子孙寻根问祖的虔诚祝祷，更是华夏一家亲的世界宣告。

我中华有如此之伟大，中国文明有如此之超远，实黄帝拓殖创造之功也。

——于右任《〈黄帝功德纪〉序》

轩辕黄帝，亿万炎黄子孙共同敬仰的人文初祖。今天的黄帝陵祭祖，体现着中华民族的生命力、凝聚力和辐射力。

在今黄陵县城北桥山之上及其周围地区，发现多处新石器时代遗址。这些遗址虽未正式发掘，但黄帝时代的彩陶文化随手可拾，仰韶文化遗址甚为丰富。这些都是黄帝生活于新石器时代和古代中部桥山是黄帝主要活动区的有力证据。

对生命个体而言，子女要用“孝”来报答父母之恩。在儒家思想里，孝就是“生，事之以礼；死，葬之以礼，祭之以礼”。轩辕黄帝开创中华文明，华夏儿女对始祖的祭祀缅怀，不仅是对感恩情怀的释放，更是对子孙后世感恩情怀的培育和强化。

今日之中国是历史之中国的延续和发展。要认识今天的中国、今天的中国人，就要深入了解中国的文化血脉，准确把握滋养中国人的文化土壤。只有搞清楚我们文化的根与脉、源与流，才能真正明白当代中国从哪里来、往哪里去的问题，真正明白中国特色社会主义的历史由来和客观必然性的问题。

黄帝是中华民族屹立于世界民族之林的精神旗帜，是中华文明继续发展的力量源泉，也是中华儿女相互认同的文化标志。历朝历代对黄帝陵虔诚恭祭的传统一直绵延至今。

尧舜禹都认为自己是黄帝后裔，《国语》《礼记》等典籍也有关于黄帝陵祭典的记载。春秋战国时期，以黄帝为初祖的诸姓后裔仍然按照传统继续祭祀黄帝。秦始皇统一六国之后，沿袭了对黄帝的祭祀。唐代宗批准将桥山黄帝陵致祭纳入国家祭典。宋元时期，黄帝陵庙受到高度重视，多次被加以整修维护。明清两代间，朝廷礼部确定今黄陵县桥山黄帝陵为国家祭典的圣地，并规定三年大祭一次，皇帝亲撰祭文，且有刻石立碑，保存至今。

1935 年，国民政府确定清明节为“民族扫墓节”，中华人民共和国成立后，公祭黄帝典礼于清明节在陕西省黄陵县桥山黄帝陵举行。重阳节相传是轩辕黄帝“桥山龙驭”、逸仙升天之日，也是民间祭拜黄帝的传统祭日，自 20 世纪 80 年代起，恢复了每年农历九月初九重阳节祭拜先祖轩辕黄帝的活动。

黄帝陵祭典已被国家列为非物质文化遗产，黄陵县也被中国文联、中国民协授予“中国黄帝祭祀文化之乡”。清明公祭、重阳民祭已形成制度，而且祭祀的仪式也与时俱进，经过挖掘整理，不断规范和完善，并且更富有时代特色和内涵。对黄帝的祭祀，人们都以“至尊、至上、至高、至大”来表述，如祭祀的时间“九点五十”就是取意“九五至尊、至高无上”，祭品、祭器的设置上也体现“至尊、至高、至大”的理念，如太牢（即猪、牛、羊三牲祭品）就是最高规格的祭品，“九鼎八簋”也是古时最高祭祀的器物。

近些年的祭祀活动，提倡简化仪式、倡导文明节俭，体现心祭重于形祭。目前公祭和民祭黄帝陵的议程主要包括击鼓鸣钟、敬奏祭乐、敬献花篮、敬献祭品、敬上高香、敬奠祭酒、恭读祭文、行叩首礼、乐舞告祭、驭龙升天等。黄帝祭祀的议程内容、仪仗编排、祭品安排既继承传统又与时俱进。

历代帝王和中央政府祭祀黄帝陵由来已久，民间祭祀黄帝更是在此之前。百姓祭祀黄帝始于黄帝归天之时，从那个时候到现在，就一直没有中断过。

一束束鲜花、一个个花馍，饱含着黎民百姓真挚朴素的情感；一声声唢呐，一通通锣鼓，融入了华夏儿女四海归宗的期盼。来自桥山之巅黄帝陵的祭祖之声，飞扬在巍巍桥山的翠柏间，也鸣颤在亿万华夏儿女的耳畔。民间祭祀黄帝陵，有着厚重的群众基础和历史沉淀。

从北宋时期起，老百姓开始在重阳节这一天祭拜轩辕黄帝。每年民祭都会搭台唱戏，家家户户蒸花馍、做花穗，穷户也可采野花祭献。祭祀结束后，老百姓下山时摘取一片柏树树叶插于发间，作为祭奠轩辕黄帝的吉祥物与象征。

黄陵祭祖，不是把黄帝当成神灵，而是在肃穆的氛围中，追思中华民族先辈

◎轩辕庙碑廊

们如何克服艰难险阻，创造文明，造福子孙，在文化认同的基础上，振奋民族精神，迎接中华民族的伟大复兴。

在桥山脚下的轩辕庙里，西侧的碑廊中整齐陈列着 46 通古碑。“北宋嘉祐六年”“金明昌六年”“元泰定二年”……走在这时间的长廊里，石碑无言，字有斑驳，但却能在这厚重的镌刻中看到了最清晰的历史印记。

46 通古碑中，有 36 通是“御制祝文”。所谓御制祝文，就是由皇帝亲自颁发的祭文，代表国家级祭祀。历代王朝对黄帝陵的祭祀多是皇帝派专员致祭，而每次祭陵的祭文，祭祀日期，祭品名称、数量和主祭、陪祭官员姓名都要刻在石碑上。

洪武四年（1371），明太祖朱元璋亲撰祭文，并派官员到桥山黄帝陵祭祀，这篇祭文是目前所存祭黄帝文中最早的一篇。同时，朱元璋规定桥山黄帝陵庙为祭祀圣地，三年为一大祭。而在明清时，大凡皇帝登基、国家庆典、平息动乱、太后寿诞，也都要在桥山告祭先祖。

除了祭祀，古碑还记录了历代对黄帝陵的维修和保护。现存最早的一通古碑是北宋嘉祐六年（1061）刻立的《栽种松柏圣旨碑》，碑文记载宋仁宗赵祯诏令坊州在桥山栽种松柏，坊州依照圣旨栽种松柏以外还免除了三户人家的差役粮税，令其守护桥陵，它是国内现存最早的关于保护黄帝陵的官方文件。古碑记录了历朝帝王保护祭祀黄帝陵的情况，从1980年以来，黄帝祭祀形成了清明公祭、重阳民祭的黄帝祭祀制度，每年清明公祭典礼，都由党和国家领导人、海内外炎黄子孙代表上万人参加。

桥山古柏群，是我国覆盖面积最大、保存最为完整的古柏林，8.2万余株古柏中千年以上的就有3万余株。经过历朝历代的新植和保护，这些古柏成为极其珍贵的特殊文物，也成为中华文明精神标识的物化体现。

最早的古柏是轩辕手植柏。据林业工作者测定，树龄在五千年上下，相传这是轩辕黄帝亲手种植的一棵古柏。还有一个很著名的“将军柏”，也叫“挂甲柏”，相传汉武帝当年率十八万大军祭祀黄帝陵，他把盔甲挂在这棵柏树上，可见当年“挂甲柏”就已经非常高大了。

很多人以为桥山上的松柏林是一片自然的原始森林，其实不是，它是历朝历代的华夏子女亲手种植的。人们在黄帝陵种植柏树守护黄帝陵寝，千百年来从未中断。以黄帝的衣冠冢和祭祀黄帝的轩辕庙为核心，环陵、环庙而栽，几千年下来形成这样一个大地奇观。

中华民族在缅怀黄帝功德的历史过程中形成了黄帝文化，黄帝文化是华夏文化的基石，祭祀黄帝的深远意义就在于要继承和弘扬黄帝文化所蕴含的崇尚文明、团结和谐和勇于创新进取的中华民族精神，这对于增强中华民族的凝聚力、培育和践行社会主义核心价值观具有深远的影响。

黄帝陵是海内外炎黄子孙谒陵祭祖的民族圣地，溯着一条文明之河能追到这里，沿着一条情感之路能回到这里。你可能会忘记祖辈的名讳，但是却不会忘记自己是炎黄子孙。站在祖宗陵前，兄弟姐妹的手足之情愈显浓烈，任何歧见都可以暂且搁置，找到共同的语言，达到最广泛的团结。在中国近代的历史上，黄帝成为民族自觉的载体，在共同反对外来侵略和国内封建压迫的斗争中，黄帝像高扬的旗帜，无论大江南北都有巨大的号召力量。黄帝陵，成为中华儿女抵御外侮、民族团结的精神祭坛。

从甲午之战失败到抗日烽火炽燃，黄帝祭祀成为中华各民族反抗外来侵略的旗帜，许多爱国志士、政治派别多次祭祀桥山黄帝陵，产生了巨大影响。1908年重阳节，同盟会祭扫黄帝陵并宣誓，要为扫除专制建立共和而共赴国难。1937年清明节，中国国民党和中国共产党派代表共祭黄帝陵，中共代表林伯渠携带毛泽东亲笔撰写的祭文参加祭祀，此后的两年清明节，国共两党又两次共祭黄帝陵。

在黄帝精神的感召下，中华志士舍身忘我、保家卫国。烈士已逝，却深刻印证了中华儿女强大的精神内核与华夏民族的铮铮傲骨。

中华民族作为祖先祭祀的黄帝，实际上享有双重身份——血缘先祖和人文始祖。中华民族传统祭祀文化的特征是强调返始报本，认为祭祀是为了报答祭祀对象的功德。同时注重恭敬虔诚，进行人伦教化，追求天下大和。

一个有精神记忆的民族，才是一个有血有肉的民族。轩辕黄帝开创中华文明，华夏儿女对始祖的祭祀缅怀，是对民族记忆的历史传承，而这种文化认同更是民族不断发展向前的动力。

每年清明在黄帝陵公祭轩辕黄帝的同时，中国台湾同胞也会在中国台北举行隆重的遥祭黄帝陵典礼。多年来，前来拜祭黄帝陵的港澳台同胞和海外华人华侨已逾百万人次，海峡两岸、千里同心，黄帝陵成为维系海内外同胞的精神纽带。

1988年元月，“台湾老兵返乡探亲团”回到大陆，他们踏上故土的第一件事不是回家团聚，而是登临桥山拜谒黄帝陵。团长何文德三叩九拜，双膝跪在黄帝陵前恭读《祭黄帝文》，当念到“一九四九，国土分裂，海峡天堑，骨肉离散……鬓毛虽衰，乡音未改”时，何先生泣不成声，参加祭祀的其他团员也哭声一片。这一哭，哭出了40年的离别之苦，也道出了巍巍桥山拥游子入怀的一片深情。海峡两岸，千里同心，黄帝陵成为维系海内外同胞的精神纽带。

于右任在《黄帝功德纪》序中说：

（黄帝）其子孙蔓延于各地也，如汉族故为其苗裔，而西藏族之羌，回族之安息，苗黎族之禺号，蒙古族之匈奴，东胡族之鲜卑。金人之祖且为黄帝之子孙，清朝则金人之后也，是皆近世治史者所能考信。是中华民族之全体，均皆黄帝之子孙也。

近些年重阳民祭黄帝时，来自湖北、广西、云南、贵州、西藏、甘肃、青海等地多个少数民族的代表先后进献花篮，并以他们独有的民族特色的祭祀仪式祭奠了轩辕黄帝。

2005 年重阳节祭祀轩辕黄帝时，拉祜族的代表千里迢迢来到黄陵桥山脚下，将族人精心制作的 90 斤（45 千克）金瓜贡茶和 50 斤（25 千克）的吉祥葫芦（取

◎ 1988 年台湾老兵祭拜黄帝陵

义为九五之尊）献于黄帝陵前，同时祝福伟大祖国繁荣昌盛，华夏儿女永沐和平。

现在陈列于轩辕庙文物展览室的“吉祥葫芦”表达了拉祜族人民对轩辕黄帝的无比崇敬之情。

二、中华民族的精神纽带

黄帝是中华民族的缔造者，是中华文明的肇始者。黄帝文化是中华文化的根脉，是中华文化的主体，是中华民族精神的源泉。

黄帝陵，中华文明的精神标识，不仅仅通过黄帝陵及其周边遗迹等具象化的载体，作为维系、凝聚中华民族的纽带。更重要的，轩辕黄帝是中华文明的奠基人和开拓者，结束了混沌蛮荒，开启了中华民族物质文明与精神文明的先河。黄帝陵作为轩辕黄帝精神传承的标识，经过五千多年的历史沧桑和历朝历代不断地祭祀、交往、认同、融合，已成为中华民族源远流长的文化符号，成为中华民族生生不息的民族象征，成为凝聚海内外炎黄子孙的精神纽带。黄帝文化与时俱进的传承，确保了黄帝陵作为中华文明的精神标识，历久弥新，并永续不断。

黄帝文化作为中华民族精神的纽带，可以从以下三个方面确认：

一是黄帝文化是中华文化的开端。轩辕黄帝时代先民逐渐摆脱茹毛饮血的荒蛮时期，开始实现部落联盟，走向融合统一，人类也因此绽放出远古文明的辉煌之光，形成既有统一意识，又富有民族特色丰富多彩的民族文化。以黄帝文化为主体的中华民族文化延续至今成为中华文化。因此，以黄帝文化为源头的中华优秀传统文化是孕育中华民族精神的思想母体，中华民族精神的每一部分内容都可以从黄帝文化中找到其思想来源。民族精神的渊源与黄帝文化是契合的。

二是黄帝文化是中华民族精神的主体。黄帝文化博大精深、内容丰富，其自强不息、厚德载物、宽厚仁和、以德化民等精神，构成黄帝精神的主体，从远古至秦汉、至盛唐、至宋明清等等，一直支撑着中华民族一路走来，通过历史扬弃，最终形成以自强不息、厚德载物、变革创新、艰苦奋斗为核心的中华民族精神。

三是黄帝文化在中华民族精神的传承中一脉相传。黄帝是中华民族的缔造者，黄帝文化是中华民族历史进程中的血缘纽带、政治纽带和文化纽带，中华民族精神从黄帝文化时期起源，伴随着中华民族的历史进程传承下来，在中华民族精神数千年的传承中，黄帝文化一脉相传，并在传承中不断得到发展和补充，形成现在的中华文化和中华民族精神。因此，中华民族精神的传承离不开黄帝文化的传承，正是黄帝文化的一脉相传才使得中华民族精神传承下来，让黄帝文化成为名副其实的中华民族精神纽带。

黄帝文化是民族生存和发展的重要力量，是中华民族独特的精神标识。中华文化源远流长，博大精深，一脉相通。五千年文明源流奔腾到如今，每到重大历史关头，黄帝文化都能感国运之变化、立时代之潮头、发时代之先声，为亿万民众、为伟大祖国鼓与呼。这正是数千年来中华民族一直保持精神独立性，拥有自己独

◎ 2007 年少数民族代表恭祭黄帝陵

特精神世界的关键所在。

《春秋命历序》说：“黄帝传十世，千五百二十年。”它在中国历史长河中定位是距今 6000 年前至距今 4900 年前的仰韶文化时期。在轩辕黄帝时代原始文明在数千年积淀之后进入了一个发明创造大爆发时期，这就是中华文明建立初期的轩辕黄帝时代。轩辕黄帝就是一个时代的符号。中华文明的优秀元素，都归到轩辕黄帝身上。就这样经过数千年的传诵，轩辕黄帝成为我们的人文初祖，成为代表中华文明的一个图腾，成为凝聚民族力量的符号。

黄帝文化是全球华人公认的中华文化的源头和主体文化，是联系中华儿女的精神纽带。黄帝文化是一个大文化的概念，它包括政治、经济、军事、科学技术、文化艺术、风俗习惯和意识形态等。而这个纽带的核心，就是经过时代大浪淘沙传承下来的黄帝文化。可以说，黄帝文化作为中华文化标识，它具有现实性。当代社会道德、核心价值观、创新等方面，都能在黄帝文化中寻找到其根源。

中华文化是一个大系统，既有传统文化，也包含着现代文化。中华传统道德文化，也称“龙文化”。

中华民族具有悠久的历史文化，提到中国传统文化，大多数学者都应该认同，中国传统文化在源头上是一部道德文化，而不是单纯的儒学文化，道德文化的历史早于儒学文化数千年。

以 2500 年为时间分水岭，以前的文化是中国的根文化时期，主要是以伏羲的易道文化、黄帝的法道文化、老子的德道文化为核心，所以轴心时代之前的文化又称之为道德文化，它是后世各种新生文化的主根，因此被称为“根文化”。

春秋战国时期，诸子百家纷呈而出，实际是从不同角度肢解了道德根文化。在中国文化中，由于汉武帝时期“罢黜百家，独尊儒术”的出现，整个民族文化就被儒学全面取而代之，进入了儒学文化的时代，并且延续至近代的五四运动时期，才进入现代文化时期。

中华传统道德根文化，既是中华民族绵绵不绝的灵魂，同时也是后世各家学派的生命源泉。道德根文化主导着中华民族2500年以前的漫长历史发展时期，同时它的升降浮沉、残缺重拾，决定和影响着2500年以来中国历史的跌宕起伏。

道德根文化是修身文化，是通过修身而达到天人合一，获得宇宙真知的文化。中国的道德根文化和古希腊文化截然不同的地方，就在于我们要想走进道德根文化的殿堂必须要进行修身，研究实践者首先要完成自我的放下和超越。修身的过程是世界观、人生观、价值观重新确立的过程。修身是进入其中的台阶和钥匙，这就是中华道德根文化与其他文化之间的差异性和特殊性。“修之身，其德乃真”的实践是第一要务和前提。

温故而知新，道德文化的源流，首先要历史地去观察，去研究。有学者在系统地研究了甲骨文、金文和小篆到现在的文字，特别是通过诵读黄帝的四经，达到一种“与圣人居，与圣人谋”的状态以后，就不难发现中华民族的根文化就是一部道德的文化。而这个道德的文化，首先源于黄帝，轩辕黄帝就是中华民族道文化的缔造者和开创者。

《史记·五帝本纪》载：“轩辕乃修德振兵，治五气，艺五种，抚万民，度四方，教熊罴貔貅虎，以与炎帝战于阪泉之野。三战然后得其志。”“黄帝以仁义，不能禁蚩尤”，“是黄帝乃征师诸侯，与蚩尤战于涿鹿之野，遂依附杀蚩尤”。黄帝战胜了炎帝，却主动与炎帝握手言和，与蚩尤大战，虽斩杀蚩尤，但却又对东夷集团平等对待。以黄帝为代表的有熊氏部落包容万物的仁德和其对当时中国人衣食住行的贡献最终为诸侯部落所拜服，尊其为黄帝，最终使中华大地上形成了和谐统一的华夏部落联盟。黄帝以德报怨、包容万物的德行成为当时各个部落的典范，使当时世人形成了性情可亲的淳朴民风，也推动了中国上古时期以德治国理念的萌芽与发展。中华民族独特的德治思想也是由此开始的。

黄帝不但是伟大文明的奠基者，而且是高尚道德的典范。黄帝的德行和德治形成了民族道德的典范，这也是五千年来炎黄子孙祭奠黄帝的原因。

上古先秦时期的德治思想和先王崇拜的产生、发展和完善奠定了中华民族以文德而非暴力来调节民族内外部矛盾的主导趋势，对中国历史的发展产生了深远影响。

在中国历史上，无论哪个民族建立的中央政权，都把实行“德治”作为协调民族关系的实践策略，“以德治国”成为发展统一多民族国家的重要内容和方式。

我国是一个有5000多年文明历史、民族众多的国家。在中华民族自我发展和自我完善的道路上，“法治”与“德治”作为社会规范和社会力量相互支撑。当法治范围尚未达到或法律也约束不了周边民族地区时，统治阶级经常发挥“德治”在协调重大民族关系上的社会作用。“德治”成为凝聚中华民族沿着建立多民族、统一国家方向发展的重要推动力量。

在我国氏族血缘社会共同体时期，就奉行着“天下为公、选贤与能”“讲信修睦”的朴素道德风尚。尧、舜、禹最早确立了民族关系的“敬德慎罚”原则。舜时使契为司徒，确立了“敬敷五教”“慎徽五典”。“五教”即后来孟子所解释的“父子有亲，君臣有义，夫妇有别，长幼有序，朋友有信”。尧、舜、禹本人亦是最好的道德典范。

到殷、周时代，中国历史上形成了统一的华夏民族大融合的局面。特别是周初武王、成王时，出现了反映这一历史事实的“中国”的概念，西周开始实行王畿与诸夏不同的政策，在历史上相当长时间内形成“成康之际，天下安宁”，40年不用刑法的局面。

中国历史上“德治”民族关系理论和实践为人类的道德文化提供了优秀的道德范例。大体上可以分为以下几类：一是为政者贤。各民族一致认为当政者德性高尚，注意修身、齐家和治国的统一，要“推己及人”，选择各民族德性高尚的人，从而能够帮助其他民族和服务于国家的根本利益，必要时能够尽忠献身。民族关系中的“道德”必须身体力行，主体民族以自己的榜样和模范行动来为各民族做出表率。“政者，正也，子率以正，孰敢不正？其身正，不令而行，其身不正，虽令不从”。

这就是很好的例证。二是崇尚爱国主义。无论少数民族还是汉族，“奉中原正朔”是华夷无别的，“大一统”思想源远流长。元、清等少数民族掌权的时代建立的“一统天下”，都在中华民族“正史”中占有不可或缺的一席之地。清雍正皇帝撰辑了一本《大义觉迷录》，颁行天下，强调“华夷无别”，认为自己虽是满族人，却可以和舜、文王一样合法地做中国的皇帝。三是“德主刑辅”的原则成为处理民族关系的主流。从先秦开始用道德与法律两种根本手段，更提倡用“德”治理民族和国家关系。从汉代开始，“德主刑辅”思想在处理中国多民族关系方面和治国理念中更加深入人心。董仲舒使德教为先和“德主刑辅”思想成为封建社会的正统的指导思想。李世民的“明刑弼教”、韩愈的“德礼为先而辅以政刑”等等。中国封建社会之所以能够长期发展多民族的、统一的国家关系，与统治阶级施行德刑兼施、“德主刑辅”的治国方略不无关系。

应该说，中国主体民族重伦理、重家庭、重群体，各少数民族普遍保留着尊老爱幼、与人为善、助人为乐、热情好客和待人以诚等传统美德。因此，中国少数民族的道德既有中华民族的共性，又有鲜明的民族个性；在不同基础结构上的道德习俗的差异性虽然十分突出，而由于各民族文化的相互交融，道德习俗的趋同性也很明显。

即使是科技文化如此先进的今天，我们依然可以通过正确认识中国古代尤其是上古先秦时期的德治思想的方法来解决如何加强中国社会思想道德建设的问题，上古先秦时期的“敬奉先祖”“修德养性”“平等待人”“包容万物”等理念依然能在构建中国社会主义和谐社会的进程中发挥重要作用。

中国的崛起给世界格局带来了很大的改变，我们对自己的认识和世界对我们的认识，都跟不上我们的经济增长给我们带来的角色变化。所以我们的焦虑感很强，价值观的错位感让年轻一代对中华价值观的认同感渐行渐弱。

在世界一体化进程中，中国是需要不断接受西方文明中有进步合理意义的文化价值，但中国传统文化内容丰富，孕育了中华民族的民族精神与核心价值观，特别是经历了近百年欧风美雨的冲刷，经过近现代中国革命历程的锤炼，被历史证明足以支撑中华民族昂然挺立。所以中华文化是在积极推进中国前进，是能适应新时代发展要求的价值观。

一个民族的道德文化扎根于民族的文化土壤之中。当代社会核心价值的构建，必须立于中华传统道德文化基础之上。源远流长的中华文化，它体现出来的是民族特征和民族性格，是构建具有鲜明民族特色的社会核心价值观的源头。

黄帝文化是中华文化、中华文明之源头，也应是社会主义核心价值观的源头。社会文化分为官方文化、大众文化及精英文化。社会主义核心价值观属于官方主导的文化，要真正成为主流文化，就必须实现与大众文化及精英文化的结合。自秦实现大一统以来，黄帝文化始终为官方所认可的文化，它在实现大众文化与精英文化的融合中发挥着积极作用，黄帝文化讲仁爱、重民本、守诚信、崇正义、尚和合、求大同的核心价值，也应是符合当代需要的价值观。

黄帝文化既是传统文化，也是现实文化。其求富求强、奋发有为的进取精神，凝聚统一、和谐团结的爱国精神，符合民族精神和时代精神，可以成为社会主义核心价值观的宝贵资源。

习近平总书记曾经指出："中华文明绵延数千年，有其独特的价值体系，中华优秀传统文化已成为中华民族的基因，植根在中国人内心，潜移默化影响着中国人的思想方式和行为方式。今天，我们提倡和弘扬社会主义核心价值观，必须从中汲取营养，否则就不会有生命力和影响力。"

核心价值观要真正被社会接受，真正发挥作用，必须具备先进性、普遍性及普惠性。一项课题调查结果显示，91.7% 的受众对象认为应该祭祀炎黄二帝，71.7% 的被调查对象认为祭祀炎黄二帝能够增强中华民族的团结。从此可看，黄帝文化仍然是当代中华民众的共同聚焦点，它与社会主义核心价值观统一，是被中华儿女所共同认可的。

国家、社会、个人三位一体的核心价值观针对不同的价值实践主体，拥有不同的价值诉求，但同时也具有内部的逻辑统一关系，体现在国家目标、社会诉求、个人准则在价值理念和社会实践上的高度统一。

根源于黄帝文化的社会主义核心价值观，它立足于国内外发展潮流，同时也是时代主题和时代精神的集中反映，凸显出包容性、先进性和引领性。在全球化的浪潮中，以黄帝文化孕育出来的核心价值观并不能完全照搬并应用于当代中国，要构建以国家、社会及个人三位一体的社会主义核心价值观，积极适应时代发展潮流及导向。

社会主义核心价值观扎根于中华民族精神丰厚的土壤里，生命力顽强坚韧。中华民族精神也正是依靠社会主义核心价值观才能得以彰显和弘扬。社会主义核心价值观赋予中华民族精神浓郁的时代特色，社会主义核心价值观是当代中华民族精神的表达。践行社会主义核心价值观对于塑造新的中华民族精神具有重要作用，可以为中华民族的长治久安奠定基础。

坚持社会主义方向，彰显中华民族文化特色，借鉴吸收全球范围内优秀、合理的价值观，通过扬弃，并赋予其新的价值内涵，在传承以黄帝文化为源头的传统优秀文化的同时，实现当代中国核心价值观新突破，发挥社会主义核心价值观的文化感召力和凝聚力，将黄帝文化发扬光大。

> 黄帝时期的创造精神，在人类的发展史上，是一缕曙光，而且这缕曙光是非常非常灿烂的曙光。所以对于黄帝文化核心的认知，首当其冲的就是创造精神。

黄帝所处的时代是新石器时期的后期，也就是原始社会的末期，人类需要生存和发展，很多的事情都要从零做起，这就需要发明创造。黄帝文化的科学发明创造极为丰富，远远地超越了整个西方世界同时代的发明创造。

黄帝文化的科学发明创造数不胜数。在实物方面，像黄帝发明的车、弩、釜、甑和冠冕，发明炊灶水井，作宫室筑城邑，并作棺椁；画洛书河图，铸鼎制镜，合符封禅，别 12 相与 28 宿；黄帝的妃子嫘祖教桑；仓颉发明创造文字；大臣宁封发明陶器制作；共鼓、化狄发明舟船制造；牟夷发明制作矢，挥发明制作弓；曹胡发明制衣，伯余发明造裳，于则制发明制作履；亥发明制作牛车，黄雍父发明加工粮食之舂，风后创造发明指南车；岐伯发明制作铙鼓、号角；黄帝时代还诞生了商业市场、货币、图画、伞、蹴鞠（足球）等发明。在制度方面，黄帝以道自律修身治国，开创中华以道德治国的共和国体制；大挠发明创造甲子，容成发明制作历；在科学文化方面，隶首发明数术，伶伦发明乐曲；雷公、岐伯论医学，俞跗外科，马师皇为尤医（兽医）；等等。

黄帝文化是我们中华文化的一个集中展现，他创造了舟车、养桑蚕等等，树立大一统观念，所有这些优秀的品质，一切文明之源，都在他身上得到了集中体现。

黄帝给我们中华民族最早埋下的思维力模型，这个模型就是融汇—创造。他通过融汇来创造，所有的成果都是这样一个模式进行的，在开放的结构中吸纳一切有利于我们的因素，然后融合创造出一个新进程，这是黄帝时代给我们创造的思维模式。

如果说黄帝时代开创的物质文化促进了原始社会落后生产力的极大进步，为传统中华文明的发展奠定了坚实的物质基础。那么，黄帝时代开创的精神文化则极大地启迪了中华文明的思想文化与制度文明，诸如西周时期的土地制度井田制、礼仪制度与国家机器的形成，无不脱胎于黄帝时期，因此，在五千年中华文明发展的历史长河中，黄帝文化始终具有无与伦比的开创性精神，没有黄帝就没有今天的中华民族；没有黄帝文化，就没有包罗万象、源远流长的中华文化。

古老的中华民族，从黄帝时代起，就告别了荒蛮混沌的岁月，拉开了五千年文明史的帷幕。先祖轩辕黄帝率领先民们，磨砺智慧，统一华夏，安定四方，立中华创业自强之精神，领世界文明古国之风骚。从此以后，先祖生息的场所，就成为中华民族的摇篮，黄陵县桥山这块轩辕黄帝陵寝所在地，便成为全民族共同向往的精神圣地。

黄帝时代开创的物质文明是后世中华物质文明发展的先决条件。原始社会早

期，人们以采集、渔猎等方式获取生活资料，及至黄帝时代，开创了农作物的培植与生产，人们的生存需要开始得到进一步的满足，种植农业在长期的生产、生活实践中，日益发展成为最主要的生产方式并不断发展进步，成为中华文化赖以存在的坚实基础，在中华民族农作物种植种类与发展历程中始终占据着重要的地位。黄帝时代发明的凿井、蚕桑、丝织、冶铜等技术，为后世的水利灌溉、蚕桑业、丝织业与金属冶炼技术的进步与发展甚至走向世界奠定了坚实的基础，其中丝绸织造技术更是发展成为中华民族的典型文化意象，黄帝时代杰出的建筑技术，更是为后世的城市、都城建设提供了技术保障，后世历代封建王朝的国都几乎都堪称我国建筑史上的杰作，其城市建设的技术、结构、布局都与中国古老的城市建筑思想密切相关。

黄帝时代开创的精神文明更是后世中华精神文明发展的坚实基础。文字的创制发明，改变了史前社会长期以来以口耳相传的记录历史事件的单一模式，成为区别人与动物的典型特征，标志着人类进入有历史记录的文明社会。此后的数千年历史中，文字经历了从甲骨文、金文、篆书、隶书、草书、行书到楷书的漫长发展史，不仅如实记录了中华民族发展的时空历程，而且成为许多珍贵的历史文献典籍的最佳载体，甚至因此而孕育了一个独具东方特色的艺术门类——中国书法。服饰冠冕制度的确立，标志着史前先民们开始告别以树叶、兽皮蔽体的落后状态，远离动物世界的蒙昧、混沌、野蛮，最终进入“衣冠文明”社会，同时也为后世阶级社会森严有序的等级制度埋下了伏笔。黄帝“垂衣裳”“作旃冕”，制鼓作乐，确立祭祀、礼乐等一系列礼仪制度，指明了后世中国关于政治、经济、军事、文化等一系列领域典章制度的发展方向，并为个人的伦理道德修养与行为准则制定了最基本的行为规范，其开创与启迪之功可谓大矣。

黄帝时代奠定的民族格局成为后世中华民族形成、发展的必然保障，黄帝是中华民族的共同始祖。截至新石器时代中期，我国黄河中下游地区以及山东、苏北一带已形成了众多的氏族和部落，活动在黄河中下游地区的黄帝部族、活动在黄河中上游地区的炎帝部族以及南方的九黎部族就是其中实力较强大的几支。黄帝部族与炎帝部族在长期的战争、生产生活中逐渐融合形成了后世华夏族的主体。后来，黄帝部族又经历了与蚩尤之间的战争，最终形成了以黄河中下游地区为中心，以炎黄部落联盟为主体的华夏诸族。春秋战国时期，以华夏诸区为中心的华夷五方（华夏、北狄、东夷、南蛮、西戎）逐渐形成，并先后认同为黄帝后裔，黄帝成为华夏族与周边各民族的共同祖先，标志着中华民族的前身——华夏族的正式形成。此后，随着秦汉等统一封建王朝的建立与发展，汉代疆域一直扩展到长江流域甚至以南的广大地区，汉族的称谓逐渐出现并固定，作为中华民族主体成分的汉族正式形成，为中华民族的最终形成奠定了坚实的基础。

黄帝在华夏族的形成过程中的巨大推动作用，极大地促进了中原地区最早的文化大融合。他通过与炎帝的阪泉之战和与蚩尤的涿鹿之战，统一了以黄河流域为中心的中原地区，成为中原地区伟大的原始部落联盟首领。在他的领导下，中原各部族逐渐成为一个统一的整体，经济、文化、制度方面的交流融合进一步加强，开创了灿烂辉煌的物质文化、精神文化与制度文化，为中华文明的源远流长与不断创新奠定了伟大基础与巨大动力。

我们常常说要弘扬黄帝文化，黄帝文化的核心内容究竟是什么？

五千多年前，黄帝不断克服困难，创造了文字、音律、舟车等等。他身上的这种精神，可以称之为创新精神。

目前，中国正步入了新一轮的文明发展。我们的祖先早在几千年前，就能做到开拓创新，把中华民族从蒙昧带入文明，这种精神今天更有现实意义。

黄帝是中华民族文明的开端，黄帝和这个时期的先民们做了许多在中国历史上没有做过的、没有发生过的事情。而今天黄帝文化对于推动万众创新、科学发展，具有更多的启发和借鉴意义。

三、中华民族伟大复兴的精神源泉

黄帝是中华民族的共祖，是中华文明的开创者，也是中华民族的旗帜。祭祀黄帝，缅怀感恩他有功德于人民，也激励后世奋进图强，推动中华文明不断向前。

黄帝，既是中华民族屹立于世界民族之林的精神旗帜，又是中华文明继续发展的力量源泉，也是中华儿女相互认同的文化标志。我们纪念黄帝、祭祀黄帝、宣传黄帝文化，就是表达全体中华儿女尊祖爱国的民族情感，更是表达整个中华民族追根寻祖的文化认同，最终达到实现中华民族伟大复兴的目的。

黄帝祭祀成为召唤中华民族奋进的响亮号角。祭祀中华人文始祖轩辕黄帝，激励我们不断开创新事物、新制度、新文化，以适应民族复兴伟大事业的需要，解决发展进程中出现的矛盾，促进和谐发展。

黄帝陵祭祖，在民族祠堂中寻求中华复兴的力量。肃穆的氛围中，中华儿女追思中华民族先辈们如何克服艰难险阻创造文明造福子孙，在文化认同的基础上，振奋民族精神，创造中华民族的伟大复兴。

经过数千年的历史积淀，黄帝陵早已印记在中华民族各族人民的心中，成为一种文化符号，是中华民族的象征。黄帝陵祭祀的延续时间长，是历史积淀最为深厚、在炎黄子孙中影响最大的黄帝祭祀地。历史上，汉武帝开历代帝王于桥山祭祀黄帝的先河，唐代宗批准将桥山祭祀列为国家祀典，宋元以后，历代帝王都规定桥山黄帝陵为官方祭祀轩辕黄帝之所在。如今，每年清明节在黄帝陵举行的公祭轩辕典礼已经成为最具有广泛影响力和强烈感召力的民族盛典。

祭祀黄帝，在于祭祀黄帝时贯穿什么样的精神、阐扬什么样的观念、如何为中华民族提供持久精神力量的问题。一方面，黄帝文化与中华文明起源时代联系在一起。黄帝文化集中体现的中华民族伟大的首创精神和凝聚精神，是中华文明起源期也就是黄帝时代的基本特征。黄帝时代在物质文明、精神文明和制度文明方面都有首创之功，也是中国先民社会生活空间扩大、互相联系增多的时代。由于黄帝部落取得中原地区部落联盟领导地位，促使炎黄集团与九黎集团融合，中国人的凝聚力第一次突出地表现出来。所以说，集中体现中华民族伟大首创精神

和凝聚精神的黄帝文化与黄帝时代有着内在联系。炎黄时代提供了黄帝文化内涵的基质，黄帝文化是从这个基质中发生的。

另一方面，黄帝文化与五千年中国文明史联系在一起。五千年来，中华民族的物质文明、精神文明、制度文明不断创新，中华民族的凝聚力不断增强，为黄帝文化发展提供了动力。黄帝文化所代表的是肇始于中国文明起源期——黄帝时代，又在五千年中华文明发展中得到充分发展的中华民族精神。从民族自觉到民族复兴进程中，中华民族祭祀黄帝，扬弃了作为天神的黄帝观念，淡化了作为帝王的黄帝观念，重新突出了作为祖先的黄帝观念。而对于黄帝作为中华民族祖先的理解从强调血统转向强调文化，与古代人的理解有所不同。人们普遍接受了黄帝是中华民族“人文初祖”的观念，强调祭祀黄帝的文化意义。所以，当代黄帝祭祀本质是文化活动，但具有不同于一般文化活动的特殊性，也就是说这种文化活动与古史中的黄帝联系在一起，又具备祭祀仪式。

弘扬黄帝文化，有利于推动民族创新、国家创新。距今约五千年的黄帝时代，中国原始社会的经济取得了一定的发展，黄河流域的氏族部落已经形成了以农业为主的综合经济。根据史籍记载，黄帝的发明创造不少于30种，它们大致包括衣、食、住、行、农、工商、货币等8个方面，既包括社会生活、生产领域里的诸多器械，也包括政治领域里的若干典章制度和风俗习惯中的婚丧嫁娶等等，黄帝成了一个无所不能的伟人，他不仅是一位为民除害、救民于水火的时代英雄，而且也是一位开创百物、造福于民的伟大天才。按照历史唯物主义的观点，尽管这些发明创造不可能是黄帝一人所为，但是这些记载也反映了一定的历史真实。黄帝为了造福于民，改善部族的生活条件，一定付出了艰辛的劳动，并取得了显著的效果，因而赢得了人们的衷心爱戴和无限的信赖。正是这样，当时的人们或后人才会自觉或不自觉地把许多不属于黄帝时代的新发明、新创造都归功于黄帝。这种自强不息的精神正是中华民族绵延不绝的原动力，“天行健，君子以自强不息”正是这种精神的充分体现。

弘扬黄帝文化，有利于提高全民族的文化自觉和文化自信。黄帝文化是中华民族的血脉和灵魂，是中华儿女共有的精神家园。要夯实民族凝聚力的精神基础，必须弘扬黄帝文化，提高全民族的文化自觉，增强全民族的文化自信，实现全民族的文化自强，并以开放包容、海纳百川的情怀，学习和借鉴人类一切优秀文明成果。

弘扬黄帝文化，有利于培育和践行社会主义核心价值观。黄帝文化孕育了中华民族的宝贵精神品格，蕴涵着中华民族的崇高价值追求。社会主义核心价值观以中华优秀传统文化为根基，契合于中国特色社会主义的现代化实践。弘扬黄帝文化、传播黄帝精神，对培育和践行社会主义核心价值观，具有不可替代的重要推动作用。

弘扬黄帝文化，有利于培育政府诚信清明有为形象。政府要赢得民众信任、凝聚民众力量，必须秉持“立党为公、执政为民”理念，忠实履行对社会和公众应尽的义务和责任。黄帝刚正不阿，时刻把民众利益放在首位。与蚩尤大战胜利后，黄帝并不急着举行盛大的庆祝会，以显示自己的崇高威望，而是立即着手解决战争带给人民的创伤。他鼓励人民积极发展生产，“抚万民、度四方”“顺天地之纪，存亡之难，时播百谷草木，劳勤心力耳目，节用水火材物”，扶危济困而开创的“和谐社会”，是中国历代盛世之源，值得今天的我们学习。

弘扬黄帝文化，有利于提升领导干部的人格品德。轩辕黄帝“积德累业、诚著天地、泽被后人”。在黄帝时代，尽管当时的社会不如当今发达，物质财富远不如当今丰富，而黄帝身为部落首领，完全可以利用自己的威望和特殊职位过着远远超过一般部落成员的生活，但黄帝却不以最高统治者自居，始终与部落成员同甘共苦。如今，我党的广大领导干部也要以黄帝精神立身行事，以黄帝文化引领世道人心，自觉涵养为政以德的政治品格，做到明大德、守公德、严私德。从严治党是中国共产党治党的重要原则，是改革开放和社会主义现代化建设条件下加强党的建设的基本方针和要求。勇于自我革命，从严管党治党，是我们党最鲜明的品格；保持战略定力，把全面从严治党引向纵深，是新时代党的建设新的伟大工程的必然要求。

弘扬黄帝文化，有利于团结凝聚海内外中华儿女。《史记》载：“黄帝崩，葬桥山。”位于陕西省黄陵县桥山之巅的黄帝陵，维系着中华民族的历史记忆，是全民族共同的精神家园。自春秋战国以来，对黄帝陵的祭祀，历代不辍。唐代将黄帝陵祭祀正式列入国家祀典。此后宋、元、明、清，黄帝陵祭祀都是国家政治和礼仪制度的重要组成部分，从而加强了国家的政治统一和文化认同。传承、提升公祭黄帝陵活动，对弘扬以黄帝文化为核心的中华优秀传统文化，团结凝聚海内外中华儿女，都具有重要的意义。

文化是民族的血脉，是人民的精神家园。习近平总书记在庆祝中国共产党成立 95 周年大会上明确提出：中国共产党人“不忘初心、继续前进”，就要坚持“四个自信”，即“中国特色社会主义道路自信、理论自信、制度自信、文化自信”。他还强调指出，“文化自信，是更基础、更广泛、更深厚的自信”。

文化自信是对中国特色社会主义先进性的自信。坚持文化自信就是要激发党和人民对中华优秀文化传统的历史自豪感，坚定对党领导人民建设社会主义现代化强国，实现中华民族伟大复兴事业的坚定信念，在全社会形成对社会主义核心价值观的普遍共识和坚定信念。

中华民族具有五千多年连绵不断的文明历史，创造了博大精深的中华文化，为人类文明进步做出了不可磨灭的贡献。几千年的沧桑岁月，我们共同奋斗，创造我们共同的美好家园，培育我们共同的民族精神，而贯穿其中的、最重要的是我们共同坚守的理想信念。

以文化自信和文化的力量实现中华民族的伟大复兴，中华儿女溯源而上，寻找民族集体的精神源泉。

文化自信是一个国家、一个民族发展中更基本、更深沉、更持久的力量。坚持社会主义核心价值体系，必须坚持马克思主义，牢固树立共产主义远大理想和中国特色社会主义共同理想，培育和践行社会主义核心价值观，不断增强意识形态领域主导权和话语权，推动中华优秀传统文化创造性转化、创新性发展，继承革命文化，发展社会主义先进文化，不忘本来、吸收外来、面向未来，更好构筑中国精神、中国价值、中国力量，为人民提供精神指引。

中国特色社会主义文化，源自中华民族五千多年文明历史所孕育的中华优秀传统文化，熔铸于党领导人民在革命、建设、改革中创造的革命文化和社会主义先进文化，植根于中国特色社会主义伟大实践。发展新时代中国特色社会主义文化，就是以马克思主义为指导，坚守中华文化立场，立足当代中国现实，结合当今时代条件，发展面向现代化、面向世界、面向未来的，民族的科学的大众的社会主义文化，推动社会主义精神文明和物质文明协调发展。要坚持为人民服务、为社会主义服务，坚持百花齐放、百家争鸣，坚持创造性转化、创新性发展，不断铸就中华文化新辉煌。

习近平总书记说，讲清楚中华优秀传统文化是中华民族的突出优势，是我们最深厚的文化软实力。讲清楚中华文化积淀着中华民族最深沉的精神追求，是中华民族生生不息、发展壮大的丰厚滋养。中华民族创造了源远流长的中华文化，中华民族也一定能够创造出中华文化新的辉煌。

“中华传统文化是我们最深厚的软实力”，就是要运用传统文化治国理政，以精神文化力量推动社会健康发展。

中华优秀传统文化是中华民族的精神命脉，是涵养社会主义核心价值观的重要源泉，也是我们在世界文化激荡中站稳脚跟的坚实根基。要结合新的时代条件传承和弘扬中华优秀传统文化，传承和弘扬中华美学精神。

文化之盛，在其坚韧。其中既有“咬定青山不放松，任尔东西南北风”的定力，也有“自信人生二百年，会当击水三千里”的豪迈。

文化自信是民族复兴的精神引领，文化和信仰紧紧相连，它关乎人民的福祉，也是民族精神的土壤所在。对文化有自信，人民就有信仰，民族就有希望。

中国特色社会主义进入新时代，在这样的背景下加强文化建设，就要真正做到“随风潜入夜，润物细无声”，让文化如涓涓细流，滋润我们的生活。

优秀传统文化蕴含着丰厚的民族精神和道德理念，是新时代进行道德建设的重要思想养分，有利于塑造青少年的世界观、人生观和价值观。如何挖掘和利用传统文化中的精髓，积极寻找传统文化与新时代的结合点，赋予新的时代气息，是新时代加强文化建设的一项重要任务。

新时代，传统需要焕发出新的光华，也就是要着力推动传统文化的创造性转化与创新性发展。

黄帝是中华民族屹立于世界民族之林的精神旗帜，从各朝各代的君王、文人墨客的慎终追远，到海外华人、台湾各党派的追根寻魂，通过“形祭”和“心祭”，拉近历史的距离，黄帝陵成为中华民族寻根问祖的精神家园、成为中华文化重要标识、成为中华文明源远流长的精神符号、成为中华民族生生不息的民族象征。以文化人、以史资政，实现创新，黄帝陵及其承载的黄帝文化正在推动中华文明、中华文化的大融合、大发展。

第一章

桥山之阳　根茂膏沃

黄帝崩，葬桥山

《史记·五帝本纪》载："黄帝崩，葬桥山。"索隐云："体《地理志》桥山在上郡阳周县，山有黄帝冢也。"这是关于黄帝陵的最早记载，也是最权威的记载。

黄帝陵凝结着中华民族的历史记忆，黄帝手植柏、汉武祈仙台这些耳熟能详的名字，凝结着中华民族开拓进取的勃勃雄心和坚守回望的无限乡愁。

中龙尊贵孰堪论？水绕山环四海均。

我祖祖陵钟厥秀，须知昭代万年春。

——〔明〕刘基《堪舆漫兴》

汉代以来众多文献都有相同的记载。

汉班固撰《汉书》载："上郡……有黄帝祠四所。阳周，桥山在南，有黄帝冢，莽曰上陵畤。"（《汉书·地理志·第八上》）

相传为汉刘向所撰的《列仙传》载："（黄帝）至于卒，还葬桥山。""黄帝自择亡日，至七十日亡，七十日还葬于桥山。"（《列仙传·黄帝》）

晋皇甫谧撰《帝王世纪》载："黄帝在位百年而崩，年百一十岁矣。或传以为仙，或言寿三百岁。""葬于上郡阳周之桥山。"（《帝王世纪·自皇古至五帝》）

三国魏刘劭、王象撰《皇览》载："黄帝冢，在上郡桥山上。""黄帝葬桥山。"

唐人王瓘撰《广黄帝本行记》曾说："（黄帝）自择以戊午日升天……其后有臣左彻削木为黄帝像，率诸侯而朝奉之。臣僚追慕，取几杖立庙而祭之，取衣冠置墓而守之，于是有桥山之冢。"

北宋乐史撰《太平寰宇记》载："桥山，《山海经》云：蒲谷水源其山下，水流通故谓桥山。又《史记》云：黄帝葬桥山。今陵冢尚在。大历七年置庙，开元二年敕修庙祭祀。"（《太平寰宇记·关西道十一·坊州·中部县》）

北宋刘恕撰《资治通鉴外纪》载："黄帝崩，葬桥山。"（《资治通鉴外纪·黄帝》）

北宋王存等撰《元丰九域志》在《坊州中部郡》条下载："桥山，汉《地理志》云：上郡阳周县南有桥山。《风土记》云：阳周县南有黄帝陵，在子午山。有轩辕太子陵庙。"（《元丰九域志·坊州中部郡》）

南宋罗泌撰《路史》载："（黄帝）葬上郡阳周之桥山。"（《路史·疏仡纪·黄帝》）

清顾祖禹撰《读史方舆纪要》载："中部县桥山，在县治北，亦曰子午山，亦曰子午岭，自庆阳府绵亘于延安西境，其南麓跨于县界。志云：沮水至县北，穿山而过，因以桥名。相传黄帝葬衣冠于此。汉武帝巡行朔方，还祭黄帝于桥山。"（《读史方舆纪要·陕西·延安府》）

在桥山黄帝陵祭祀黄帝已有两千年历史。早在汉武帝时，就有其祭祀黄帝的记载。《史记·孝武本纪》说："（汉武帝）北巡朔方，勒兵十余万。还，祭黄帝冢桥山。泽兵须如。上曰：'吾闻黄帝不死，今有冢，何也？'或对曰：'黄帝已仙上天，群臣葬其衣冠。'"《汉书·武帝纪》说："元封元年冬十月，（汉武帝亲率大军北上）行自云阳，北历上郡、西河、五原，出长城，北登单于台，至朔方，临北河，勒兵十八万骑，旌旗径千余里，威震匈奴……还，祠黄帝于桥山。"此即千百年来在黄陵所流传的"十八万大军祭黄陵"。王莽代汉后，"遣骑都尉嚣等，分治黄帝园于上都桥畤"，颜师古注曰："桥山之上，古曰桥畤。"（《汉书·王莽传》）

到了唐代，将在中部县桥山上祭祀黄帝列为国祭。《册府元龟》载："（唐代宗）大历五年，鄜坊节度使臧希让上言，坊州有轩辕黄帝陵，请置庙，四时享祭，列于祀典。从之。"从此，在桥山祭祀黄帝，便成为一种带有国家公祭性质的政府行为。此后历代君主，都将陕西黄帝陵作为祭祀黄帝的场所。

据现存石刻和《黄陵县志》记载，宋仁宗嘉祐六年（1061）降旨，宣令坊州于黄帝陵桥山种植松柏树 1413 株，并抽调 3 户乡民，免其一切杂役赋税，专门巡查守护陵园（见轩辕庙内碑廊北宋嘉祐六年仁宗赵祯保护黄帝陵《圣旨碑》）。

元朝泰定二年（1325），泰定帝降旨，诏令中部县地方官切实保护黄帝陵庙（见轩辕庙内碑廊元《圣旨碑》）。

北宋嘉祐六年栽种松柏圣旨碑

◎北宋嘉祐六年栽种松柏圣旨碑

明朝开国皇帝朱元璋于即位之初，亲撰祭文，命重臣前往陕西黄帝陵祭祀黄帝。有明一代又多次重修轩辕庙，并下令免除黄帝庙税粮（见轩辕庙内碑廊明《黄帝庙除免税粮记》《轩辕黄帝庙重修记》等）。

清朝在执政的260余年间，朝廷指派重臣先后26次前往中部县桥山祭祀黄帝，并对黄帝陵庙进行修整达十余次，有史籍记载的分别是康熙六年、十九年、三十四年、雍正七年、乾隆二十五年、二十六年、三十七年、五十五年和嘉庆十二年（见民国二十四年《重印陕西中部县志》、轩辕庙内碑廊《重建轩辕庙记》等）。

◎黄帝陵晨曦（王从录 摄影）

天下第一陵

黄帝陵位于陕西省黄陵县西北 1 千米处的桥山之巅。北纬 35° 34′，东经 109° 15′，海拔 977.8 米，背靠两座山峰，一座海拔 994 米，另一座海拔 1021 米。整个陵区保护范围总面积为 3.24 平方千米。其中，黄帝陵寝所在的桥山面积为 5667 公顷。

黄陵县地处黄土高原腹地，东以洛河河谷为界，洛河支流沮水自西向东横贯全境，桥山相传为中华始祖黄帝陵墓所在，该县因而得名。黄帝陵是中华民族人文初祖黄帝的衣冠冢，相传，黄帝驭龙升天后，百姓们为了纪念黄帝，将黄帝的衣冠埋葬在了他生前铸鼎的地方，就是现在的黄帝陵。

轩辕应元期，功能总百神。
体炼百灵妙，气含云露津。
掺石曾城岫，铸鼎荆山滨。
豁焉天扉辟，飘然跨腾鳞。
仪辔洒长风，褰裳蹑紫宸。

——〔晋〕曹毗《黄帝赞》

有以上众多历史文献记载为据，黄帝陵在今陕西省黄陵县的桥山可以信从无疑，但随着时间的推移，历史的变革，关于黄帝的葬地产生了多种不同的说法，如河北说、山东说、河南说、甘肃说。清代史学家朱彝尊在其所著《日下旧闻考》中说："轩辕陵在桥山，记载所同。然桥山非一，上郡、妫州皆有之。"他对出现这种现象的原因做了解释，说："圣人久于其位，仁化所及，至于殂亡，四海无思不哀。故绝域殊俗之人闻天子崩，各自立位而祭，起土为冢，是以所在有焉。"他认为，出现多处黄帝陵墓的原因是，黄帝功德无量，亡后受到人们普遍怀念。为了纪念黄帝，不同地方的人分别修筑了黄帝陵墓。这一解释是合理的，不足之

处是没有指出，各处的黄帝陵墓并非同时出现，而是在不同时期陆续出现的。

黄帝陵古称桥陵。这是因为，沮河水由西向东呈 U 形绕此山而过，站在山上朝下看，东边有河，西边亦有河，就像水从山底穿过，故此山名之曰桥山。陵因山而得名，曰桥陵。宋乐史《太平寰宇记》云："桥山，《山海经》云：蒲谷水源其山下，水流通，故谓桥山。"（《太平寰宇记·关西道十一·坊州·中部县》）清人顾祖禹在其所撰《读史方舆纪要》中说："沮水至县北，穿山而过，因以桥名。"（《读史方舆纪要·陕西·延安府》）清代毕沅更于陵前题碑"古轩辕黄帝桥陵"。自此以后，桥陵之称更为闻名。1942 年，陕西省第三专员公署考虑到黄帝声名远播、威名远扬的无比崇高地位，加之为了与陕西蒲城丰山唐睿宗之桥陵相区别，遂改称桥陵为黄帝陵。此年冬天，国民党中央委员会委员长蒋介石题写"黄帝陵"三个大字，匠人勒石成碑，置于黄帝陵墓之前。自此以后，黄帝陵一名沿用至今。黄帝陵所在地的县名也随之由中部县改称为黄陵县。

黄帝死后，人们为了表达对这位人文初祖的怀念之情，便起冢为陵，立庙祭祀。《史记》载："上（指汉武帝）议曰：'古者先振兵泽旅，然后封禅。'乃遂北巡朔方，勒兵十余万。还，祭黄帝冢桥山，释兵须如。"（《史记·封禅书》）可见，在汉武帝以前，桥山黄帝陵就已存在。唐宋以来，因各朝皇帝的重视，不断整修添土，使陵冢有所加大。

◎桥山全貌

1961年3月4日，黄帝陵成为国务院公布的首批全国重点文物保护单位之一，编为“古墓葬第一号”，号称“天下第一陵”，又称“华夏第一陵”“中华第一陵”。2002年5月，又被列为国家级风景名胜区。2007年5月，成为第一批国家AAAAA级旅游景区、中宣部首批全国爱国主义教育示范基地。

桥山有大桥山、小桥山之分，大桥山即位于陕西、甘肃两省交界的子午岭，山势呈西北—东南走向，“南连耀州（今陕西铜川市耀州区），北抵盐州（今陕西定边县），绵延八百余里”；小桥山即黄帝陵所在的桥山，是子午岭中部向东延伸的支脉，是渭北黄土高原中孟家塬向南延伸的一支主脉。小桥山前有两条支脉伸向山脚下的沮水河畔。一条支脉向东，岭脊狭窄，支离破碎，形似凤凰，故称凤凰岭；一条支脉向南偏西延伸，岭脊相对宽阔平缓，唐代坊州古城即建于其上，山麓和沮水之间的缓坡地与现在的黄陵县城之老城区相连。

登临桥山，向四周眺望，阳洼山、马山、孟家塬、印台山约成对称之势，沮水自西、南、北三面环绕而来，山环水绕，气象万千。桥山沮水，川塬相连，沟壑纵横，梁峁跌宕；山水映带，林地分明，姿态万千，变幻莫测，幽静深邃，古朴凝重。既有黄土高原独特的洪荒、原始、粗犷、浑厚之风貌，又有北方山城少有的黛横半岭、一水中流、翠柏环山、绿茵遍地的秀毓之气概。桥山有王者之风，左依山，右傍水；沮水有钗黛之灵，婀娜多姿，翩翩起舞；凤岭、南岭如栋梁之材，巍然挺立，缓缓延伸；印台诸山如侍从之辈，拱卫于南，恭谨肃立……山体钟灵，水道毓秀，或环，或抱，大自然的鬼斧神工在黄土高原上雕琢了这难得一见的“风水宝地”。

站在桥山之巅，山川风物、地理地貌尽收眼底。东面的龙首乡，一条与桥山山脉紧紧相连，与沮水河遥遥相对的黄土高阜，宛如一条巨龙，又似天然画屏。若遇雨后初晴的早晨，但见雾霭蒸腾，瑞气东来，霞光万道，彩云朵朵，沮水泛亮，古柏凝翠，庙宇生辉，陵墓显圣，整个桥山，恰似一幅浓淡相宜的水彩画。传说这里正是轩辕黄帝驭龙升天的首山。西面的老虎尾巴村，距黄帝陵大约 2.5 千米，正位于沮水河西岸，其隆起而立的黄土梁坡，形状地貌俨然一只巨大安详的卧虎。北面正是连接黄帝陵的孟家塬，犹如一只俯卧的巨大玄武。漫步下山，站在黄陵县城东边的山头，向西北远望凤凰岭，竟酷似一只展翅欲飞的朱雀。山川风水，天地阴阳，瑞气宝象，尽在桥山黄陵一隅。陵庙皆呈负阴抱阳之势，北有玄武高靠，前有碧水环绕，左有龙首在侧，右有虎尾毗邻，构成一幅平稳安昌之象。陵墓巧居盘龙脉象之中，庙宇恰处凤岭翼护之下，左青龙，右白虎，前朱雀，后玄武，左右拱卫，前后拥护，构成一派吉瑞祥和之气。独有的地脉，特含的精气，构成了一幅完美的表现古代人文地学理念的风景。

沮水环绕

桥山的南面，正对着印台山，因山下有二台，上端高高突起一圆顶，酷似帝王之玺印，故此得名。印台山背靠侯庄塬，面临沮河川，与桥山隔沮河相望。桥山以东有阳洼山，以西有马山。按照古代堪舆学理论，印台山处朱雀之位，阳洼山处青龙之位，马山处于白虎之位，而黄帝陵所依之孟家塬则处于玄武之位，桥山正处于中央之地，四面环山，依山傍水，是一处难得的风水宝地。

沮水，一名东沮水，发源于陕甘二省边界的子午岭上的柏林庄，由西向东横

◎沮水（张会文 摄影）

贯黄陵县城，流经黄陵县上畛子农场和双龙、店头、康崖底、桥山，最后在龙首乡的县河口注入北洛河，全长 128 千米。上游比较平直、舒缓，水由西自北折向南而东流，称西湾；下游则由西自南折向北而东流，称东湾。沮水的这种三面环绕桥山而过的情形，使桥山看起来更像是卧波之桥，故名之桥山。正是由于沮水的这种三面环绕，加之四周群山隔水相抱，构成了黄帝陵特有的山水形势。

在古汉语中，沮通“祖”，故而沮河也被看成是祖先之河。夜晚来临，这里会出现“沮水月夜”的美丽景观。轩辕广场的地面是用秦岭天然河卵石铺就而成的，共计 5000 块，含义是代表着中华民族五千年的悠久历史。眼前的池子叫印池，相传是黄帝洗笔的地方。印池之水来自沮河。

轩辕桥横跨印池，全长 66 米，宽 8.5 米，为全花岗岩石材建造，被誉为“中国近代全石材第一桥”。轩辕桥北端通向庙院的龙尾道共有 95 级台阶，寓意黄帝“九五之尊”的崇高地位。拾级而上则是宽阔的庙前广场，近年来的公祭活动大都在此举行，现代传媒已使它广为人知。站到宽阔的庙前广场，回头看轩辕广场，定会感受到一种“雄伟、庄严、肃穆、古朴”的恢宏气势。

古柏凝翠

桥山古柏作为黄帝陵的标志性景观之一，以其苍翠肃穆、秀丽幽静、充满灵气而名扬天下，在如今现存的八万三千多株古柏背后，是五千多年来代代华夏儿女数不清的护林故事。

据文献记载，早在北宋嘉祐六年，宋仁宗赵祯曾发动黎民百姓在桥山种植1413株柏树，同时抽调三户人家，免除一切徭役赋税，专职在桥山植树护林。从此，桥山古柏就成为历朝历代官方、民间的重点保护林木，时至今日，黄帝陵脚下仍有不少护林后人世代居住于此，为保护古柏倾注了极大的心血，沿着先人的足迹，精心守护这一方青翠。

◎桥山古柏林

黄陵古柏

五千年庙几兴废，老柏数十常青葱。

盘根怒出鼍负重，孙枝旁挺虬拿空。

无碑为柏记年岁，开天辟地洪荒洪。

武皇逐虏三千里，解甲挂树来献功。

此树至今两千载，以视巨者孙从翁。

中州神物此为最，鲁楷秦栎俱下风。

神灵呵护犹余愤，中霄风雨吟群龙。

——谢觉哉

（1937 年 7 月和 1943 年，谢觉哉先后两次前往黄陵县谒陵拜祖）

桥山的标志是郁郁葱葱的古柏。黄帝陵所在地桥山生长有柏树 10 万余株，其中百年以上古柏 8 万余株，千年以上古柏 3 万余株，是中国覆盖面积最大、保存最为完整的古柏群。

地质构造上，黄陵县地处华北陆台鄂尔多斯地台中南部，构造活动微弱，形迹少而简单，无大的褶皱与断裂发生。地形地貌上，黄陵县位于黄土塬区，塬面平坦，周边沟谷深切，其洛川塬为最大的黄土高原，洛川高原沟壑地貌是我国黄土地貌发育最典型的地区之一，建有我国第一个黄土地质公园。

西南缘分布有岛状中低山，主要由中生界和古生界砂页岩组组成，海拔 1400 ~ 1800 米，植被覆盖率高。黄帝陵所在区域属于鄂尔多斯地台的一部分，基岩为中生代沉积岩和新生代晚期红土层，底部为侏罗纪、三叠纪砂岩、页岩和砾岩，上部覆盖着以黄土为主的厚厚沉积物，钙质丰富，质地疏松，非常适合草木和农作物的生长，自古以来就是黄土高原二级台地上的农业区。

气候条件上，黄陵县属于渭北黄土高原沟壑区，暖温带半湿润大陆性季风气候，气候较温和，太阳辐射能量丰富。春季多风；夏季平均气温在 20℃以上，为四季之最高；秋季多连阴雨天气；冬季在西伯利亚大陆高压的控制下，具有气压高、寒冷、干燥的特点。四季分明，日照充足，适合植物生长。

水文资源上，黄陵县属黄河二级支流北洛河流域。洛河由富县石门子东入黄陵县境，流经县西部边缘，在黄陵县堡乃村出境，县域流长 114.7 千米。境内注入洛河的主要支流有四条地表水，分别为界子河、仙姑河、黄连河以及史家河，夏秋河水量较大，冬春流量较小。

桥山及其周围地区常见的植物群落包括：

侧柏群落　主要分布在黄帝陵区及其四周，占整个桥山植被的 70%，这是目前全国最大的古柏群落。柏树品种繁多，最常见的品种包括侧柏、雀柏、哑柏、麻花柏等。黄陵县的地理环境与侧柏的生长环境相似，是黄帝陵乃至整个黄陵地区侧柏广泛分布的主要原因。

◎千年柏树

◎桥山侧柏群落

侧柏与油松群落 主要分布在黄帝陵墓正北和陵南地区。其乔木层覆盖度为50% 左右。侧柏一般高 8 ~ 12 米，油松一般高 5 ~ 8 米，生长旺盛。

侧柏与刺槐群落 主要分布在桥山东麓的阳坡和黄帝陵墓西侧山坡。其乔木层覆盖度为 50% 左右。植被度较低。

侧柏与荆条群落 主要分布在桥山北麓一带。这里光照较差，土壤表层多为砂岩及残积物，乔木层覆盖度为 70%。主要由 30 年以上树龄的侧柏组成。

油松与刺槐群落 主要分布在桥山东麓的阳坡。其乔木层覆盖度为60% ~ 70%。

酸枣群落 一般分布在东部及南坡边缘比较干旱的地区。其覆盖度约为80%。

黄花蒿群落 主要分布在桥山东北干旱的坡地。其覆盖度为 50% ~ 70%。

铁杆蒿群落 主要分布在桥山东麓比较干旱的坡地。同时夹杂有矮小的酸枣和荆条等植物。

黄帝庙植被 庙区植被以古侧柏为主，同时还有其他25种乔木和24种灌木以及80余种草本植物。其植被覆盖度为50%。

◎黄帝陵植被

川道植被 沮水河川道属于黄陵县典型的农作物种植区，河谷两岸、田畔及农宅旁，也分布着多种林木如榆、椿、柳、丁香、侧柏、枣、桑、槐等。

动物资源 据有关统计，黄帝陵区共有鸟类22种，隶属于5目15科，主要分布于桥山侧柏林及林缘地带。普通种类有沼泽山雀、黑枕黄鹂、北红尾鸲、灰眉岩鹀、黑卷尾、银喉长尾山雀、喜鹊、山噪眉、红咀蓝鹊、红尾伯劳等。稀有种类有黄腹山雀、赤红山椒鸟、苍鹭等。共有陆生脊椎动物种类38种，主要有猬、兔、狐、黄鼠鼬、野猪、狍等。

黄帝陵区的土壤以黄土为主。黄土质地疏松，孔隙大，富含钙质，湿陷性强，适合植物生长。桥山地区土层厚度较大，有机质含量高，土壤容重适中，自然含水量较高，土壤属偏碱性。所有这些要素，构成了黄帝陵区良好植被特别是柏林旺盛的优越地理基础。

如今，桥山古柏群覆盖面积已达81.9公顷，其古柏品种之多、数量之巨，实为罕见，经过世代呵护，这片古柏群内已形成各类野生动物与千年林木和谐共生的生态家园。

世界柏树之父——黄帝手植柏

在这些历经时代洗礼的古柏之中，最蔚为壮观的一株，就是黄帝手植柏。

相传为轩辕黄帝亲手栽种，苍劲挺拔，绿荫如盖，虽历经五千载，却依旧保持着惊人的旺盛活力，仿佛预示着中华民族强劲不息的生命脉动，被誉为“世界柏树之父”。

自从轩辕黄帝种下第一棵柏树，大家纷纷仿效，从此以后植树造林，就成了中华民族的一个传统。

关于黄帝手植柏，当地有句名谚：“七搂八拃半，疙里疙瘩不上算。”黄帝手植柏，不仅是一棵古树，更是一种精神象征，象征着中华民族生生不息的精神，也包含着人类生产生活要与自然和谐发展的理念。

◎黄帝手植柏

©挂甲柏

珍珠闪闪的挂甲柏

轩辕庙里的另一种古树显得更为奇特——挂甲柏。

挂甲柏，距今已有3000多年的树龄，据称因汉武帝北征朔方，归途祭拜黄帝时，将铠甲挂在树上，甲上的钉刺刺破树皮，留下累累斑痕，却也因此被称为群柏之奇。

在每年清明节前后，如果说雨水量非常充裕的话，会从柏树的树皮中渗出大量的树胶来，柏胶具有黏性，会黏在树皮上，形成一颗又一颗的树脂小球，在太阳光的照耀下，整株柏树都是闪闪发光的，非常漂亮，像铺满了珍珠宝石一样。

龙角柏

参天的古柏郁郁葱葱，绵延百里，而在不经意间，大自然却以一种独特的方式，缔造了生命的奇迹。在黄帝陵冢正北的盘龙岗上，有两株形态迥异的无叶古柏，因酷似龙角被誉为“龙角柏”。这两株龙柏，树肌按天道左旋的规律盘旋向上，直入云霄，千年不朽，令人叹为观止。

我们所说桥山像一条蜿蜒的巨龙，盘踞在这个地方，而龙角柏所处的位置正是龙的天灵盖两侧，和一般动物的两只犄角的分布位置是一模一样的。

这是一个美好的意象，自然的造化也一再印证着人们的想象力。

不论千年的轮回，历史的演进，这些古柏，却始终矗立在这里，见证着华夏儿女的兴衰荣辱，守护着亘古不变的民族之魂，传承着祖先永不磨灭的精神血脉。

而这种永动不息的生命活力，也预示着中华民族博大精深的璀璨文明必将闪耀屹立于世界民族之林。

◎龙角柏

文武百官至此下马：陵道

沿登山大道向上攀登，越过轩辕庙 1 千米许，半山腰有停车场，为第二停车场。从停车场到陵园，有条通达黄帝陵的神道，也叫登道。1992 年以前的神道为石头铺就。这条石登道共 229 级，长 250 米，宽 2.53 米，途中有道弯四处，面积不等的平台 26 处。石登道两旁有 1.08 米高的水泥护栏，370 个高 1.34 米的柱头分别雕有各种形状的石雕。现今看到的登陵道为整修黄帝陵一期工程完工项目，从 1996 年 4 月开始正式使用。它由陵道和神道两部分组成，总长 455 米，宽 5 米，其中陵道长 260 米、神道长 195 米，全用花岗岩条石铺筑。陵道采用形断而意连、曲不离直的手法构建，共 277 个台阶。

沿登陵道拾级而上，两侧古柏参天，翠色长驻。在距黄帝陵约 200 米的道旁，一座明朝嘉靖年间垂立的下马石悄然静立，上刻“文武百官至此下马”八个大字，令人肃然起敬。古代山路崎岖，谒祖祭陵者多骑马坐轿，但行至此处，均下马下轿，整理衣冠，平静心情，恭行至陵前。现代人虽不骑马坐轿，多为步行上山，但接近陵园，须恭敬肃然，与古人是一致的；乘车上山者，同样也须在此下车，以示敬意。

从第二停车场至陵园有一条公路，原为土路，每遇干旱，车辆过后，尘土飞扬，而到了雨后初晴，则是泥泞满地。陕西省在整修黄帝陵工程中，1995 年将这

◎文武百官至此下马处

◎陵道

段土路铺成石板路。总长 750 米，宽 7.5 米。登临这条上陵公路，眼观柏林苍翠，耳听八方鸟鸣，不由使人产生祭陵的神圣感和庄重感。另外，又专门新修了一条登陵车道，主要用作护林防火。

陵道尽头，便步入陵园区。陵园四周，顺依山势，修有绵亘不绝的青砖围墙，高 16 米，涂以红色，象征至尊至伟。墙头为红椽绿瓦，古色古香。整个陵园，南北约 210 米，东西约 72 米（前宽 42 米、后宽 81 米）。陵园门有两个，分立东西两侧。从东门进入陵园区，有一棂星门，门两旁是仿制的汉代石阙。

汉武仙台

从西门而入，步行数步，左侧是一座高 24 米的夯筑高台，台旁立一石碑，上书“汉武仙台”四字，为明代嘉靖七年闰七月所立，落款为“滇南唐琦书”。此

◎汉武仙台

◎石护栏

台始建于汉元封元年（前110）。《史记·孝武本纪》记载，汉武帝刘彻“北巡朔方，勒兵十余万，还，祭黄帝冢桥山”。汉武帝刘彻勒兵十余万号称十八万大军，北征朔方，凯旋后，为夸耀武功，祭告祖先，便于归途经黄帝陵时，停兵祭祀。同时为使自己长寿成仙，又令十八万兵士于此起土筑台，后人因此称此台为祈仙台。《中部县志》（旧志）载，汉武仙台，“峙黄陵左侧，高出林表，汉武巡朔方，还，祭黄帝，筑台祈仙”。祈仙台距陵墓45米，两条石砌曲径通向台顶，土台边缘由古柏环抱。台顶高达林表，登临其上，四周景色尽收眼底，云蒸雾绕，恍如仙境。

越过汉武仙台，登上桥山之巅，便是黄帝陵冢。陵冢位于桥山山顶正中，坐北面南，高3.6米，周长48米，面积约200平方米。陵冢为土冢，扁球状，直径为16米。土冢下部准备筑方形墓台，以烘托陵墓的神圣感。方台与圆冢相结合，上圆下方，具有“天圆地方”“天地相合”的象征意义。

桥山龙驭

黄帝陵前立有一块石碑，上书“桥山龙驭”四字，意为黄帝驭龙升天之处。落款为“大明嘉靖丙申（嘉靖十五年，公元 1536 年）十月九日滇南唐琦书”。传说轩辕黄帝就是在这里乘龙升天的。升天时，人们从他身上拽下衣帽、靴子、宝剑等埋葬此处，修成陵墓，以示永久怀念。再前，原有一通古碑，上书“古轩辕黄帝桥陵”，系陕西巡抚毕沅于清乾隆四十一年（1776）所立，碑石现已遗失。

◎桥山龙驭

享殿

享殿，又称祭亭，民国三十三年（1944）建。1959 年，陕西省人民政府拨款重新整修。现在的祭亭，宽 10 米，深 6.15 米，建筑形式为歇山顶，飞檐起翘，气宇轩昂。亭前置放供桌、祭器与各种供品等，亭中置一高大石碑，碑高 4.3 米，宽 1.2 米，上刻“黄帝陵”三个大字，为郭沫若于 1958 年 5 月手书。该亭由 8 根柱子支撑，上部四角卷起处系有风铃，微风起时，风铃齐鸣，悦耳动听。亭柱上有两副楹联，一为“奠华夏宏大业基始祖恩德泽万世，树炎黄浩然正气民族精神炳千秋”；一为“中华国脉承龙脉，黄帝英魂壮民魂”。祭亭地面铺以白色花岗岩石，显得纯净明亮，素朴庄重。每年清明、重阳节祭祀大典，都在这里举行。此处已成为海内外炎黄子孙追思先祖威德，抒发民族情感的场所。

◎祭亭

龙驭阁

龙驭阁，2002年建，位于陵轴线的最北端，是耸立在桥山之巅的标志性建筑。因处于最高点，也兼有防火瞭望的功能。龙驭阁建筑形式取材于汉代阁楼，造型具有仿木构筑特征，为4.2米 ×4.2米的方形建筑物，坐立于长9.9米、宽9米的平台之上，阁为五层，总高20米，建筑面积160平方米。龙驭阁地处海拔994米之处，为陵区外围远望桥山的标志。于此居高远眺，祭拜始祖，眺望桥山、印池，遐想黄帝“驭龙升天”。

龙驭阁正立面向南，上书汉隶“龙驭阁”三字，古朴雄浑，雅拙劲健，大气磅礴。入口在北面，谒陵者可从地面拾级登上平台，由东西两侧从底层的大门入内登梯上阁。

龙驭阁的下部采用桩基础，用4根径1米、深33.5米的钢筋混凝土灌柱桩作为承重基础。建筑为钢筋混凝土框架结构，平台地面、墙面均为花岗岩铺砌，外墙为花岗岩干挂石面，部分外露钢筋混凝土面为仿石喷涂。其重檐屋面为钢筋混凝土面板，上铺花岗岩仿古石瓦。所有瓦件和屋脊均用花岗岩整体雕刻而成。顶层藻井为青铜龙浮雕。一层至五层设有两部无支柱登顶楼梯供游人上下。四层和五层的眺台作为谒陵人士的登高远望处，可同时容纳30 ~ 40人。

◎龙驭阁

龙驭阁周围设置造型古朴、通高 1.7 米的石灯 18 个，四周用花岗岩沿地形铺人行漫道，连接龙驭阁东西入口平台。古柏稀疏处补种的柏树和常绿灌木及花草，使环境景观更具特色。

黄帝葬地的不同说法

随着时间的推移，历史的变革，关于黄帝的葬地产生了多种不同的说法，除陕西说之外还有以下四种说法：

一为河北说。在今北京地区燕山南坡的平谷区北渔子山上有一座墓冢，有人认为即轩辕黄帝陵。持此说者，以《日下旧闻考》和《魏书·太宗纪》所载为依据。《日下旧闻考》有“世传黄帝陵在渔子山，今平谷区东北十五里，冈阜窿然，形如大冢，即渔子山也，其下有轩辕庙”的记载，《魏书·太宗纪》有“（神瑞二年）夏四月……（皇帝）幸涿鹿，登桥山，观温泉，使使者以太牢祠黄帝庙”“（泰常七年）秋九月……幸桥山，遣使者祠黄帝、唐尧庙”的记载。但《日下旧闻考》明确说明其说为“世传”而非信实之说。《魏书》的记载只是说广宁桥山有黄帝庙，并未言及有黄帝陵。而且《魏书·地形志下》明载：“阳周——前汉属上郡，后汉、晋罢，后复属。有桥山、黄帝冢。”“肤施……二汉属上郡，晋罢，后复属。有五龙山、黄帝祠。”《魏书·礼志一》记载：“和平元年正月，帝东巡，历桥山，祀黄帝。”

二为山东说。此说以《广舆记》所载“轩辕寿陵在山东兖州府曲阜市”和顺大五年修《大明一统志·兖州府·陵墓》条下所载“轩辕寿陵，在曲阜市东北二里，相传黄帝轩辕氏葬此，本名寿丘”为依据。但《大明一统志·延安府·祠庙》条下同时记载：“子午山，在合水县东五十里，一名桥山。”“轩辕庙，在子午山旁，有黄帝陵……今按：延安府中部县桥山有黄帝陵，本朝载在祀典。”“桥山，在中部县治北，下有沮水。或云水从山底经过如桥，即轩辕黄帝葬衣冠之所。”“黄帝庙，在中部县东三里。旧在桥山陵旁，宋开宝中移建于此。”《大明一统志》两说并存，也没有认定山东说。

三为河南说。持此说者以《历代陵寝备考》引自《外记》有关黄帝采首山铜，铸鼎荆山，鼎成而崩的记载和《阌乡志》所载“轩辕陵在县南十五里”为依据，即认为黄帝陵在今河南灵宝境内。此说于古文献无更多的依据。

四为甘肃说。秦汉时于上郡设阳周县，北魏时曾一度将今甘肃正宁县设为阳周县。《魏书·地形志》将两个阳周相混，误以为上郡之阳周即今甘肃正宁，因而有黄帝陵在甘肃之说。《魏书》的误载，又导致了其后史籍的记载错误，如唐代《括地志》把唐代宁州罗川县（今正宁）说为汉代的阳周县，其后的《地理志》《通典》《元和郡县图志》等均沿用这一误载。

气势恢宏的黄帝太初祖庙——轩辕庙

轩辕庙

轩辕庙又称黄帝庙，位于陕西省黄陵县县城之北面、桥山之东麓。

黄帝陵轩辕庙始建于何时，因史籍阙载，目前尚无定论。据《黄陵县志》记载，此庙始建于汉代。王莽建立政权后，曾“遣骑都尉嚣等，分治黄帝园于上都桥畤”，颜师古注曰：“桥山之上，古曰桥畤。”（《汉书·王莽传》）王莽并于“地皇元年……坏彻城西苑中建章、承光、包阳、大台、储元宫及平乐、当路、阳禄馆，凡十余所，取其材瓦，以起九庙……九庙：一曰黄帝太初祖庙，二曰帝虞始祖昭庙……太初祖庙，东西南北各四十丈，高十七丈。余庙半之”。（《汉书·王莽传》）以前记王莽令骑都尉修治位于上郡桥山的黄帝园来看，此黄帝太初祖庙当在今桥山。《册府元龟》记载，唐代宗大历五年（770），“鄜坊节度使臧希让上言，坊州有轩辕黄帝陵，请置庙，四时享祭，列于祀典。从之”。可见，汉代所建立的轩辕庙，经过魏晋南北朝的战乱，至唐时已基本湮灭无存。唐代宗时重新于黄帝陵建轩辕庙，遂成后代历朝祭祀黄帝的场所。宋开宝五年（972），宋太祖赵匡胤降旨，修葺功德昭著的前代帝王祠庙，“坊州黄帝庙，即其一也”（见轩辕庙内碑廊宋李昉《黄帝庙碑序》）。但因旧有黄帝庙地势狭隘，不便于尊崇，同时也为避水患，遂将

◎轩辕庙山门前　桥山飞虹（张会文 摄影）

黄帝庙由原来的桥山西麓迁至桥山东麓（即保生宫、黄帝手植柏处）。迁移后的轩辕庙，占地面积有所扩大，还重新修建了庙院、山门、过亭（现诚心亭）和大殿。现今的轩辕庙，就是在此基础上不断修葺完善而成的。

轩辕庙是祭祀黄帝的主要场所，位于桥山东南麓半腰之处，坐北面南，总体呈长方形，长 140 米，宽 84 米，总面积 11760 平方米。其主体建筑按南北轴线逐次排列，有山门、过亭（现诚心亭）、碑亭、大殿，东侧有碑廊，西侧有接待室和文物陈列室。其外围原用红色砖墙围护，现改成花岗石砌筑围墙。院内古柏 16 株，小柏树 7 株。

轩辕庙山门外原有一方形砖砌照壁，厚 1.25 米，高 6.2 米，宽 9.38 米，壁顶为悬山顶，灰板筒瓦相扣，有勾头滴水，两端隆起。照壁北面上所书，为孙中山派员祭祀黄帝陵时所写的赞词。今照壁已拆除，地为庙前区所用，孙中山的赞词刻石改立于碑亭内。

轩辕庙庙前区气势恢宏，雄阔壮观，包括入口广场、印池、轩辕桥、桥北广场、龙尾道、庙前广场等，总占地面积 300 余亩。1992 年动工修建，1997 年建成。

新修的入口广场，总长 130 米，进深 70 米，总面积约 9100 平方米，为不对

◎轩辕庙山门

◎绿水荡漾的印池

称半椭圆造型。周边用花岗岩条石铺砌，地面选用 60 至 80 厘米的 5000 块秦岭天然河卵石铺就，既象征着先民草创文明时的艰辛，又象征着中华民族五千年悠久而灿烂的文明史。中央甬道取八卦符号，布局有“五行石”。广场右侧有七块较大型花岗岩石，布置如北斗七星，左侧有四块坐石，构成“二十八宿”，远远望去，整体图案又宛如一条栩栩如生的鱼龙，充分体现了中国古代传统文化的意蕴。

印池

印池系用沮河古道改建而成，其意喻黄帝用印之水，又名龙池。占地 300 余亩，蓄水量 46 万立方米。满山古柏，倒映池中，与蓝天白云交相辉映，为黄帝陵平添了无限灵气，重现了“沮水夜月”的迷人景观。湖岸四周，植树 11 万株，花卉 2.9 万丛，草坪 3.39 万平方米，碎石铺路，绿树成荫，把古朴的陵区装扮得风光宜人。

◎轩辕桥

轩辕桥

广场北端，昂然挺立一座横跨印池的石材桥梁，名曰轩辕桥。全长66米，宽8.6米，共8跨，跨度6米。桥体全部用造型别致的福建产花岗岩砌成，桥面由12根石梁铺就，桥侧面采用粗犷的蘑菇石面。桥的南北有4块桥墩石，桥南左右两块分别雕刻日月图案，桥北左右两块分别雕刻天地图案，两边桥头各有望柱一对。此桥洁白如玉，粗犷朴实，可称为近代全石砌第一桥。

轩辕桥北端的桥头平台，名之曰桥北广场，占地1548平方米，地面为花岗石铺筑，东西两侧耸立4.8米高望柱一对，更显雄伟壮观之气魄。桥头平台沿龙尾道直通庙区。

龙尾道

龙尾道用花岗岩铺设而成，共95级台阶，以象征轩辕黄帝“九五之尊”的至高地位。桥北广场与龙尾道两旁的坡地上，鲜花盛开，绿草遍地，一派盎然生机。

顺着龙尾道拾级而上，便是宽阔的庙前广场。其地面用 20 厘米厚的混凝土浇筑，上部铺以 20 厘米厚的花岗岩石，总面积达 2800 平方米。广场上还建有 4 个望柱，左右端然而立，古朴典雅，庄重大方。

轩辕庙山门

穿过庙前广场，迎面便是气度非凡的轩辕庙山门了。原山门进深 8 米，面阔五间。正门居中，东西两侧各一侧门。正门门额上书“轩辕庙”三个大字，系民国时期陕西省政府主席蒋鼎文于 1938 年清明节祭陵时所题。现山门为五开间廊庑式，平面轴线 19.2 米 ×10 米，建筑以汉代风格为基调，屋面采用歇山顶，石墙、石柱、钢筋混凝土梁和屋面板，上覆石筒瓦。山门台基比地面高出 2.72 米，台基和踏步全部采用花岗石制作。门前有平行的六根柱子支撑，屋檐四角隆起。柱子前有 6 级台阶，尽显庄严雄伟、大气磅礴之气度。

黄帝手植柏

进入庙院山门，轩辕黄帝手植柏首先映入眼帘。黄帝手植柏，位于轩辕庙门内左侧 2 米处，这棵树龄近 5000 年的古柏，传说是黄帝亲手栽植。在植物学分类上，它叫侧柏，别名扁柏、扁松、肩桧、黄柏、香柏，英文名称 Oriental Arbor Vitae，是我国特有柏树品种，自古以来多栽于庭园、寺庙和陵墓。1982 年，英国林学专家罗皮尔等人在考察了世界 27 个国家后来到我国，惊叹它是“世界柏树之父”。古柏苍翠健旺，树干略向南倾，树高 19.3 米，胸径 11 米。当地谚语称：“七搂八拃半，疙里疙瘩不上算。”意思是 7 个人手拉手搂不住，还剩八拃半，况且有疙瘩的地方尚未计算在内。实为群柏之冠。

为保护这棵古老而有纪念意义的树种，1965 年 5 月 10 日，在手植柏周围制作铁栅栏一副，并东南侧砖砌壁下部正中镶嵌一长条形圆顶石碑，上刻“黄帝手植柏”五字，又于上部镶嵌一长方形石碑，上刻“手植柏”三字，并附有手植柏简介。

◎黄帝手植柏

◎黄帝手植柏

黄帝手植柏，是黄帝时代文明的“活化石”，是华夏五千年文明的历史见证，堪称“中华第一树”。

诚心亭

再向北是诚心亭，即原来的过亭。为历代祭祖之人整理衣冠、平静心情、致备祭品之处。面阔五间，进深一间，面积约 85 平方米。屋顶为歇山顶，所施灰布板瓦与筒瓦，紧紧相扣；前檐施勾头滴水。亭四边无墙，阑额下为花格装饰，旋子彩绘。明间南北两侧台基石砌如意踏步，次间、补间外侧有围栏围护。亭柱上书有两副楹联：“观天地生物气象，读古今经世文章”；“诚朝圣地人文祖，心祭神州儿女情”。亭前东南侧有一砖砌壁。上书诚心亭文字简介：“历代帝王将相，墨客骚人，现代政府官员、社会名流、同胞华侨、外籍华裔，谒拜黄帝时，先要在诚心亭整衣冠，备礼品，平静心情，消除杂念，然后缓步进殿，顶礼膜拜。”

夸父石

在诚心亭西侧，方台上有一天然巨石，石面图案酷似一人在追赶太阳，正合我国古代传说的“夸父逐日”，故俗称夸父石。

◎夸父石

香港回归纪念碑和澳门回归纪念碑

诚心亭后北面两侧，有石碑四通，东边为浙西钱塘人程寿筠所题石碑两通，一通上题“轩辕庙”三字，一通上书“文明之祖”四字；西边为香港回归纪念碑和澳门回归纪念碑。

香港回归纪念碑古朴典雅，庄重美观，碑高3.5米，宽1米，由碑头、碑身、

◎香港、澳门回归纪念碑

碑座和台座四部分组成，此碑立于 1997 年 7 月 1 日。正是在这一天，香港，回归祖国的怀抱。这是具有历史意义的重大日子，为告慰先祖，香港特别行政区首任行政长官董建华特地题写了“香港回归纪念碑”几个遒劲大字，立碑纪念。石碑背面，刻有香港著名书画家梁溪方（ 名方召麟）女士书写的香港回归纪念碑铭一篇，记叙了立碑缘由、目的。澳门回归纪念碑，为中国收回澳门所立。1999 年 12 月 20 日，澳门回到祖国怀抱。在普天同庆之际，澳门同胞倡议建碑勒石，以告慰始祖轩辕。澳门特别行政区首任行政长官何厚铧亲笔题写“澳门回归纪念碑”七个大字。石碑北面，是由林近撰写的碑铭，碑文阐明了立碑的缘由和目的，记述了澳门的位置、历史和回归祖国的事实。碑刻于 2000 年 2 月 25 日。

◎碑亭

碑亭

再北为碑亭。其形式与诚心亭相仿，面积较之略大。中间仍为过亭，东西两侧有砖墙。卷棚顶，施灰布板瓦、筒瓦，枋额间施旋子彩绘。1987 年以前此处存放碑石 47 通，1988 年将大部迁至轩辕庙内东侧碑廊。碑亭前柱子上写有一副对联："上下五千年，纵横三万里。"碑亭院内东侧，分别矗立两通高大石碑。一通为中华人民共和国国家主席江泽民于 1993 年 4 月 5 日为整修黄帝陵工程的题词手迹，碑文为："中华文明，源远流长"；一通为中华人民共和国国务院总理李鹏于 1992 年 9 月 20 日为黄帝陵基金会题词的手迹，碑文为："发扬中华文明，振奋民族精神"。碑亭内现存石碑四通。西侧二通，前边一通为毛泽东于 1937 年 4 月 15 日国共两党祭黄帝陵时亲笔题写的"祭黄帝陵文"手迹，字体汪洋恣肆，飘洒俊逸，雄健有力；后边一通为邓小平所题的"炎黄子孙"四个大字碑。东侧二通，前一通据说是孙中山先生任中华民国临时大总统时所作词一首：“中华开国五千年，神州轩辕自古传。创造指南车，平定蚩尤乱。世界文明，唯有我先。”后一通是蒋介石于 1942 年题写的“黄帝陵”三个大字。

碑廊

位于碑亭东侧，建于 1987 年。廊长 78.3 米，宽 4.2 米，砖木结构。保存有历代祭祀、维护黄帝陵庙碑石 40 余通，上自北宋，下迄中华人民共和国。颇为珍贵。现存最早的一通是宋嘉祐六年（1061）奉旨栽植松柏 1413 棵的记事碑。并有金明昌乙卯年（明昌六年，公元 1195 年）所立“冲和大德雷公寿堂记”碑、元泰定二年（1325）所立关于禁伐黄帝陵树木圣旨碑、元至正七年（1347）所立“罗

◎碑廊雪景（王春梅 摄影）

公道号之记”碑、元至正二十年（1360）张三丰谒桥陵诗碑等。其余石碑多为明清两代“御制祝文”和重修黄帝陵庙纪事碑。碑廊两端还镶嵌有 20 通影碑。

文物陈列室

在庙院西侧，有 1986 年新建的文物陈列室、展览室和 1988 年建成的接待室，均系仿古建筑，与轩辕庙古建筑相映成趣。展览室展览有包括 1908 年同盟会代表祭拜轩辕庙时的照片，以及近年来党和国家领导人谒陵祭祖时的照片，弥足珍贵。

黄帝脚印石

在轩辕庙正殿前西南侧，有一块传说中的黄帝脚印石。它出土于黄陵县东南郭村，1956 年移至轩辕庙院内。整块大青石约一平方米，上镌刻有黄帝脚印一双，长 0.52 米，深约 2 厘米。

◎黄帝脚印石

挂甲柏

位于轩辕庙正殿前西南侧的那株高大古柏，人称挂甲柏，又称“将军柏”。传说汉武帝元封元年（前 110），发动十余万大军，北征朔方凯旋，路过黄帝陵，便上山拜祭黄帝。在祭拜之前，汉武帝将其战袍挂在这棵柏树上，故后人称其为“挂甲柏”。这棵柏树是柏树树种中稀有的种类。树干上斑痕累累，遍布洞孔，纵横成行，仿佛甲钉状，每年清明节前后，树干中的汁液从洞孔溢出，凝结成球状，就像镶满珍珠宝石般晶莹闪亮。挂甲柏外围立有铁栅栏保护，树下西北侧立一砖砌壁，下部正中镶嵌一长条形圆顶石碑，上刻程寿筠所书“志载汉武帝巡朔方还挂甲于此树”14 字，又于上部镶嵌一长方形石碑，上刻挂甲柏简介。

挂甲柏的西侧，立有一石碑，上刻“华夏魂”三字。正殿前东南侧，立有两通石碑。靠北一通为一长形巨碑，图文并茂。为明代祭陵官杨兆祭陵时写的一首谒陵诗画碑。碑左画一青龙，右画一白虎，均为圆形线条图案，黑字白线，非常分明。右画下方刻有三行小字：“黄帝出游，驾龙乘凤，东上太（泰）山，南游齐鲁，邦国咸喜。”此语录自《易林》。左画下方则刻有两行小字：“黄帝斩蚩尤，蚕神献丝，乃称织维之功。”这句话录自《黄帝内传》。石碑正中，竖刻几行大字：

挂甲柏

桥山之上有轩辕，寂寞松楸剑履存。
高冢旧余天子气，诸峰还让丈人尊。
青山雉尾当时事，白日龙髯何处屯？
犹似垂衣望仙侣，千官扈从隔昆仑。

此碑盛赞轩辕黄帝功德，抒发后人崇仰之情。靠南一通，是1962年刻的石碑，上书黄陵八景。今字迹已比较模糊。

轩辕庙大殿

再往北便是轩辕庙大殿。大殿最早建于明朝，后代屡有修缮。占地面积约282平方米。面阔七间，进深三间。大殿屋顶为歇山顶，脊为雕透花脊，屋面瓦件为灰布板瓦与筒瓦相扣覆盖，檐部施勾头滴水，前檐及其他三面均有斗拱。前檐当间建有六扇隔扇门，次间、稍间则各有四扇隔扇门。檐下的阑额、平板枋为和玺彩绘、斗拱彩绘，以及两侧与两侧背面、内梁等处彩绘，均精致华丽，绚烂无比。

大殿气势雄伟。正殿门楣上悬挂有原国民党爱国将领程潜于1938年祭陵时所题“人文初祖”四字大匾。字体铁画银钩，刚中藏秀。大殿正中木质壁龛内供放着一尊轩辕黄帝全身浮雕像。这尊中华民族人文始祖的浮雕像，是以东汉武梁祠的画像石刻拓片为蓝本，经国家文物局批准，放大刻制而成。黄帝浮雕像，石料采用陕西富平墨玉，高3.9米，宽3.3米，重11吨。石浮雕像沉稳站立，抬臂扬手，显轩辕黄帝雄才大略之气概；雕像冠带简朴，着装无华，显示出远古之神韵。神龛四周的图案为：上朱雀，下玄武，左青龙，右白虎。神龛与轩辕黄帝浮雕像都是香港同胞湛兆霖、程万琦二先生于1987年清明节专程前来祭陵时，捐款8万元人民币制作的。殿内两壁原有壁画，绘轩辕黄帝一生的功德，后毁于明代。现大殿神龛周围放置有花篮。神龛前供桌上有祭器、祭品等。殿外左右及背后有砖砌花墙。大殿前月台宽21.1米，进深10.84米，置有香炉、香案。月台前有台阶

◎轩辕庙大殿

通道三处，中间台阶正中为一圆形二龙戏珠石雕。正殿前柱子上，书有一副楹联：“祖功泽百世，宗德润千秋。”

祭祀大殿

轩辕庙大殿之北，便是新建的祭祀大殿。祭祀大殿系黄帝陵整修第二期工程之一。2003 年元月 8 日开工，2004 年 3 月 15 日竣工。位于原轩辕庙以北庙区中轴线上，直抵凤凰岭麓。新建的殿区占地 40000 平方米，总建筑面积 13200 平方米。由古柏院北墙上的中门和东西便门进入，迎面正中是登高 4 米的大型石阶，石路采用 3 米 ×2.4 米的巨型花岗石板铺成，石阶两侧分列着成排的铜篮，石阶之上，左右各耸立着三出石阙。大殿广场由花岗石铺就，陈设有“三山五岳”石。

◎“天圆地方”祭祀大厅

◎祭祀大殿

广场四周立有 9 对 2 米高的青铜牛鼎。广场北端在总高 6 米的三层石台上，坐落着庄严雄伟的祭祀大殿，檐下正中悬挂着著名书法家黄苗子手书隶体“轩辕殿”3 个大字。整个建筑为带天井盝顶式仿汉石型建筑，总面积 1600 平方米。由高 4 米、直径 1.2 米的 36 根圆形花岗石柱围合成 40 米 ×40 米的方形空间，柱与柱之间无墙，上覆巨型覆斗屋顶，顶中央有直径 14 米的圆形天光，反映出我国古代“天圆地方”的理念。地面采用青、红、白、黑、黄五种彩色石材铺砌，隐喻传统的“五色土”，以象征黄帝恩泽普润祖国大地。据汉画像石复制放大的黄帝石像，庄严地伫立在大殿的上位。

整个轩辕庙的布局，疏密跌宕，错落有致，风格古朴典雅，充分展现了中华民族的勤劳和聪颖智慧，烘托出祭祀中华人文始祖轩辕黄帝的隆重热烈氛围。

各地轩辕庙概说

除陕西省黄陵县的轩辕庙之外，中华大地上还有许多祭祀轩辕黄帝的祠庙。这些祠庙都是炎黄子孙为了纪念中华人文初祖轩辕黄帝而修建的。这反映出炎黄子孙对于共同祖先的认同，以及炎黄子孙的互相认同。每一处黄帝祠庙都有值得珍视的价值。

据史籍记载，历史上较为著名的黄帝祠庙，除陕西省黄陵县的轩辕庙之外还有：

顺天府平谷县（今北京市平谷区）县北渔子山的轩辕黄帝庙（清光绪十年《顺天府志・地理志六・祠祀下》）；

直隶赵州旧滏阳县（今河北滏阳）的黄帝庙（民国三十年《磁县志・祠祀》）；

宣化府涿鹿县（今河北涿鹿）涿鹿城东阪泉上建于魏天兴年间（398—403）的黄帝祠（清乾隆二十二年《宣化府志・古迹》）；

绛州新绛县（今山西新绛）城东北木赞庄建于元代的黄帝庙（民国十八年《新绛县志・古迹考》）；

平阳府曲沃县（今山西曲沃）东北乔山中峰的轩辕庙（清光绪十八年《山西

通志·平阳府》）；

山西阳曲县布政司前郭戬巷的黄帝庙（明万历四十年《太原府志·祀典》）；

山西阳曲县阪泉山与南关的轩辕庙（明万历四十年《太原府志·祀典》）；

阳城县（今山西阳城）刘善村北天坛山的轩辕庙（清同治十三年《阳城县志·方舆类》）；

汾州（今山西汾阳市）府东北七十里龙神山的黄帝庙（清乾隆三十六年《汾州府志·山川》）；

汾阳县（今山西汾阳市）城东北故显村的轩辕庙（清康熙六十年《汾阳县志·祠庙》）；

襄陵县（今山西襄陵）东南赤邓村的轩辕庙（民国七年《襄陵县志·庙祠》）；

洪洞县（今山西洪洞）西公孙堡的黄帝庙（民国五年《洪洞县志·祠庙》）；

处州缙云县（今浙江缙云）的黄帝祠（清光绪三年《处州府志·祠祀志》）；

太平县（今属黄山市）县东 7.5 千米南贾村、县东南 15 千米永固村、县北 10 千米苏家庄的轩辕庙（清雍正三年《太平县志·祠祀》）；

新郑县（今河南新郑市）西大隗山顶的轩辕庙，久废（清康熙三十二年《新郑县志·祠祀》）；

密县（今河南新密市）大隗镇南建于乾隆四十九年（1727）的黄帝庙（清嘉庆二十二年《密县志·建置志》）；

宜阳县（今河南宜阳）灵山西黄帝山上的轩辕庙（清光绪七年《宜阳县志·祀典》）；

灵宝县（今河南灵宝市）西阳平镇北铸鼎原上建于西汉武帝时的黄帝庙，现已成废墟，仅存唐贞观年间立碑一通（当代《灵宝市志·古墓葬》）；

新津县（今四川新津）城东的轩辕庙（清道光《新津县志·寺观》）；安县（今四川安县）北苏仓河南的黄帝庙（清嘉庆十七年《安县志·祠庙》）；

城固县（今陕西省城固县）西南二十里的黄帝庙（清光绪四年《城固县志·祠庙》）；

成县（今甘肃成县）西的轩辕庙，乾隆时已圮（清乾隆六年《成县志·祀典》）；

正宁县（今甘肃正宁）县东的黄帝庙（民国《甘肃通志稿·庙宇·正宁县》）；

合水县（今甘肃合水）县东五十里子午山旁的轩辕庙（民国《甘肃通志稿·庙宇·合水县》）；

长安（今陕西省西安市）城南的黄帝庙（《资治通鉴》卷三十八）。

这些轩辕黄帝庙宇，或存或废，或遗或圮，都是千百年来，华夏儿女对人文初祖黄帝崇祀缅怀的历史见证。

在今天的中华大地上，史籍所载至今有遗存可考或新建的黄帝轩辕庙仍为数颇多，其中比较著名的有：

河南三门峡灵宝市西 20 千米处阳平镇东北 2.5 千米黄帝岭西端的黄帝庙；

河南新安县北部石井乡荆紫山上的黄帝庙；

今河南新郑市西南 15 千米千户寨乡具茨山（今称始祖山）的轩辕庙；

河北易县北 15 千米洪崖山上原称后山庙的黄帝庙；

山西阳曲县阪泉山的黄帝庙；

山西曲阳县洪危山的轩辕庙；

山西高平市张庄村的黄帝庙；

广州北 70 千米飞霞山上的黄帝庙；

浙江缙云县东 7 千米缙云山天柱峰下的黄帝祠宇；

陕西潼关县东乡阳半镇的黄帝庙；

河北涿鹿县东南 20 千米窟窿山上的黄帝庙；

甘肃庆阳西川菩萨山上的轩辕庙；

北京平谷区渔子山上的轩辕庙等。

这些历史遗存或新建的黄帝轩辕庙，代表了今天华夏儿女对人文始祖黄帝的崇敬与缅怀。

河南三门峡灵宝市西 20 千米处阳平镇东北 2.5 千米黄帝岭西端的黄帝庙，据史籍记载汉武帝建宫，唐刺史王颜为铭。历经战火乱世，庙时圮时建。明朝县令黄方见庙破败不堪，遂加以整修，并于庙后建奎阁一座。后庙复毁，明崇祯二年（1629）县令李服义重建。今天所见的黄帝庙，呈南北坐向，面积约 4 平方米。

河南新郑具茨山上的轩辕庙，为明代以前所建。庙坐西向东，为三间石殿，大殿全部由青石板砌成，石墙、石梁、石顶、石门、石窗，内供轩辕黄帝老年坐像一尊。门楣上刻有五帝时的象形文字，左月右日，以象征阴阳对称；门上方悬挂全国政协副主席程思远题写的“人文初祖”匾额，门外立有贺敬之题写的“中华文明始祖”石碑一通。因为全为石材建构的原因，整个庙宇显得大气雄伟，庄严肃穆。

山西高平市张庄村的黄帝庙，占地约 4 亩左右，庙深两进，前为过庭戏楼，左右两边为厢房，后有大殿，殿前有清嘉庆、道光年间重修黄帝庙刻石两通，分别记载清嘉庆二十五年（1820）和道光二十年（1840）重修轩辕黄帝庙之事，碑记该村先祖们多从事纂组染彩之业，故以黄帝为始祖，建祠以祀之。庙建何时已不可晓，乾隆末年曾有重修之举，至嘉庆二十五年（1820）时，又颓败荒坍，所以鸠工庀材，缺者补之，朴者华之，使濒临破败之庙宇重生光辉。道光二十年（1840），邑人再次募捐集资，对庙进行增修，计东西增修禅室、舞楼，下增修屏门，并补缺葺漏。

北京平谷区渔子山的轩辕庙，据历史文献记载始建于战国至西汉年间，历经废毁，遗址尚存。现今重修后的轩辕台为仿汉风格，建于山顶之上。顺着花岗岩石阶拾级而上，首映眼帘的是高大的阙门，阙门两侧朱雀展翅，雄狮虎踞。进入阙门，是初唐诗人陈子昂随军北征作《轩辕台》诗的石碑遗迹和《重修轩辕庙记》汉白玉石碑。正殿为汉代重修檐庑殿式建筑，廊前红柱矗立，斗拱昂然。殿内正中彩塑黄帝坐像，上悬汉篆金字巨幅“人文始祖”，两侧为伏羲、神农，迎面四副帛书体楹联并立抱柱之上。左右厢房为展室，展有黄帝功德事迹及祭祀黄帝资料照片。每年正月十五为轩辕庙会，届时四方百姓云集，进香祭奠；各种民间花会，争相登山献艺。

此外，黄帝所到之处，后人便立祠宇或行宫以示纪念。缙云的黄帝祠宇和黄山的黄帝源便是较为著名者。

浙江缙云县缙云山天柱峰下的黄帝祠宇，坐落于鼎湖峰下，始建于东晋成帝年间，唐时称为黄帝祠宇，毁于清初，20 世纪 90 年代开始重建。现在仍在建设中的黄帝祠宇,其建筑布局依中轴线依次为入口牌坊、照水亭、玉虚宫门、黄帝祠宇、金阙寥阳宝殿、正天法轮藏殿，后三大殿均由连廊相连接。黄帝祠宇大门正中金匾“黄帝祠宇”为唐缙云县令李阳冰所篆书，左匾“人文始祖”为中国书法家协会代主席沈鹏题写，右匾“北陵南祠”为北京大学教授文怀沙题写。祠中有神鼎与金钟，鼎高 1.6 米，重 1500 千克，上铸古篆“真金作鼎，百神率服”8 字；钟高 2.1 米，重 2500 千克，上铸“治五气，艺五种，抚万民，度四方”12 字。祠宇正中有用香樟木精心雕刻的黄帝塑像一尊，四壁刻有浮雕和壁画。重建后的黄帝祠宇，气势恢宏，颇具盛唐风格。

黄山的黄帝源，传为黄帝栖真之地。黄山原名黟山，唐玄宗敕赐为黄山，以纪念轩辕黄帝这位人文初祖。黄帝源，曾建有轩辕古刹、轩辕行宫，与轩辕黄帝相关而命名的有黄帝坐处、黄帝采芝处、鼎湖、轩辕峰、大战岭、黄帝源大峡谷等，都是后人纪念黄帝这位始祖所为，表达了人们对黄帝的敬仰。

第二章 ◆

慎终追远　四海同钦 ◆

历代恭祭黄帝陵盛典 ◆

“国之大事，在祀于戎。”黄帝作为中华民族的先祖、神话古史的天帝、圣德垂范的君王，自古至今，历朝历代无不对其倍加尊崇。

千百年来，到陕西桥山谒祭陵的人络绎不绝，黄帝陵已成为炎黄子孙寻根认祖的圣地。每一年，来自海内外的炎黄子孙汇聚黄陵，在庄严肃穆的气氛中，追思中华民族先辈开创文明、造福子孙的功绩；在有形的程式、礼仪中，体悟无形的精神感召力，陶冶深厚的人文情怀。

浪淘沙·谒黄陵

远望郁苍连，抱岭环川。成林古柏势参天。百里荒原青一点，愈见森然。

碑石付荒烟，唐宋无传。茫茫禹甸几千年。汉武驱胡勋尚在，安用求仙？

庙貌仰崔巍，孙子宜其。四万五千万有奇。物本乎天人本祖，无限低回。

民族惧沦夷，扫墓何为？玄黄涿鹿尚余威。不是人穷才念祖，祖武依稀。

——谢觉哉《谒黄陵》

5000年前的祭祀

我国的祭祀活动源远流长，有人通过对甲骨文中“祭”“祀”两字的分析得出结论说：“在有文字记载以前，祭祀活动就已存在，祭祀是中华重要的初始文化之一。”祭祀在中国古代政治生活中也占有非常重要的地位。《左传·成公十三年》说：“国之大事，在祀与戎。”《国语·鲁语上》说：“夫祀，国之大节也，而节，政之所成也，故慎制祀以为国典。”韦昭注：“节，制也。”也就是说，祭祀，是国家的头等大事和重大制度。《礼记·祭义》中也说：“礼之五经，莫重于祭。”

传说黄帝去世后，当时的人们就设立神庙、祭坛，用各种精美的器物祭祀黄帝。《绎史》卷五引《纪年》及《博物志》说：“黄帝崩，其臣左彻取衣冠几杖而庙祀之。”这种传说与黄帝时代的文化背景相合。黄帝时代，祭祀已经相当普遍。黄帝曾上泰山封禅，并“郊雍上帝”，“接万灵于明廷”。据《礼记外传》：明堂是古代天子布政之宫，与祖庙有渊源关系。从考古材料来看，近几十年来我国不同的地区曾先后发现了多处新石器时代祭坛遗址。其中在炎黄时代的时间范围内，就有

◎蓝田新街仰韶时代晚期羊形陶鼎

辽宁喀喇沁左旗蒙古族自治县东山嘴红山文化祭坛、太湖地区良渚文化瑶山祭坛、汇观山祭坛、寺墩祭坛、安徽含山凌家滩祭坛等。这些发现为黄帝时代已经有相当普遍的祭祀活动提供了佐证。因此，黄帝去世的当时已有祭祀黄帝活动的传说是可信的。

尧舜禹时代和夏代：祭祀黄帝成为制度

在尧舜禹时代和夏代，黄帝已被人们当作始祖祭祀。据《国语·鲁语上》："有虞氏禘黄帝而祖颛顼，郊尧而宗舜。夏后氏禘黄帝而祖颛顼，郊鲧而宗禹。"《礼记·祭法》也说："有虞氏禘黄帝而郊喾，祖颛顼而宗尧，夏后氏亦禘黄帝而郊鲧，祖颛顼而宗禹。"所谓"禘"，《礼记·丧服小记》说："礼，不王不禘。王者禘其祖之所自出，以其祖配之。"《祭法》注引杨复的解释说："禘、郊、祖、宗，乃宗庙之大祭。禘者，禘其祖之所自出，而以其祖配之也。"也就是说，每一朝君主追溯自己的始祖，把它当作祭祀的对象，至于始祖以前的远祖先，则用禘祭的办法加以报祀。禘礼是一种追念远祖的大礼，古制只有天子才有资格举行。由于黄帝开创性的业绩，有虞氏和夏后氏都把他视为远祖，并用祭祖之礼的最高规格祭祀。

商周时期：狂热虔诚的祖先崇拜

商周时期，人们仍把黄帝视为先祖，以祭祀远祖之礼来祭祀黄帝。从大量的史料中我们可以发现商周族和黄帝有血缘关系。《史记·三代世表》中将这种血缘关系记载得很明确："黄帝生玄嚣，玄嚣生蟜极，蟜极生帝喾，帝喾生契，是为商祖"，"黄帝生玄嚣，玄嚣生蟜极，蟜极生帝喾，帝喾生后稷，是为周祖"。杨宽结合《世本》《大戴礼记》等书所列黄帝世系表是：

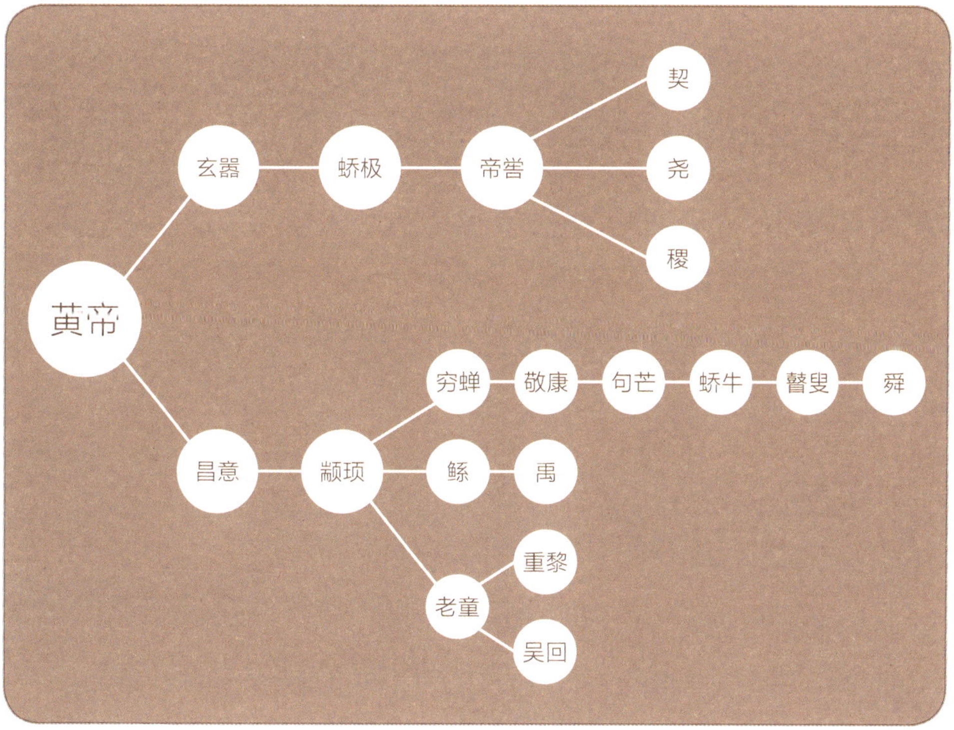

此表出自《古史辨》第七册上编，从此表中也能清楚地看到黄帝是商周族的始祖。我们再从象征华夏族的龙文化现象来看，在黄帝时代，黄河中游有共同的龙崇拜信仰，原始龙形象出现的较早遗迹是河南濮阳老城西南角的西水坡墓地，距今约六千年之久。山西襄汾县的陶村墓地出土了一件彩蟠龙图形的彩陶盘，时间距今四千多年。后来在商代遗物中，又大量出现龙图案。从夏、商、周三族的活动中心出现龙的崇拜推测，可能在黄帝时代，龙作为华夏族的象征已经粗具规模。这也从侧面证明了商周族和黄帝有血缘渊源。

众所周知，商周时期已经形成了比较发达的祭祀制度，祭祀活动不仅种类繁多，程序复杂，而且更趋于规范化。值得注意的是，商周时期对祖先的祭祀更加重视。商对自己的祖先按照一个既定的祭祀谱轮流祭祖，几乎是每天必祭。从甲骨文所载对先王先妣的祭祀秩序可以看出，先王无论直系、旁系，甚至立为太子而未即位者也全都予以祭祀。对此现象，陈梦家先生在他的《殷墟卜辞综述》中总结道：这种对祖先崇拜的隆重及祖先崇拜与天神崇拜的逐渐接近、混合，为殷以后的中国宗教树立了规范，即祖先崇拜压倒了天神崇拜。据此，我们有理由认为作为商周始祖的黄帝在当时也受到了隆重的祭祀。

那么，是什么原因促使商周的人们对祖先如此狂热地虔诚崇拜呢？据史载，古代祖先祭祀有一个重要原则：报功修先。“凡祭祀之义有二：一曰报功，二曰修先。报功以勉力，修先以崇恩。”也就是说，一方面通过祭祀表达对祖先的怀念，另一方面要从祖先那里汲取精神力量，勉励自己不断努力。

春秋战国时期：祭祀的政治和社会意义凸显

春秋战国时期的黄帝祭祀具备了新的意义。春秋战国时期是中国历史上的一个大变革时期。经济政治上的剧变反映到社会思想上，就是对天的信仰的动摇与重民思想的抬头。在这种背景下，春秋战国时的祭祀，宗教意义淡化，而政治意义和社会意义上升。对黄帝的祭祀亦不例外。

◎毛公鼎

◎甲辰贞祭祖乙刻辞卜骨

◎陈侯因敦

◎陈侯因敦铭文

春秋战国时期，黄帝作为苗裔的远祖继续被祭祀。陈侯因敦铭文中明确记载了黄帝是田齐的高祖并对其进行祭祀的情况：“皇考孝武桓公恭哉，大谟（慕）克成。其唯因脊扬皇考，邵緟高且（祖）黄啻（帝），迩嗣桓文，朝（昏）问诸侯，合扬厥德。诸侯寅（敬）荐吉金，用作孝武桓公祭器敦，以蒸以尝，保有齐邦，世（成）万子孙，永为典尚（常）。”铭文 8 行 79 字，记明此器系齐威王于继位之初年（前 356），以诸侯进荐之铜为其父田齐桓公所作的祭器。铭文赞颂田齐桓公，言之能承继高祖黄帝与齐桓公、晋文公之事业，德行为诸侯所称扬。第一次在青铜器铭文中出现“高祖黄帝”一词，是有关黄帝记载最早的文字证据。岁月流转，是敦现藏于上海博物馆。一般史书均认为，陈国为虞舜之后代，此铭文一出，验证了黄帝为虞舜之祖的传说，即黄帝生昌意，昌意生颛顼，颛顼生穷蝉，穷蝉生敬康，敬康生句望，句望生桥牛，桥牛生瞽叟，瞽叟生重华，重华即虞舜。

战国时期秦：黄帝被作为天帝之一来祭祀

黄帝被作为天帝之一来祭祀，其政治意义更加突出。黄帝及其他四帝，本来都是祖先，后来获得天神和帝王的含义。其原因一方面在于五行学说的传播和影响，春秋战国以来人们用金、木、水、火、土相生相克的原理来解释历史的演变规则，认为黄帝代表土德，周代是火德。《孔子家语·五帝篇》对此做了相当清晰的解释：

> 季康子问于孔子曰："旧闻五帝之名，而不知其实，请问何谓五帝？"
>
> 孔子曰："昔丘也闻诸老聃曰：天有五行，水火金木土，分时化育，以成万物，其神谓之五帝。古之王者，易代而改号，取法五行，五行更王，终始相生，亦象其义。故其为明王者，死而配五行，是以太白皋配木、炎帝配火、黄帝配土、少白皋配金、颛顼配水。"

如果用五行相生的原理推测，火生土，取代周代的王朝应该又是土德；如果用五行相克的原理推测，水克火，土克水，取代周代的王朝应该是水德，而水德之后也是土德。这样一来，代表五行之一的黄帝就具备了神格，被作为天神而享祀了。随着五行说在战国时期的流行，五帝被进一步神化，又将五帝与方位、节时、颜色相配，作为天神的五帝不仅代表木、火、金、水、土五行，又代表东、南、西、北、中五方，又代表春、夏、秋、冬和夏秋之交五个时间，又代表青（苍）、赤、白、黑、黄五种颜色。所以作为天神的五帝有五行之帝、五方之帝、五时之帝、五色之帝等含义，随文而异。《周礼·春官·小宗伯》中记载"兆五帝于四郊，四望四类亦如之"，郑注："五帝，苍曰灵威仰，大昊食焉；赤曰赤嫖怒，炎帝食焉；黄曰含枢纽，黄帝食焉；白曰白招拒，少昊食焉；黑曰汁光纪，颛顼食焉。黄帝亦于南郊。"这样黄帝俨然成了司时之神，也成为后世季夏拜祀黄帝的渊源。《淮南子·天文训》更把黄帝说成是执绳而治四方的中央之帝，《淮南子·说林训》

高诱注说：“黄帝，古天神也，始造人之时，化生阴阳。”这些理论的基本框架在战国时都已经出现了。也就是在这样的理论指导下，战国时期各国纷纷去远古部落寻找自己的精神领袖，并将他们排成五德终始秩序，这样就使每一个部落集团、每一个族徽的后裔都有可能成为天下霸主。也就为各国争霸提供了理论依据。另一方面把黄帝当作天帝之一来祭祀明显有政治上的考虑。以秦国为例，秦人祭祀的上帝有：白帝、青帝、黄帝、炎帝。《史记·封禅书》中记载：

> 秦襄公既侯，居西垂，自以为主少皞，作西畤，祠白帝。
>
> 秦宣公作密畤于渭南，祭青帝。
>
> 秦灵公作吴阳上畤，祭黄帝；作下畤，祭炎帝。

白帝即少皞，少皞是古代东夷集团中有名的氏族首领，秦人来自东方，把少皞奉为明神来祭祀，是理所当然的。青帝不知确指，徐旭生说可能是太皞。太皞也是古代东夷集团中有名的氏族首领，对其的祭祀与少皞有相似之处。而对炎黄二帝的祭祀就突现出其政治意义。炎黄二帝是古代有名的氏族首领，陕甘一带黄土高原是炎黄二族的发祥地，很自然，这里的人们很早就崇奉着炎黄二帝。《封禅书》说：“自未作鄜畤也，而雍旁故有吴阳武畤，雍东有好畤，皆废无祠。”武畤、好畤春秋初年文公时废，三百余年后，秦灵公在其旧地作吴阳上畤祭黄帝；作下畤祭炎帝，这是对原来周人立畤的一种复兴，而周人在武畤所立之帝很可能就是黄帝、炎帝。秦人在西周时居于今天水一带，立国后势力不断扩大，穆公时势力已向东发展到黄河沿岸。在这种益国开地的过程中，不断有异族纳入秦统治之下，《秦本纪》记载被秦吞并的地区或氏族有荡社、亳、彭戏氏、杜、郑、小虢，梁、芮、大荔、义渠等。为了统治这些地区的人民，秦统治者选择这里人民原先业已崇拜的炎黄二帝加以崇拜祭祀，的确是一种有效的统治手段。秦统治者立畤祭上帝都有这种意义，我们来看秦畤之分布就一清二楚：

襄公所立之西畤——今甘肃天水一带；

文公所立之鄜畤——今凤翔；

宣公所立之密畤——在今凤翔南宝鸡市陈仓区境内；

灵公所立之吴阳上、下畤——今凤翔；

献公所立之畦畤——栎阳，今临潼区东北部。

从畤的分布来看，呈现出由西向东的特点，与秦势力扩张相一致，其意义不言自明。同时，对于征服者来说，掌握对被征服者心目中明神的祭祀权，就等于控制了被征服者本身。

春秋战国时期的祭祀虽然发生了许多变化，各国祭祀黄帝的目的也有所不同，但都对结束分裂、完成统一做了准备。

庙祭：礼仪神圣而隆重

先秦时期对黄帝的祭祀，除春秋战国时期部分国家以天帝之礼祭祀之外，更多的时候是以祖先之礼对之进行祭祀。古代中国人认为“万物本乎天，人本乎祖”，因而非常重视对祖先的祭祀，祖先的祭祀礼仪庄严肃穆，完备周详。上古对于祖先的祭祀主要是郊、祖、宗三大类。所谓郊，就是在祭祀上帝的时候同时还祭祀祖先。所谓祖和宗，则是在称作“明堂”的祖庙中祭祀祖先神。

黄帝作为祖先被祭祀，最重要的是庙祭。在黄帝死后的一个时期，黄帝庙有可能是部落的政治经济文化的中心。宗庙的祭礼主要为禘祫、宗庙时享两大类。在周人的宗庙祭祀中，禘祫尤为重要，“宗庙之祭，莫大于禘祫”。禘的意思是“禘其祖之所自出，而以始祖配之”。也就是说禘礼的目的是纪念始祖以前的远古祖先。“祫”是“合先君曾主于祖庙而祭之”，即在宗庙中合祭祖先。“禘以孟夏，祫以孟冬”，都是周天子对于祖先神的重大祭祀。据周代礼制祭祀先祖先要做修除、择士、卜日、斋戒。由于周人崇尚用气味来祭祀，因此祭祀时王要先到太室行裸

◎秦公镈

礼，用圭瓒舀了一种叫郁鬯的香酒灌地，使香气到达地下，以告知鬼神降临受祭。祭祀用的食物，行礼后要分而食之，称为“餕”，是食鬼神之余的意思。牲肉（生曰脤，熟曰膰）分赠给参加祭祀的宾客或颁赐给同姓诸侯。

宗庙时享是指古代天子和诸侯及士庶按定制向祖庙献祭。按照《周礼·春官·大宗伯》所说，宗庙时享是“以肆献祼享先王，以馈食享先王，以祠春享先王，以示合夏享先王，以尝秋享先王，以烝冬享先王”。祭祖仪式由相（傧相）担任赞礼司仪工作，卿大夫担任大相，士担任小相。祭品也有严格的规定，“国君有牛享，大夫有羊馈，士有豚之犬奠，庶人有鱼炙之荐。笾豆脯醢则上下共之”。《仪礼》《礼记》中详细记载了士、大夫的祭祖礼。“特牲馈食礼”以豕另加黍稷、鱼腊祭祖，为士的祭祖礼；“少牢馈食礼”以羊、豕（少牢）加黍稷、鱼腊祭祖，为卿大夫的祭祖礼。《礼记》等记载的天子诸侯祭祖礼最为隆重，要用大牢即羊、豕、牛三种牺牲，天子祭器用九鼎，诸侯用七鼎。乐歌则贯穿整个祭祀，认为作乐歌可以降神。编钟编磬多为祭祖时节歌节舞使用。武宿夜即大武舞，相传是描述武王伐纣战争的舞蹈，以示不忘先祖创业和表现先祖的勇武精神。

祖庙之中祭祀用的祭器有鼎、彝、尊、觚等礼器，统称为“宗彝”，“宗彝”也是政权的象征。祖庙中的祭品也很讲究，它包括三牲、水酒、币帛及各种菜蔬、五谷和调味品。祭祀祖先时应穿特别制作的祭服、祭冠。《礼记·曲礼》云：“无田禄者，不设祭器，有田禄者，先为祭服。”其注云：“祭器可假，祭服宜自有。”《礼记·玉藻》中则详细地描述了对祭冠的要求，“天子玉藻，十有二旒，前后邃延，龙卷（亦作龙衮。天子祭服，画龙于衣，故名。）以祭”，而诸侯应“玄端（诸侯祭服。黑色，袖方直，故名。）以祭”。天子佩白玉而玄组绶（绶带），公侯佩山苍玉而朱组绶，大夫佩水苍玉而纯（素色）组绶，世子佩瑜玉而綦（青黑色）组绶，士佩瓀玟而緼组绶。祭祀时，要有音乐歌舞伴奏。比如六乐中的《大武》，据《周礼·大司乐》说是用来“享先祖”的，即是天子用于祭祀先祖的大乐，要求是八佾，六十四人表演。

先秦时期对先祖的祭祀礼仪神圣而隆重，从《诗经》的许多祭祀诗中也能体现出来。《周颂·有瞽》云：“有瞽有瞽，在周之庭。设业设虡，崇牙树羽。应田悬鼓，鞉磬柷圉。既备乃奏，箫管备举。喤喤厥声，肃雍和鸣。”《商颂·那》中也有类似的描写：“鞉鼓渊渊，管声。既和且平，依我磬声。于赫汤孙，穆穆厥声。庸鼓有斁，万舞有奕。”和谐的箫管钟鼓之声，雍容舒展的舞袖，庄严肃穆的气氛，都透射出祭祖场面的神圣而隆重。

秦：唯雍四畤上帝为尊

在先秦时期也有将黄帝作为天帝之一来祭祀的情况。对天帝的祭祀，是秦祭祀制度中最重要的内容之一，也是秦祭祀中礼仪较为隆重的一种。如《封禅书》所言：“唯雍四畤上帝为尊。”四畤之中的吴阳（在今陕西凤翔）作于秦灵公时，即祭祀黄帝之地。四畤制度经过几百年的发展，已经较为完备，《封禅书》中对此有详细记载：

> 故雍四畤，春以为岁祷，因泮冻，秋涸冻，冬赛祠，五月尝驹，及四仲之月（祠若）月祠……畤驹四匹，木禺龙栾车一驷，木禺车马一驷，各如其帝色，黄犊羔各四，胜币各有数，皆生瘗理，无俎豆之具，三年一郊。秦以冬十月为岁首，故常以十月上宿郊见，通权火，拜于咸阳之旁，而衣上白，其用如经祠云。

从这一段记载可以看出，秦按时令进行祭祀雍四畤。春天祭祀，是为了祈求谷物丰收。《礼记·月令》《吕氏春秋·孟春纪》等记载：“天子乃以元日祈谷于上帝。”二者可相互印证。五月要用驹祭祀。四仲之月，即秦之二月、五月、八月、十一月都要进行祭祀。每畤用驹四匹，还有雕有龙和其他图案的车马一驷，马的颜色和帝色相配。每畤还用黄色的小牛和羔羊各四、圭币一定数量。圭币即圭璋、丝织品一类。用小牛是为了向上帝显示真诚。《郊特牲》说“贵诚也”，

◎凤翔雍山血池秦汉祭祀遗址俯瞰

秦器铭变常言“虔敬朕祀”，表明秦人祭祀上帝态度是非常虔诚认真的。用具中没有俎豆一类。对于马、牛、羊一类牺牲，用“瘗埋”的办法，即活埋。圭的具体用法可能是“灌”，《郊特牲》说：“灌以圭璋，用玉气也。”即插圭于地，然后用酒灌之，使神闻酒之香气而降临。圭在西周以来较高级别秦墓中经常出土，质地有玉、石、陶三种，而这类墓的主人是地位较高的王室成员或官员，有可能参加祭祀上帝的大典，因而可以说明圭的一个重要用途是用来祭祀上帝的。币一类丝织品，大概是用焚烧的办法。这些按时令的祭祀由专门的祀官太祝主持。《封禅书》说：“诸此祠皆太祝常主，以岁时奉祀之。”每三年，国君要亲自去雍祭祀一次天帝。其专称曰“郊”。具体时间在秦岁首十月，祭前要斋戒，穿白色衣服，礼仪与平常祭祀相同。

泰山岱庙

秦始皇：封禅大典

秦始皇统一六国后，沿袭了秦国对白、青、黄、赤四帝的祭祀，又去泰山举行封禅大典，祭祀至高无上的天。这时秦的疆域包括原山东六国与秦本土，统一的秦王朝需要一个至上的神灵。在沿袭旧制的基础上，秦代又增加了对后世影响深远的封禅大典。但是秦代祭祀的天帝的权威性，被芸芸众神削弱分割，与周人的上帝神相比，它的能量、威力和人们心目中的形象都显得苍白、单薄。秦祭祀对象庞杂，自然神在其中占有很大比例。秦人祭祀的自然神有山川河流、日月星辰、动植物，有生命的与无生命的自然物。《日书》记载，秦人祭祀的自然神有：自然的天、二十八宿、土神，其中包括三土皇、地衡、地杓神、田毫主、杜主、田大人等。动物神有马、牛、羊、猪、犬、鸡、蚕、“神狗”“女鼠”“会虫”“发蛰”“鸟兽”，还有“天火”“雷”“云气”“票（飘）风”“水”等。

刘邦：“祠黄帝”之举

“汉承秦制”，汉代祭祀制度与秦祭祀制度有着千丝万缕的联系，是对秦祭祀制度的发展和完备。秦之祭祀对象和礼仪，大部分被汉继承下来，比如《封禅书》载高祖时“叔孙通因秦乐人而制宗庙乐，因其故礼仪”，完全继承了宗庙祭祀制度。但是对黄帝的祭祀，在汉代受到特别重视。因为按照五德终始说，秦为水德，土克水，所以有汉为土德之说，而黄帝亦为土德，故汉代特别重视祭祀黄帝。早在刘邦在沛举兵之时就有“祠黄帝”之举。

西汉开国之初，历经长年战乱，已是遍地伤痕，满目疮痍，社会经济遭到严重破坏。《汉书·食货志》曾形象地描述了这一时期的经济窘境：“天下既定，民无盖藏，自天子不能具醇驷，而将相或乘牛车。”上自皇帝下至于平民，都欲“休息乎无为”。汉初将黄老思想作为治国的指导思想，而黄学是黄老之学不可分割的组成部分。在汉初皇帝中，信奉黄学最有力的是文帝和景帝。《风俗通义·正失》

中有明确记载：“文帝本修黄老之言，不甚好儒术，其治尚清静无为。”而《史记》《汉书》中记载的文帝实行轻徭薄赋、与民休息、除谤诽去肉刑的政策，提倡亲躬籍田，崇尚俭朴的生活作风，都与黄学思想是一致的。景帝继承了文帝的政策，也崇尚“黄学”。宫闱中信奉“黄学”的窦太后，是执行汉初“黄老”政策强有力的人物之一。据《史记·外戚世家》载：“窦太后好黄帝、老子之言，（景）帝及太子、诸窦不得不读黄帝、老子，尊其术。”位至将相而崇尚黄学的有曹参、陈平等人。曹参拜胶西黄学权威盖公为师，后来继萧何为汉丞相。陈平自少年时代起就“治黄帝、老子之术”，继曹参、王陵之后为丞相。其他位列名臣而崇信黄学的还有汲黯、郑当时等等。汉初黄老政治的社会效果明显。刘邦末年“天下大安”，惠帝、吕后时“民务稼穑，衣食滋殖”，中经文景之治，到汉武帝初年“国家无事，非遇水旱则民人给家足，都鄙廪庾尽满而府库余货财。京师之钱累巨万，贯朽而不可校。太仓之粟，陈陈相因，充溢露积于外，腐败不可食。众庶街巷有马，阡陌之间成群”。社会上还出现了许多富商，“若致力农畜工虞商贾，为权力以成富，大者倾郡，中者倾县，下者倾乡里，不可胜数”。经济的恢复和发展，可谓大见成效，而黄学对西汉盛世局面的形成功不可没。

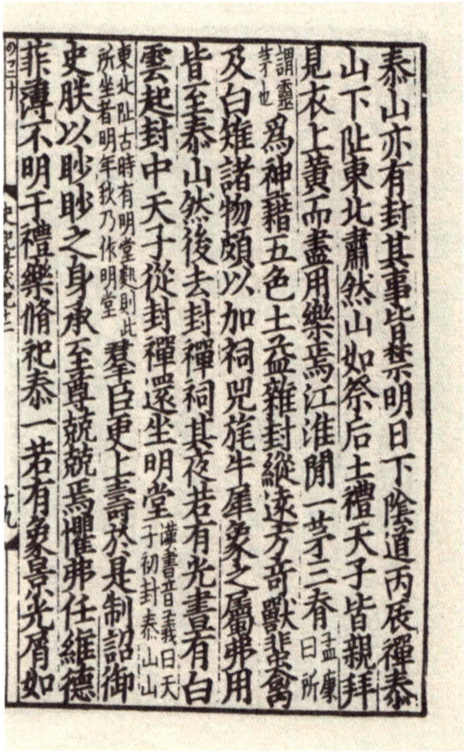
泰山亦有封其事皆禁明日下陰道丙辰禪泰
山下阯東北肅然山如祭后土禮天子皆親拜
見衣上黃而盡用樂焉江淮閒一茅三脊孟康曰所
謂靈茅也爲神藉五色土益雜封縱遠方奇獸蜚禽
及白雉諸物頗以加祠兕旄牛犀象之屬弗用
皆至泰山然後去封禪祠其夜若有光晝有白
雲起封中天子從封禪還坐明堂漢書音義曰天子初封泰山山
東北阯古時有明堂處則此所坐者明年秋乃作明堂羣臣更上壽於是制詔御
史朕以眇眇之身承至尊兢兢焉懼弗任維德
菲薄不明于禮樂脩祀泰一若有象景光屑如

◎《史记·封禅书》

在这种大背景下，汉王朝制礼作乐，加强文治，自然越来越重视祭祀。刘邦入关在秦见到四帝畤，又加设了黑帝颛顼之畤，并颁布诏书说，要按照秦的惯例加以祭祀。《史记·封禅书》中对此有详细记载："高祖曰：'吾闻天有五帝，而四，何也？'莫知其说。于是高祖曰：'吾知之矣，乃待我而具五也。'乃立黑帝祠，名曰北畤。有司进祠，上不亲往。悉召故秦祀官，复置太祝、太宰，如其故仪礼。"此后汉代许多皇帝都曾去雍郊见五畤，如文献记载有文帝时，曾"至雍见五畤"，行亲郊之礼。景帝也曾至雍行亲郊之礼。

汉武帝：雍城郊天大典

汉初继秦代四畤之祭，增设北畤祭祀黑帝颛顼。祭祀礼仪沿用秦制，而稍有改变。文帝时，祭祀五帝的祭品各增加"路车"一乘。武帝时，在祭五帝时获一有角之兽，像麟，于是荐五帝各加一牛，以燎。

据统计，西汉一代，皇帝去雍郊祠五畤共 21 次，其中汉武帝就有 8 次之多。这种五帝之祀一直延续到汉成帝之时。但在汉武帝时也稍有变化，除承袭以往五畤祭祀外，汉武帝采纳了亳人谬忌"天神贵者泰一"的见解，以泰一神为最高神，在甘泉筑泰一坛，祭昊天上帝"泰一"，五帝降为泰一之佐，并规定三年一郊之礼，即第一年祭天，第二年祭地，第三年祭五畤，每三年轮一遍。汉成帝于公元前 32 年废止雍五畤和甘泉泰一祠，在长安建南郊祭坛，南郊祭坛除昊天上帝坛外，还有五帝坛。汉初在秦祭祀四畤的基础上又加设了北畤祭祀黑帝颛顼，成为五畤，按照秦的惯例祭祀。其礼仪有：秦代于四畤祭祀四帝，用驹四匹，木禺龙栾车一驷（用木头做的龙驾的栾车四辆），木禺车马一驷（用木头做的车马四辆），各按照四帝的颜色制作，还有黄色的小牛、羊羔各四头以及一定数量的圭璋、丝织品做祭品。祭祀器具中没有俎豆一类。对于马、牛、羊一类牺牲，用"瘗埋"的办法，即活埋。

汉武帝在雍城郊天礼仪：设坛。泰一坛居中，有三层台阶。五帝坛按照各自的方位环绕泰一坛而设。祭祀器具有：俎、豆。祭品有：牦牛、猪、羊、白鹿、醴酒、枣、干肉。具体礼仪：泰一祭祀所用的东西，同雍城一畤的物品一样，只增加醴酒、枣、干肉之类，杀一头牦牛作为祭品。而五帝专门有礼器盛着醴酒进献。坛下的

◎凤翔雍山血池秦汉祭祀遗址“三牲”祭祀坑

四方，是连续祭祀的地方，供奉各位神灵的随从以及北斗。祭祀完后，剩下的祭品全都要烧掉。牛的颜色是白的，白鹿放在它的中间，猪又在鹿的中间，鹿中装有酒。祭太阳用牛，祭月亮用羊、猪和牛。泰一的祝和宰穿着紫色及五彩的衣服。五帝的祝和宰各自跟五帝的颜色一致。

东汉光武帝：洛阳郊天大典

东汉时，光武帝建武二年（26）在洛阳城南建圜丘，有八层台阶的祭祀圆坛，坛上还有坛，在坛上有天皇地祇的神位，都面向南，以西边为上。在外坛上设置五方之帝的神位。青帝在东方，赤帝在南方，黄帝在中央，白帝在西方，黑帝在北方。在坛的外边建造紫色矮墙，用来象征紫宫；有四个通道做门。日月之位在中央矮墙南边通道上，日在东，月在西，北斗之位在北边通道的西侧，都分别设置神位，不在群神行列之中。八道台阶，每道台阶有 58 次连续祭祀，共计 464 次连续祭祀。五帝台阶外侧，每一帝有 72 次连续祭祀，共计 360 次连续祭祀。中央矮墙有四个门，每个门有 54 位神，共计 216 位神。外道矮墙有四个门，每个门有 108 神，共计 432 位神。这些神都是背对矮墙而面向中央。中央矮墙有四个门，每个门封立四位神，外道矮墙也有四个门，每个门封立四位神，共计 32 位神。总共 1514 位神。营就是矮墙，封是堆土建坛。背对中央矮墙的神位，是五星，以及中官宿五官神和五岳之类的神。背对外道矮墙的神位，有二十八宿外官星，即雷公、先农、风伯、雨师、四海、四渎、名山、大川之类。在平定陇、蜀之地后，扩大了郊祭规模，以高皇帝配享，神位在中坛之上，面向西，以北为上。祭祀时，天、地、高皇帝、黄帝各用一犊，青帝、赤帝共用一犊，白帝、黑帝共用一犊，总计用 6 头犊。日、月、北斗共用一牛，四道矮墙的群神共用四牛，总计用 5 头牛。所有乐器奏《青阳》《朱明》《西皓》《玄冥》曲，跳《云翘》《育命》舞。中央矮墙的四门，每个门用 18 张席，外道矮墙的四门，每个门用 36 张席，总共用席 216 张，都是用草或竹子编的席子，都是一张三位神。日、月、北斗没有台阶边的连续祭祀。送神完了，把祭品在坛南巳地焚烧。

这次光武帝所确立的郊天大典，有两个特点：一是天地合祭；二是神位众多。“凡千五百一十四神”，把当时人们对于天文地理的所有认识对象都纳入祭典中来。在对纷繁的诸神祭祀中，对黄帝的祭祀自然削弱了许多。

东汉明帝永平：出现“黄郊”

在东汉时还出现了专门的“黄郊”，即在季夏之日，专门祭祀黄帝以迎季气，也就是五帝四时迎气礼之一。封建国家的四时迎气礼的第一次实践是在东汉永平年间（58—75）。在此之前五帝多在雍五畤或郊天礼中得到祭祀，虽被当作昊天上帝的辅佐，但真正按季节举行常规祭祀的还没有。永平中，“以《礼谶》及《月令》有五郊迎气服色，因采元始中故事，兆五郊于洛阳四方。中兆在未，坛皆三尺，阶无等”。五帝四时迎气显然是五德终始、五行观念与季气交互混合的结果。其主要原因是秦汉逐渐确立了五帝祭祀制度，当分裂的昊天上帝重新统一五帝范畴，在国家礼典中出现了对昊天上帝的专门祭典时，五帝就只好退居次要，成为昊天上帝的辅佐，把五帝当作四时的象征，使它们具体执行了昊天上帝的意志。

东汉明帝永平年间（58—75）五帝四时迎气礼仪：根据《礼谶》及《礼记·月令》记载五郊迎祭在洛阳四方举行。中央方位的郊祭在未地，祭坛直径都是三尺（1米=3尺），台阶不分级。其立春日迎春东郊，祭青帝句芒，东郊坛距城八里（1里=500米）。立夏迎夏于南郊，祭炎帝祝融，南郊距城七里。立秋前的十八天，迎黄帝于中兆，祭黄帝后土，中坛离邑五里。此日夜漏不到五刻时，“京都百官皆衣黄，至立秋，迎气于黄郊，乐奏黄钟之宫，歌《帝临》，冕而执干戚，舞《云翘》《育命》”。立秋日迎秋西郊，祭白帝蓐收，西郊距城九里。冬日迎冬北郊，祭黑帝玄冥，北郊距城六里。车旗服饰各从方色。其中祭黄帝的郊礼也专称“黄郊”。

祭天大典是封建国家的一大盛典，祭祀规格要求高而严，郊天仪式在秦汉逐渐形成后，在后代没有大的变化，基本沿袭了旧有制度。

总结汉代对作为天帝之一的黄帝的祭祀，我们仍能看出祭祀中政治色彩不断加强的特点。祭祀为国家政权服务，成为维系封建统治的重要工具。比如上述的在汉武帝时出现了一个统一的神——“泰一神”，而将黄帝等降为泰一之佐。这种祭祀方法的出现与当时的政治需要、社会思想相符合。汉初经过70年的休养生息，社会经济有了新的发展，无为而治的黄老思想已不能适应当时社会的实际，主张加强君主集权、加强大一统的儒家思想便取而代之。于是，汉武帝接受董仲舒的建议，“罢黜百家，独尊儒术”，并将其主要思想——大一统，作为加强中央统一集权制的理论根据。在这样的政治背景下，统一的“泰一神”的出现应当是一种必然的现象。

王莽：追溯黄帝为始祖

汉代虽然把黄帝作为天神来祭祀的活动兴盛不衰，但也有将其作为始祖来祭祀的情况。典型的如西汉末年代汉的王莽就追溯黄帝为始祖，对之隆重祭祀。据《汉书·元后传》，王莽自谓黄帝之后，经虞舜、陈胡公、田敬、仲完（陈完）传至齐王田建，为秦所灭；后项羽起，封田建之孙田安为济北王；至汉兴，田安失国，齐人谓之王家。因以为氏。文帝、景帝间，王安孙王遂居济南东平陵，王遂子王贺徙居魏郡元城，王贺生王禁，王禁生元后及王莽父王曼，王曼早死，追封为新都侯。故王莽代汉后以始祖之礼祭祀黄帝。《汉书·王莽传》中亦载有王莽自述其世系的情况："予以不德，托于皇初祖考黄帝之后，皇始祖考虞帝之苗裔。"流传后世的新莽量器铭中亦云："黄帝初祖，德币于虞；虞帝始祖，德币于新。"因此，王莽对黄帝进行祭祀便格外隆重。《汉书·王莽传》载，于始建国元年（9），"遣骑都尉嚣等分治黄帝园位于上都桥畤……使者四时致祠。其庙当作者，以天下初定，且祫祭于明堂太庙。"《汉书·王莽传》又载王莽言："予伏念皇初祖考黄帝、皇始祖考虞帝，以宗祀于明堂，宜序于祖宗之宗庙。其立祖庙五、亲庙四，后夫人皆配食。郊祀黄帝以配天，黄后以配地。"并且他还下诏修建方40丈、高17丈（1丈=3.3333米）的黄帝庙，并广征通晓祭典礼制的人，筹办祭祀黄帝的典礼。至于王莽是否黄帝后裔，历来有不同看法。自东汉以来，今文学家多斥之为王莽、刘歆伪造。但在陈侯因敦出土后，一些史学家对此有了新的看法，如徐中舒先生说："今出土《陈侯因敦》竟以黄帝为陈氏高祖，与莽说合，此可证莽说并非全无所本。"无论如何，王莽自认黄帝为始祖，作为自己建立新朝称帝合法性的依据，说明黄帝在人们心目中的崇高地位是极其牢固的。

晋武帝：明堂立五帝位

在明堂中祭祀五帝，如晋武帝三年于明堂立五帝位，傅玄还撰有"祠天地五郊牺牲歌”“祠天地五郊送神歌”“享天地五郊歌”。宋孝武帝大明五年在明堂中也曾设五帝位。齐高祖建元元年祭五帝之神于明堂，以有功德之君配祀。梁武帝也祀五帝于明堂，服大裘冕以祭，沈约撰有五帝歌各一首。这时的明堂就是太庙，帝王在太庙里面祭祀黄帝，表明当时人们仍然以黄帝为始祖。这一做法继承和深化了秦汉时期祭祀五帝的传统。

北魏文成帝：历桥山，祀黄帝

魏晋南北朝时期对黄帝的祭祀，主要是按照汉代形成的惯例，在南郊祭天的同时设五天帝神位进行祭祀，有时还专门举行“黄郊”以迎季夏之气。祭天礼是天子权力的象征，而这一时期国家分裂，各个分立政权的统治者争夺正统地位，都要行郊天大典，同时祭祀黄帝。据《文献通考·郊社三》，魏晋南北朝时期举行过郊天大典的帝王有：魏文帝、魏明帝、吴大帝、晋武帝、晋元帝、晋成帝、晋康帝、晋安帝、宋武帝、宋孝武帝、齐高祖、梁武帝、陈武帝、北魏道武帝、北魏明元帝、北魏献文帝、北魏孝武帝、北齐高祖神武帝、北周武帝等。举行过“黄郊”迎气之典的帝王有魏明元帝、北齐诸帝、北周诸帝。如北魏明元帝太常三年立五精帝兆于四郊，远近仿五行数，各为方坛。祭黄帝常以立秋前十八日。

有的帝王到传说有黄帝遗迹的地方进行祭祀。北魏皇帝借东巡的机会，曾经在今河北涿鹿的桥山先后四次拜祭黄帝。《北史·魏书·太宗纪》记载：太宗明元皇帝在神瑞二年（415）和泰常七年（422）两次驾幸桥山。神瑞二年，明元皇帝“幸涿鹿，登桥山，观温泉，使使者以太牢祠黄帝庙。至广宁，登历山，祭舜庙”。泰常七年，他再次“幸桥山，遣使者祠黄帝、唐尧庙”。《魏书·世祖纪》记载：北魏太武帝拓跋焘神䴥元年（428），“八月，东幸广宁，临观温泉，以太牢祭黄帝。”《北史·魏书·礼志》记载，北魏文成帝拓跋濬和平元年（460），“帝东巡，历桥山，祀黄帝”。

魏晋时期：时废时举的黄帝祀典

魏晋时期，因袭了黄帝作为天神享祀的传统，对黄帝的祀典主要表现为祭天随祀、明堂拜祀和迎气之祀，各朝取舍又有不同。曹魏祭祀缺乏连续性，其“郊祀天地明堂，是时魏都洛京，而神祇兆域明堂灵台，皆因汉旧事”。晋初“郊祀权用魏礼”，但不久又不采汉郑玄的“六天说”，认为“五帝，即天也，五气时异，故殊其号。虽名有五，其实一神。明堂南郊，宜除五帝之坐。五郊改五精之号，皆同称昊天上帝，各设一坐而已”。《通志》亦载“泰始二年诏定郊祀南郊宜除五帝坐”，太康十年，又因“往者从议除明堂五帝位，考之礼文正经不通”，宣帝以神武创业，即已配天，复以先帝配天，于义亦不安，于是又复明堂及南郊五帝位。晋惠帝时也一度“明堂除五帝之坐”，但不久又更诏“明堂及郊祀五帝如旧仪”。虽然各统治者为争夺正统地位，都要行郊天大典，同时祭祀黄帝，但已没有前一时期那么兴盛。晋时，五帝的祭祀要么被废除，要么下诏恢复却未及实行。晋初曾撤除明堂及南郊的五帝之位，只祀天神；晋武帝太康十年（289），又曾下诏恢复明堂及郊祀五帝的仪式，却没来得及实行。

在西晋五十年间，曾两次废止祭天时黄帝作为五帝之一随祀，但由于后世祭祀多习用旧典，黄帝享祀日久，从而出现时废时举的现象。这反映出在魏晋时期，对五帝的理解已出现分歧，郑玄的“六天说”与王肃“五帝不得为天”的分歧影响到西晋及以后的祭典，西晋王朝在两说之间摇摆不定。

南北朝：出现“五人帝”

南北朝的郊迎制度相循。以梁为例，梁朝的南郊祭天，在国都之南，建造圆坛。坛高二丈七尺，上端直径十一丈，下底直径十八丈（1 丈 =3.3333 米）。坛外有两道矮墙，四方有门。南郊祭天与北郊祭地隔年举行。在正月的第一个辛日举行南郊祭天，牺牲用一小牛，祭品用青色璧玉和供祭祀用的缯帛。祭器用陶制器皿，席子是用秸秆编成的。在坛上祭祀皇天上帝时，用梁太祖文帝配祭，五方帝、五官之神、太一、天一、日、月、五星、二十八宿、太微、轩辕、文昌、北斗、三台、老人、风伯、司空、雷电、雨师等神被随同祭祀。其中二十八宿和雨师在座位前有坑穴，五方帝的座位前也有坑穴，其余的都是平地。并且太史在南方设置有专用来焚柴祭天的高台。祭祀前，皇帝在万寿殿斋戒，然后乘玉辂、排列大驾仪仗来行祭祀。行礼完毕，改变服饰戴通天冠返回。

在四立之日及季夏，于四郊设坛迎其帝而祭之："春迎灵威仰者，三者之始，万物禀之而生，莫不仰其灵德，服而畏之也。夏迎赤熛怒者，火色熛怒，其灵炎至明盛也。秋迎白招拒者，招集，拒大也，言秋时集成万物，其功大也。冬迎叶光纪者，叶拾，光华，纪法也，言冬时收拾光华之色，伏而藏之，皆有法也。中迎含枢纽者，含容也，枢机有开阖之义，纽者结也。言土德之帝，能包容万物，开阖有时，纽结有法也。然此五帝之号，皆以其德而名焉。梁、陈、后齐、后周及隋，制度相循，皆以其时之日，各于其郊迎。"

南北朝时期，祀典中还明确出现了"五人帝"的提法，黄帝一方面以五方上帝之一享祀，另一方面又以五人帝之一身份配祭，这一时期，黄帝作为五方上帝之一随祀，亦曾出现反复。梁朝因五精上帝俱是天帝，"于坛则尊，于下则卑。且南郊所祭天皇，其五帝别有明堂之祀"，又除南郊五帝祀，加十二辰座。陈代梁后，又"除十二辰座，加五帝座，其余准梁之旧"。南北朝时，黄帝作为五人帝之一配祭表现在郊迎制度上，五郊分迎五精上帝，黄帝同时又作为人帝配祭，并以五官、三辰、七宿从祀。

鲜卑族的北魏政权：追源黄帝为其最初的祖先

北魏道武帝在立国之初，于天兴二年（398）正月亲祀南郊祭祀上帝，五帝随祀。根据《北史·魏书·礼志》记载，当时的祭祀礼仪如下：上帝灵位位于四面有台阶的祭坛上，面向南。五帝位于坛内第一道围墙内，四方各一帝，黄帝在西南而稍偏南的未位。祭祀时用藁草秸秆做草垫，用四珪之玉，用束帛为币，用黑色牛犊做牺牲，用陶匏做器皿。祭祀时，上帝、神元皇帝各用一头牛犊，五方帝共用一头牛犊，日月等神灵共用一头牛犊。祭祀完毕，把牺牲的左半边放在祭坛南面偏东的巳位焚烧。

北魏明元帝泰常三年（418），也曾行五郊礼。在四郊建立祭坛祭祀五帝，各坛的远近位置依五行数目确定，祭坛均是方形四面台阶，三重围墙，四个门。以太白皋等神及其辅佐之神配祭。祭祀黄帝常常选在立秋前十八日，其余四帝分别在立春、立夏、立秋、立冬之日祭祀。牺牲品各用牛一头。

魏晋南北朝时期是动荡时期，战乱不断，政权更迭频繁，人民生活痛苦。这为东汉以来传入的佛教提供了传播的土壤。再加之各族统治者为了巩固统治和获得精神安慰，也对佛教有意识地提倡，于是佛教在中国大地上很快发展起来。这使得历来与道家和道教渊源甚深的黄帝信仰受到一定冲击。

黄帝信仰有着扩展的趋势，比如本是鲜卑族的北魏政权也曾多次祭祀黄帝，甚至追源黄帝为其最初的祖先。《北史·魏书》卷一《序纪》载：

昔黄帝有子二十五人，或内列诸华，或外分荒服，昌意之子，受封北土，国有大鲜卑山，因以为号。……黄帝以土德王，北俗谓土为拓，谓后为跋，故以为氏。

这里明确记载了黄帝是拓跋氏的始祖。在鲜卑族统治者的宣传下，北魏的许多人都尊称黄帝为自己的祖先。如《北史·魏书》卷二十三载：

魏桓帝崩，卫操立碑于大邗城南，以颂功德。碑云："魏，轩辕之苗裔。"

我们见到的魏墓志铭中也有类似的记载，如《北魏大妃李妃墓志》就写大妃李氏“鸿肇其于轩辕，宝胄启于伯阳”。《魏故持节左将军唐耀使君墓志铭》

也说墓主：“轩辕伊裔，陶唐厥遗。”北魏王朝是一个以鲜卑族为主体、对中华民族的历史融合有着重大贡献的封建王朝。鲜卑族原生活在大兴安岭南麓，“畜牧迁徙，射猎为业”。东汉时期，在推寅任部落首领时，鲜卑族举族南迁，到达呼伦湖一带。百年之后，部落首领诘汾再次率部南迁，进入阴山一带地区。到三国时期，力微任部落首领时，又迁于定襄之盛乐（今内蒙古和林格尔北），开始强盛起来，并逐渐接触了汉族文明。后来内部分裂，鲜卑部落联盟一分为三，其中一支由猗㐌所领，猗㐌被后来北魏王朝追谥为桓帝。猗㐌时开始任用汉族士人为谋士，替他出谋划策，以壮大自己的力量。为了增强鲜卑的民族自豪感，以便与西晋王朝以及匈奴、羯等少数民族势力进行政治角逐。鲜卑上层统治集团便宣扬鲜卑族乃黄帝后裔。比如曾在猗㐌手下任首席辅臣的汉人卫操在大邗城树碑，以颂扬猗㐌的功绩，碑文首句即云：“魏，轩辕之苗裔。”此碑后来在北魏献文帝皇兴年间（467—471）由雍州别驾段荣发掘出土，是关于拓跋鲜卑自称为黄帝后裔的最早史料。北魏王朝统一北方后，更加重视对黄帝的祭祀，如前所述，北魏皇帝四次亲祭黄帝。北魏重视黄帝祭祀是值得肯定的行为，它有利于少数民族提高民族自信心，便于得到汉人的承认，便于感情上与汉族人沟通，对中华各民族融合有促进作用。

《礼记》中记载的祭祀礼器

据《礼记》记载，郊天和五祀中的“黄郊”所用礼器有一些特点。

祭品：（1）牛犊。据《尚书·召诰》，“用牲于郊，牛二”。《论语·尧曰》也引证：“予小子履，敢用玄牡，敢昭告于皇皇帝后。”《礼记·郊特牲》和《礼器》都说，郊天应用特牲。《祭法》又云：“燔柴于泰坛，用马辛犊。”为什么要用马辛犊？《礼记·郊特牲》解释说：“牲用马辛，尚赤也，用犊，贵诚也。”在秦汉时期，自汉武帝始用牛祭天帝。武帝在郊雍五畤时始用牛燎祭。后来建泰一坛，五帝附祭，除五帝仍用牛祭以外，泰一帝另加牦牛。后世俱用牛。（2）酒醴。据《礼

◎四羊方尊

记·郊特牲》："酒醴之美、玄酒之尚，贵五味之本也。"酒醴有五齐（剂）之目。一曰泛齐，"成而滓浮泛泛然，五齐之中，泛齐味尤浊重。古贵质，故于大祭用之"。二曰醴齐，"成而汁滓相将，上下一体，犹浊故也"。三曰盎齐，"成而蓊盎然，葱白色"。四曰缇齐，"成而红赤色，梢清故也"。五曰沉齐，"成而滓沉转清故也"。（3）苍璧。青皀礼东方、赤璋礼南方、黄琮礼中央、白琥礼西方、玄璜礼北方、苍璧礼上帝。（4）帛，用缯，长一丈八尺。（5）黍稷。

祭器：（1）陶匏。《礼记·郊特牲》云："器用陶匏，以象天地之性也。"据后人解释，荐菹醢器并以瓦爵、以匏片为之，是因为物无以称天之德，故顺天地之性，用最粗糙的器皿来祭天。（2）蒲越藁秸。《礼记·郊特牲》云："蒲木越藁秸之，尚明之也。"以蒲及藁秸为席，以安置神主。（3）鼎。用奇数，以象征阳。（4）笾豆。用偶数，以象征阴。

车旗、服冕：（1）素车。《礼记·郊特牲》：“乘素车，贵其质也。旗十有二旒，龙章而设日月，以象天也。”（2）衮。《礼记·郊特牲》：“王被衮以象天”。《礼记·玉藻》：“天子玉藻，十有二旒，前后邃延，龙卷以祭。”

歌舞：乐有六变。《周礼·大司乐》云：“凡乐，圆钟为宫，黄钟为角，太簇为徵，姑洗为羽，雷鼓孤竹之管，云和之琴，云门之舞，冬至日于地上之圆丘奏之，若乐六变，则天神皆降，可得而礼矣。”歌舞也根据乐章有相应变化。

圜丘：隋长安建坛祭天

隋文帝杨坚命国子祭酒辛彦之拟定的郊祭礼仪规定，在京城长安南郊太阳门外道东二里处建造圜丘。圜丘有四层，每层高八尺一寸。从下数，第一层直径二十丈，第二层直径十五丈，第三层直径十丈，第四层直径五丈。冬至日，在圜

◎考古发掘之初的圜丘遗址

丘祭祀昊天上帝，太祖武元皇帝配祭。五方帝、日月、五星、内官四十二座、次官一百三十六座、外官一百一十一座、众星三百六十座诸神，都随从祭祀。五方帝、日月的祭位在圜丘的第二级，北斗五星、十二辰、河汉、内官诸神在圜丘第三级，二十八宿、中官诸神在圜丘第四级，外官之神在内层矮墙之内，众星之神在内层矮墙之外。祭祀所用牺牲，上帝、配帝用两头青色小牛，五方之帝、日、月分别用一头与各方颜色相同的小牛，五星以下诸神用九头羊和九头猪。

隋文帝时还将祭祀划分等级。将祭祀昊天上帝、五方上帝、日、月以及地祇、社稷、宗庙定为大祀，祭星辰、五祀、四望等定为中祀，祭司命、司中、风师、雨师、山川等定为小祀。同时规定，凡是盛大祭祀，斋戒官都在祭祀的当天早晨集中在尚书省，接受训诫。并要求提前在宫中斋戒四天，再清心洁身斋戒三天。祭祀前一天，计时刻漏白天上水五刻，到祭祀地，沐浴，穿上干净内衣，一律不得听到送丧的哭泣声。对祭祀时要用的牺牲，在祭祀前九十天开始畜养，并要求不许对之鞭打，如果死了则要埋掉。祭祀时用牺牲的毛色尽量与方位的颜色一致，如果难以一致的时候，要用纯色牺牲替代。

隋五时迎气礼。仍同前代一样，在五方位建坛，黄帝的坛建在京城长安城南安化门外路南，距离皇宫八里，坛高九尺，宽四丈。祭祀时间为六月的土王日。祭祀时以太祖武元皇帝配祭。所用牺牲颜色要与各方位的颜色一致，即用黄色的牺牲，这里用二头黄色的小牛作为牺牲。具体礼仪与南郊祭天礼相同。

隋郊天礼：三皇、五帝被作为先代帝王祭祀

隋代黄帝祭祀出现了一些新现象。中央开始设立专门的三皇庙和五帝庙，将三皇、五帝作为先代帝王祭祀，以黄帝为三皇之一。

隋时期对黄帝的祭祀沿袭南北朝，更进一步制度化、规范化。以四立之日及季夏，各于其方之近郊建祭坛，迎其帝而祭之，即采取在京城南郊祭天以五帝配，以及四时迎气之祭的做法。《隋书·礼仪志二》记载，隋代在京城长安（今陕西西安）

城郊建坛的情况："隋五时迎气。青郊为坛，国东春明门外道北，去宫八里，高八尺。赤郊为坛，国南明德门外道西，去宫十三里，高七尺。黄郊为坛，国南安化门外道西，去宫十二里，高七尺。白郊为坛，国西开远门道南，去宫八里，高九尺。黑郊为坛，宫北十一时丑地，高六尺，并广四丈。"不过当时皇帝较少亲自祭祀，往往由贵臣礼官摄行。隋代的黄帝祭祀也有特别之处，一是除沿袭南郊祭天以五帝配，以及四时迎气之祭的做法外，还对黄帝以先蚕礼进行祭祀。当时在京城西北建造了蚕坊以及蚕官，置蚕官令丞佐史一职，由宦官担任。设先蚕坛，坛高五尺，方二丈。每年春末谷雨过后，官府便派遣官员以太牢祭祀先蚕黄帝轩辕氏于坛上。传说黄帝斩杀蚩尤之后，在庆贺胜利的大会上，有蚕神献丝，其黄色者如金，白色者若银。于是黄帝以丝为绢制冕服，其臣子伯余始制衣裳，黄帝的元妃嫘祖始行养蚕。祭祀先蚕轩辕黄帝与这个神话传说有关。后来先蚕礼发展为专门祭祀黄帝的元妃嫘祖，"元妃西陵氏，曰嫘祖……帝之南游，西陵氏殒于道，式祀于行，以其始蚕，故又祀先蚕"。二是出现为战争而祭祀黄帝的情况。隋炀帝杨广曾多次为战争而祭祀黄帝。《隋书·礼仪志三》记载：隋文帝开皇二十年（600），身为太尉晋王的杨广北伐突厥，四月份"祃祭轩辕黄帝，以太牢制币，陈甲兵，行三献之礼"。大业七年（611），隋炀帝再次祃祭黄帝，仪式相当隆重："诏太常少卿韦霁、博士褚亮奏定其礼。皇帝及诸预祭臣、近侍官、诸军将，皆斋一宿。有司供帐设位，为埋坎神坐西北，内壝之外。建二旗于南门外。以熊席设帝轩辕神坐于壝内，置甲胄弓矢于坐侧，建槊于坐后。皇帝出次入门，群官定位，皆再拜奠。礼毕，还宫。"这是为战争而祭祀黄帝的一个典型仪式。

隋郊天礼。隋文帝杨坚命国子祭酒辛彦之拟定的郊祭礼仪规定，在京城长安南郊太阳门外道东二里处建造圜丘。圜丘有四层，每层高八尺一寸。从下数，第一层直径二十丈，第二层直径十五丈，第三层直径十丈，第四层直径五丈。冬至日，在圜丘祭祀昊天上帝，太祖武元皇帝配祭。五方帝、日月、五星、内官四十二座、次官一百三十六座、外官一百一十一座、众星三百六十座诸神，都随从祭祀。五方帝、日月的祭位在圜丘的第二级，北斗五星、十二辰、河汉、内官诸神在圜丘第三级，二十八宿、中官诸神在圜丘第四级，外官之神在内层矮墙之内，众星之神在内层矮墙之外。祭祀所用牺牲，上帝、配帝用两头青色小牛，五方之帝、日、月分别用一头与各方颜色相同的小牛，五星以下诸神用九头羊和九头猪。

唐太宗祀黄帝于圜丘

唐太宗在位期间，非常重视黄帝祭祀。据《旧唐书·仪礼志》记载，太宗之时，每岁“季夏土王日，祀黄帝于南郊，帝轩辕，配后土”。其中“土王日”的“王”指当政为王，就是说夏六月五行中的土为王之日，在南郊祭祀轩辕黄帝。同时，唐武德、贞观年间，仍岁祀五帝。武则天临朝时，五帝不再称天，《通典·礼典三》：“永昌元年九月敕：天无二称，帝是通名，承前诸儒，互生同异。乃以五方之帝，亦谓为天，假有经传互文，终是名实未当。称号不别，尊卑相浑。自今郊祀之礼，唯昊天上帝称天，自余五帝皆称帝。”《开元礼》所定岁祀五帝之礼与武德、贞观之制基本相同，略为：“立春日祀青帝于东郊，以太昊配，句芒、岁皇、三辰、七宿从祀；立夏日祀赤帝于南郊，炎帝配，祝融、荧惑、三辰、七宿从祀；季夏日祀黄帝于南郊，轩辕配，后土、镇星从祀；立秋日祀白帝于西郊，少昊配，蓐收、太白、三辰、七宿从祀；立冬日祀黑帝于北郊，颛顼配，玄冥、辰星、三辰、七宿从祀。”值得注意的是，唐代五郊祀中最重东郊，《新唐书·玄宗纪》有开元十六年（738）正月“丁丑，迎气于东郊”。《旧唐书·礼仪志四》：“玄宗开元二十六年，又亲往东郊迎气，祀青帝，以句芒配，岁星及三辰七宿从祀。其坛本在春明门外，玄宗以祀所隘狭，始移于浐水之东面，而值望春宫。其坛一成，坛上及四面皆青色。句芒坛在东南。”这可能与春为四季之始有关。但是唐时也非常重视黄帝之祀，因为按照五行理论推算，唐代属土德。《旧唐书·归崇敬传》：“汉魏、周、隋，共此礼。国家土德乘时，亦以每岁六月土王之日祀黄帝于南郊，以后土配，所谓合礼。”

唐高宗明堂报享五帝

考古发掘表明，“明堂遗址是一座具有方形院落和中心圆形台基的大型建筑基址。中心建筑是一座圆形围廊环绕中间方形殿堂的大型殿台建筑”。曹魏和西晋时期仍然沿用并且重修了东汉的明堂建筑。唐代时也有以明堂大享礼来祭祀五帝的情况。明堂大享意谓报答天帝的恩祐，把收获的新谷及牲畜进献给天帝。明堂大享礼一般于季秋之月举行，由天子主祭。唐高祖武德元年规定，每年季秋，要祭五方上帝于明堂，高宗显庆和乾封年间也曾以明堂报享祀五帝。

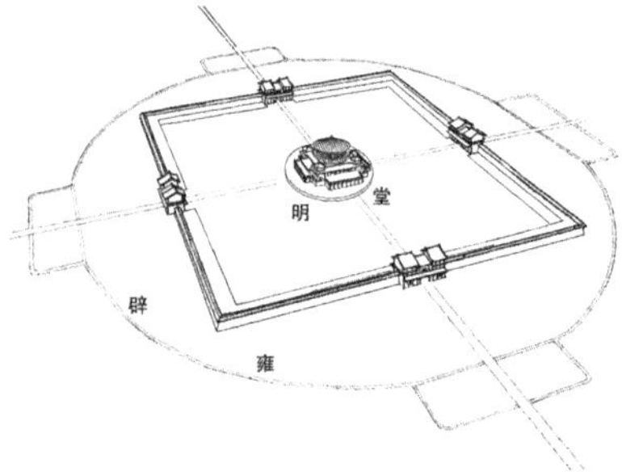

◎明堂建筑形制

唐玄宗《大唐开元礼》

隋唐时期的黄帝祭祀出现了一些新现象。中央开始设立专门的三皇庙和五帝庙，将三皇、五帝作为先代帝王祭祀。隋代始于京城设立三皇五帝庙，以黄帝为三皇之一。唐代有进一步发展，唐玄宗时规定“于京城置三皇、五帝庙，时时享祭”。黄帝作为历代帝王之一在中央的三皇五帝庙中得到祭祀。隋唐时期高度重视在历代帝王陵寝进行祭祀。对帝王陵寝的祭祀由来已久，秦始皇在巡游天下，经过名山大川时，都要祭祀有关帝王，在九嶷山祭虞舜，在会稽山祭大禹。这种做法，为后代帝王效法。汉武帝既灭南越，乃遂北巡朔方，勒兵十余万骑，还，祭黄冢桥山。唐玄宗时制定的《开元礼》确认了一些帝王陵寝的所在地，但对于黄帝陵所在地尚未能确定。

唐代郊天礼。《大唐开元礼》规定，每年祭天四次，五帝从祀。其时间、场所、祭器列表如下：

祭祀时间	祭祀场所	祭祀器具
冬至	圜丘	笾、豆各十，簋、簠、甑、俎各一，太樽二
正月	圜丘	笾、豆各十，簋、簠、甑、俎各一，太樽、著樽、牺樽、山罍各一
孟夏	圜丘	笾、豆各八，簋、簠、俎各一
季秋	明堂	同孟夏

作为五帝之一的黄帝除在圜丘祀天中得到随祀外，也得到专门的五祀之祭。据《大唐开元礼》规定，唐代郊天祭祀黄帝的礼仪是：

(1) 斋戒。前祀七日，皇帝散斋四日，于别殿致斋三日，祀官及文武百官俱斋戒。

(2) 陈设。前祀三日，诸祀官打扫圜丘祭坛，整饬乘舆行道，划分各类祭祀人员的祭祀位置，安置祭器。

(3) 省牲器。前祀一日，诸祠官检查所供祭品。

(4) 銮驾出宫，皇帝亲临圜丘。

(5) 奠玉帛，迎神、奏乐、读祝文。

(6) 进熟。凡三献。燔柴。

(7) 銮驾还宫。

唐玄宗开元二十二年（734）正月，诏曰："古圣帝明王、岳渎海镇，用牲牢，余并以酒脯充奠祀。"二十三年（735）正月，诏："自今以后，明衣绢布，并祀前五日预给。"丁酉，诏："自今以后，有大祭，宜差丞相、特进、开府、少保、少傅、尚书、御史大夫摄行事。"天宝六年（747）诏："三皇五帝，创物垂范，永言龟镜，宜有钦崇。三皇：伏羲、神农、黄帝。五帝：少皞、颛顼、高辛、唐尧、虞、舜。其择日及置庙事，量事营立，其乐器请用宫悬，祭请用少牢，仍以春秋二时致享，共置令丞，太常寺检校。”确立了祭祀对象、参加祭祀者、祭品、祭祀时间以及一些祭礼。

黄帝不仅在中央的历代帝王庙中受到祭祀，也在各地陵庙中被祭祀。根据《大唐开元礼》的记载，唐代地方祭祀先代帝王陵庙的一般仪式是：

（1）祭祀的前五天，诸享官各散斋三日于正寝，致斋二日于所享先代帝王庙所。无庙者立坛，坛仿州社坛。祭官一般是地方刺史。诸享官致斋之日，供给酒食和明衣（祭祀时的礼服），在斋所习礼。

（2）祭祀的前一天，陵庙所在县的县官清扫陵庙内外，整拂神座，安置配祀神座，如黄帝以风后、力牧配。配祀神座安于主神之东南，向西而立，皆以莞为席。并且在陵庙后北方之地挖好准备埋祭品的坑。赞礼者为祭官设初献、亚献、终献位。初献位设于庙之东阶东南，亚献、终献位设于初献之南不远之处，都是面朝西方而设位。为掌事者设位，位在终献位之西南，也是西向。设燔柴祭天的地方于庙堂东北，亦西向。又为赞唱者设位，位在埋祭品之地的东北，向南。在南门之外道东，分行设享官以下与祭人员之位。俱西向，以北为上。陈设祭器：每神座前设六尊、十笾、十豆、二簋、二簠、三铏、三俎。县官帅其属于庙堂前楹间室户之外设尊。正神座之尊在西，配座之尊在东。另设币篚和盥洗处。

（3）祭祀当天天还不亮时，厨房中开始煮祭品。然后，掌馔者将祭品放入祭器之中。牲体牛羊豕皆有规定，其他供品也有等差。诸享官以下各服祭服。县官率其属将酒剂置入尊罍，并将制帛置于币篚。

赞唱者就位，同时执尊篚者皆就位。赞礼者引享官以下俱就位于庙门之外。少顷，赞礼者引享官以下按秩序就位。赞唱者曰：再拜。在位者皆再拜。赞礼者至初献位之左，向有关官员汇报，请谨具行事，并退至原位。捧祝者取制币、掌馔者持馔各自东阶上，至神座前，向北而立。初献者从祝官手中取币，赞礼者引初献入、跪、奠于主神座，起来后出户，再拜。赞礼者又引初献于配神座前奠币，再拜复位。掌馔者各献馔，复本位。赞礼者引初献至盥洗处盥手洗爵，盛酒，献于主神。祝持版进于主神座之右，跪读祝文。初献者再拜。读祝官进，跪奠版于主神座。赞礼者引初献者至配神座前献酒。祝又读祝文，初献再拜。祝跪奠版于配祀神座。祝帅执馔者取酒及三牲之前脚第二节共置于一俎，以授初献，初献再拜受。赞礼引初献复位。

（4）赞礼引亚献到盥洗处盥手及爵，自东阶上，取酒献于主神，次献于配神。祝取酒饮亚献。亚献饮受。

（5）赞礼引终献如亚献礼。

（6）祝各进神座前跪、彻俎豆。与祭者皆再拜（三跪九拜）。

（7）赞礼者引初献就望瘗位。赞唱者转立于望瘗东北位，初献官拜。祝各进神位前跪取币，自西阶下，诣瘗坎北，置弊于坎。赞唱者曰：可瘗坎。东西面各二人填土。填土至半坎，赞礼者宣布礼毕。引初献以下皆出。祝和执尊者俱复执事位，赞唱者曰：再拜。祝以下皆拜。梵祝版于斋所。

唐代宗时期：奠定陕西黄陵县轩辕黄帝陵的祭祀地位

唐代宗大历五年（770）时，鄜坊节度使臧希让上言："坊州有轩辕黄帝陵阙，请置庙，四方飨祭，列于祀典。"唐代宗批准了这一请求，从而使此地的黄帝陵庙致祭被纳入祭典。近年来在此一带发现一处唐代建筑遗迹，出土有唐代灰砖、瓷片等，发掘者推测很可能即为唐代坊州黄帝庙所在。从唐代起就开始奠定了今天陕西黄陵县轩辕黄帝陵的祭祀地位。隋唐时期重视对黄帝祠庙的祭祀，典型的例子是对浙江省缙云仙都山的黄帝祠的修建和祭祀。唐天宝七载（748），唐玄宗李隆基发布诏书说："三皇以前帝王，京城以时致祭。其历代帝王肇迹之处，未有祠宇者，所在各置一庙。"意思是说，虽然中央政府在京师设有三皇庙祭祀三皇，但还是应该在古代帝王创业之地建庙。而浙江省缙云一带流传着许多关于黄帝的传说，黄帝铸鼎、统一万国、游巡南方和在缙云山一带觞百神、铸鼎升天的传说家喻户晓，故时人相信这里也是黄帝的肇迹之处。这一年，恰巧有地方官上奏，缙云上空出现彩云仙乐，敕改仙都。元陈性定在《仙都志》中记载了这件事："《图经》云：'唐天宝七年六月八日，有彩云起于李溪源，覆绕缙云山独峰之顶，云中仙乐响亮，鸾鹤飞舞，俄闻山呼万岁者九，诸山皆应，自申至亥乃息，刺史苗奉倩上其事于朝，敕改今名（仙都山）。'"故在此地很快建立起黄帝祠宇，并由当时著名小篆书法家、缙云县令李阳冰篆额，大书法家颜真卿题记，由此江南一带兴起对黄帝的祭祀。

宋代：黄帝陵庙致祭受到高度重视

宋代"因前代之制"，黄帝仍作为五方帝之一得到专祀。《宋史·礼志》记其礼仪："以四郊迎气及土王日专祀五方帝，以五人帝配，五官、三辰、七宿从祀。各建坛于国门之外：青帝之坛，其崇七尺，方六步四尺；赤帝之坛，其崇六尺，东西六步三尺，南北六步二尺；黄帝之坛，其崇四尺，方七步；白帝之坛，其崇七尺，方七步；黑帝之坛，其崇五尺，方三步七尺。"宋徽宗时《政和五礼新仪》重定礼仪："五方帝坛，广四丈。"即青帝坛高八尺，赤帝坛高七尺，白帝坛高九尺，黑帝坛高六尺，而黄帝坛高为五尺，坛饰依方色，仍以季夏日祀黄帝，以轩辕氏配，以后土、镇星从祀。

据《政和五礼新仪》载宋时在坊州（今黄陵县）朝献圣祖（轩辕黄帝）仪式为：

(1) 时日。即选择祭祀时间。先由太常寺选择春天第二个月，然后报给太史局，太史局确定具体时间，再报由太常寺最后确定。

(2) 斋戒。前朝献十日。应行事、执事官散斋七日，像照旧处理公事。晚上睡在家中正室，不能吊丧问疾、不作乐、不审判签署服刑杀人文书，不处决惩罚罪人，也不涉及秽恶之事。致斋三日，只能做朝献相关的事，其余禁忌之事可停；朝献前一日天刚亮时，都到祠所斋舍。

(3) 陈设。前祀三日，划分各类祭祀人员的祭祀位置，安置相应祭器。

(4) 省馔。前祀一日，朝献官检查所供祭品和祭器。并且所司清扫祭殿上下。

(5) 行事。凡三献。燔柴。

宋代，明堂报享五帝的制度逐渐消失，而历代帝王祭祀的地位上升，黄帝的祭祀主要有三大项：第一项仍然是南郊祭天时五帝附祭和四时迎气之黄郊；第二项是历代帝王庙中的黄帝祭祀；第三项是黄帝陵庙致祭。

宋代承前朝之制奉祀五方帝。“冬至祀昊天上帝于圜丘，以五方帝、日、月、五星以下诸神从祀。又以四郊迎气及土王日专祀五方帝，以五人帝配，五官、三辰、七宿从祀。”黄帝之坛，高四尺，方七步，祭祀仪式由皇帝主持，服衮冕，所配享诸神灵与唐代体制相同。在京城祭祀黄帝外，还在曲阜的黄帝城祭祀黄帝。北宋大中祥符五年（1012）闰十月，宋真宗赵恒推本世系，以轩辕黄帝为赵家始祖，诏令将曲阜县改名为“仙源县”，将县治迁到寿丘前重筑新城，在新城东建景灵宫 1320 间，供奉轩辕黄帝和嫘祖，岁时朝献，如同太庙礼仪。

宋代的黄帝祭祀中，黄帝陵庙致祭受到了高度重视。宋太祖乾德年间（963—968）诏书说：“先代帝王，载在祀典，或庙貌犹在，久废牲牢，或陵墓虽存，不禁樵采。其太昊、炎帝、黄帝、高辛、唐尧、虞舜、夏禹、成汤、周文王、武王、汉高帝、光武、唐高祖、太宗各置守陵五户，岁春秋祠以太牢。”又据《陕西通志·艺文九》录存的宋李昉《黄帝庙碑序》记载，宋太祖开宝五年（972）降旨：“前代帝王有功德昭著，泽及生民者，宜加崇奉，岂可庙貌坠而享祀寂寞乎？当命有司，遍加兴葺！……今坊州黄帝庙即其一也。”并将轩辕黄帝庙列为重点加以整修维护，同时规定中央政府每三年祭祀一次。黄帝庙原位于桥山西麓，受到沮水侵袭，道路艰险，前往祭祀不便，将其移至桥山东麓，即今天黄帝庙所在地。明代的刘仕在《黄帝庙除免税粮记》中对此有详细记载：“黄帝庙旧址，在北城外桥山之西麓，然地势甚隘，弗便于尊崇，乃移于桥山之东，则保生宫火烬之余基也。”宋仁宗赵祯，在嘉祐六年（1061）派遣大臣祭扫黄帝陵墓。大臣祭陵后奏报说：桥山柏树栽得多，成活少，损失很大。仁宗即降旨令：护旧栽新，并派专人看护。之前的宋真宗时也有类似诏令，但更强调“崇饰诸州黄帝祠庙”。宋代经济中心南移，人口大量南迁，浙江缙云仙都的黄帝祠祭祀受到重视。几位皇帝多次派人到此进行祭祀。《仙都志》中记载：宋真宗天禧四年（1020），朝廷派中使到仙都祭祀黄帝，并投金龙、玉简于金龙洞中（金龙、玉简于1997年被发现）。宋仁宗宝元二年（1039）六月，两浙转运使叶清臣到浙中南巡视，经缙云时，代仁宗祭祀黄帝。其《处州独峰山铭》云：“黄帝车辙马迹，周遍万国。丹成云起，因瑞名山，则独峰之登，固宜有是。会将漕二浙，行部括苍，道由仙都，亲访寻迹，慨然感秦汉不自度也。”

元代：黄帝被作为医药神祭祀

元代祭天祀典发生了一些变化。元初，一度“合祭昊天上帝、皇地祇、五方帝于南郊”，但皇帝已不亲祀。大德九年（1305），中书省讨论圜丘祭天，主张只按《周礼》祀昊天上帝，取消五方帝附祭。但至大三年（1310）又按唐宋惯例，以五帝从祀。英宗至治二年（1322），有旨议南郊祀事，有人认为唐宋以来，坛上神位既设昊天上帝第一等，复有天皇大帝，其五帝与太一、天一等都没有可靠依据。文宗至顺以后，官方祭天祀典正式废除了对五方帝的祭祀，“惟祀昊天上帝”，又取消了四时郊迎之制，结束了黄帝作为方帝享祀的历史。但黄帝被奉祀为医药之神的做法在元更为常见。如成宗元贞元年（1295），下令各郡县通祀三皇（太皞伏羲氏、炎帝神农氏、轩辕黄帝氏）。祭黄帝轩辕氏以风后氏、力牧氏之神配，姓名见于医书的黄帝臣子俞跗等十人，于两厢从祀。地方官府每年春秋两季举行祭祀，由从医人员主持。这是正史中可见最早的将黄帝作为医药神祭祀的记载。元代对“三皇庙”的祭祀很快普及到了民间。各地“三皇庙”有时也称“药皇庙”。

根据《续文献通考》的记载，元代时黄帝被作为医药神得到祭祀的部分祭祀礼仪。主祭者原为太医官，后又改遣中书省官员作为主祭者。并规定由太常官制定礼仪，工部铸造祭器，江浙行省制祭礼用的乐器。又命太常博士定乐曲名，翰林国史院撰乐章十六曲。第二年，祭器、乐器都齐备时，将有医籍的 148 户人家充为庙户。并由擅长音律的礼乐生御药院大使卢亨训练乐工 42 人。到九月九日祭祀的日子，由宣微供给食物，光禄供给醴酒，太府供给金帛，广源库供给香烛，大兴府官供给牺牲、制币、粢（供祭祀用的谷物）等祭祀用品。由中书省选择三献官，并确定其顺序。在祭祀前一天，奏乐并排列仪仗队迎香火。然后演习祭祀礼仪，完毕后，在庙中斋戒。京城的文武百官也要求和祭官一样进行斋戒。由翰林官员写的祭文中说："皇帝敬谴某官某致祭。"

元代：最早的"保护黄帝陵庙"法令

元代对黄帝陵庙的祭祀也很重视。泰定二年（1325）黄帝庙保生宫发生火灾，庙宇建筑均被毁坏。为此，泰定皇帝也孙铁木儿下旨保护黄帝庙，并用蒙文和汉文刻成碑文存放庙内。这篇碑文现仍存于庙内，已有 660 多年的历史，可以说它是现存最早的一份"保护黄帝陵庙"法令。

桥山祈仙台

披云履水谒桥陵，翠柏烟寒玉露轻。
衮冕霞飞天地老，文章星焕海山青。
巍巍凤阙迎仙岛，渺渺龙车驻帝城。
寂寞琼台遗汉武，一轮皓月古今明。

——元朝末年的著名道士张三丰

清康熙二十一年四月，此诗被县令金兰芝刻在石碑上，保存至今。历代文人

◎元泰定二年保护黄帝陵庙圣旨碑

墨客对张三丰的诗作过不少唱和之作，以表达桥山登临之感，抒发物是人非之情。例如清代的李暄、薛柱斗和诗如下：

李暄：和张三丰谒桥陵韵

桥北山头黄帝陵，万峰环抱晚烟轻。
鼎湖不断乌号泪，龙髯空余古柏青。
绮殿依然留诗句，琼台何处觅霞城。
道人曾说亲相问，羽化云腾未易明。

薛柱斗：和张三丰

衣冠葬处号桥陵，九转丹成四海轻。
古柏森森金仗合，林风飒飒玉璈清。
由来帝道通仙道，果是佳城即化城。
何日归田容一过，执经桥畔问真明。

他们的诗作重点描写了桥山黄帝陵的秀丽景色，是对黄帝陵的诗祭，反映出他们对黄帝的崇敬和怀念。

宋元时期，祭祀黄帝的还有儒生、道士。北宋名臣范仲淹也是卓有建树的文学家。宋仁宗宝元三年（1040），他到坊州中部（今黄陵）桥山致祭黄帝陵，并有诗记此行。诗云：

红日竿头进，青云足下藏。
轩辕龙驭古，百代景象裳。

高陟桥山上，关河万里长。
沮流声潺潺，柏干色苍苍。

流传下来的范仲淹的这两首黄帝陵诗，第一首诗通过轩辕黄帝乘龙升天的故事，表达对人文初祖的敬仰之情。第二首则通过桥山登高俯视之所见，借景抒情，内寓历史兴替之慨。二诗均意境开阔，风格豪迈，不仅表现了作为政治家的范仲淹宽广的胸襟，而且也表达了对黄帝的无限崇敬之情。

明清两代对历代帝王庙的祭祀

明清时期的黄帝祭祀有较大的变化，明太祖朱元璋取消了祭祀天地时以五方帝从祀。明代也没有五时迎气之祭。但仍以每年三月三日和九月九日祭祀三皇之一——黄帝。

圜丘祭天为古时最隆重的礼仪，且最早配祭黄帝，而后演变为配祭五帝。明太祖朱元璋即位后，大兴百神之祀，命李善长研究祭天之礼。李善长提出祭祀昊天上帝不必以五帝从祀，他说："今当遵古制，分祭天地于南北郊。冬至则祀昊天上帝于圜丘，以大明、夜明、星辰、太岁从祀。夏至则祀皇地祇于方丘，以五岳、五镇、四海、四渎从祀。"明太祖朱元璋采纳了他的建议。

明洪武六年（1373），始建历代帝王庙于京师应天（今南京）钦天山之阳，供奉三皇五帝及历代开国之君，每岁春秋致祭。次年庙成，太祖朱元璋亲临致祭。七年，又"令帝王庙皆塑衮冕坐像，惟伏羲、神农未有衣裳之制，不必加冕服"。洪武二十一年（1388），因火灾庙毁，改建历代帝王庙于鸡鸣山之阳，"又定以每岁春附祭历代帝王于郊坛，秋祭于本庙"。

《大明会典》卷九十一载：洪武二十六年定遣祭仪，由皇帝遣官致祭太昊伏羲氏、炎帝神农氏、黄帝轩辕氏等。至明成祖迁都北京，历代帝王庙遣南京太常寺官行礼。在京师北京建历代帝王庙前，一度在祭祀天地时以历代帝王从祀。嘉靖九年（1530），罢历代帝王南郊从祀，再建历代帝王庙于京师城西阜成门内。

嘉靖十一年庙成，定亲祭仪，明世宗亲临致祭。“嗣后岁以春秋仲月，太常寺先期奏请遣大臣一员行礼，四员分献。凡祭于陵寝之岁，则停秋祭。”

清时沿袭了这种祭祀传统。遵康熙皇帝旨意：“除无道被杀、亡国之外，应尽入庙崇祀。”其享祭者到乾隆时增加为三皇、五帝，夏十四王，商二十六王、周三十二王、汉十九帝、晋七帝、宋三帝、齐一帝、陈二帝、魏八帝、唐十六帝、后唐一帝、后周一帝、宋十四帝、辽六帝、金六帝、元十一帝、明十三帝。《大清通礼》卷九《庙飨历代帝王之礼》载：“岁春秋仲月诹吉，遣官将事。特行崇典，皇帝亲诣行礼。”雍正、乾隆皇帝皆曾亲临致祭。

从明嘉靖十一年（1532）到清末（1911）的380年间，北京的历代帝王庙中共举行过662次祭祀大典，明嘉靖帝、清顺治帝、雍正帝、乾隆帝、嘉庆帝、道光帝等亲自主持祭祀大典16次。其中，雍正帝5次、乾隆帝6次到历代帝王庙祭拜。明清两代对历代帝王庙的祭祀兴盛不衰，都有着深刻的历史原因。

我们知道最早的历代帝王庙应该是唐玄宗天宝七年（747）建于长安的帝王庙，但它的祭祀对象仅限于三皇五帝，不含历代帝王和文臣武将，而且是“各置一庙”，没有在一庙之中群体祭祀的特点。但到明时不仅专门建庙恢复了对历代帝王的祭祀，而且大大增加了受祭人的数量。比如据文献记载，洪武六年在金陵（今南京）建的我国历史上真正意义上的第一座历代帝王庙中，共群体供奉祭祀了17位历代帝王和32位历代名臣。这17位帝王人物是三皇（太昊伏羲、神农炎帝、轩辕黄帝）、五帝（少昊、颛顼、帝喾、尧、舜）和夏禹王、商汤王、周武王、汉高祖刘邦、汉光武帝刘秀、隋高祖杨坚、唐太宗李世民、宋太祖赵匡胤及元世祖忽必烈。这些人物塑像神位的排列特点是，伏羲炎黄祖先的三皇神像居中，五帝和夏、商、周、汉、唐、宋、元等开国帝王的神像，分列在三皇左右。从这一祭祀人物和布局特点看，我们有理由认为，朱元璋的用意既强调了华夏——汉民族自三皇祖先到历代帝王几千年的正统地位，也承认尊重元朝历史的存在，供奉祭祀了被他直接推翻的元朝的开国帝王元世祖忽必烈。这一做法在一定程度上巧妙地缓解了民族矛盾。

清代延续了这一传统，并对其有所发展。尤其值得一提的是清朝前期的顺治、康熙、雍正、乾隆四位皇帝，他们尊重借鉴中华五千年的悠久历史，竭力吸收学习中华传统文化，特别是在解决民族关系、文化交融的问题上做出了重要贡献。他们的政策维护巩固了统一多民族国家，奠定了我国辽阔疆域的版图基础，持续不断地开创了有清一代的“康乾盛世”，使中国成为当时亚洲头等强盛的国家。在这一历史背景下，顺治、康熙、雍正、乾隆四位皇帝不仅没有排斥历代帝王庙，而是继承发展了历代帝王庙的祭祀制度。清顺治帝亲祭时规定今后皇帝亲祭一上香，若遣官致祭在三皇位前三上香，表明他对祭拜三皇的重视。清雍正帝亲祭 5 次，他一改前制，在三皇位前行大礼三上香，表明了他对三皇的崇敬之意。清乾隆帝亲祭 6 次，乾隆甲申年春（二十九年），他在重修历代帝王庙告成之日亲临致祭，并作诗一首，第一句便是“三皇五帝道功崇，历代君王懋建中”，意为三皇五帝的思想功绩是高尚伟大的，历代帝王都以他们为榜样，勉励自己在帝王序列中树立自己的形象。而对于处理历代帝王庙中祭祀人物的问题上，他们一方面认同和光大三皇五帝崇高的祖先地位和华夏——汉民族为主的历代帝王体系，另一方面也不断增加少数民族帝王和其他汉民族帝王入祀，使入祀人物数量大大增加，从而充实完善了历代帝王庙统一多民族国家一脉相承的帝王祭祀体系。比如，顺治时，历代帝王庙的祭祀帝王由 15 位增加到 21 位，历代名臣从 27 位增加到 32 位；雍正时，祭祀帝王从原有的 21 位大幅度地增加到了 164 位，祭祀名臣从原有的 32 位增加到 79 位；乾隆时，则使历代帝王庙的祭祀帝王从 164 位最终增加到 188 位。

明清两代立庙祭祀的历代帝王数目先后有增减变化，但是对中华民族共同祖先伏羲炎黄的崇敬和祭祀始终如一。在历代帝王庙神位（像）的排列格局上，伏羲炎黄祖先始终高居主体大殿正中最为显赫的地位，历代各民族帝王分列左右，历代功臣名将分置在东西配殿之中，营造出了“众星捧月”般的众帝群臣共仰伏羲炎黄祖先的宏大场面和隆重氛围，体现着伏羲炎黄是中华民族共同祖先的观念和认同情感。

明代非常重视黄帝陵致祭

明朝的黄帝陵祭祀，基本上是三年一大祭，由皇帝亲写祭文，由太常寺派遣大臣携带香帛、贡品至桥山祭祀。洪武四年、二十九年，永乐十二年，宣德元年，景泰元年，天顺六年，正德元年、十一年，嘉靖十年、三十一年，隆庆四年，万历元年、二十八年，天启元年，明朝诸帝均遣使赴黄帝陵祭祀。

明代统治者重视黄帝祭祀，目的主要是为了昭示其继统的合法性。明初，朱元璋建立历代帝王庙的目的之一就是要标识出帝王统系，“有帝王之统，有圣贤之统。如汉祖、唐宗、宋祖开基创业，削平群雄，混一四海，以上继唐、虞、夏、殷、周之传，此帝王之统也”。明代宋讷撰写的《敕建历代帝王庙碑》中更详细地解释了这一政治理念：“两仪判而人极立，大统建而君道明。粤自上古神圣继作，代天理物以开万世太平之治。故天地以之而位，四时以之而序，万物以之而育，大经大本以之而立，盛德相继，传至于今。钦惟圣天子受天明命，肇修人纪，以建民极，缵皇帝王之正统，衍亿万年之洪基，稽古定制作庙京邑，以祀历代帝王，重一统也……”这一点也可从朱元璋在洪武七年

◎明永乐十二年致祭碑书

八月祭“三皇”的祝文中体现出来：“惟太昊伏羲氏画八卦以明天道，造书契以开人文；惟帝神农氏制耒耜以教农耕，尝百草以为医药；惟黄帝轩辕氏作居室、衣服，以法易象，创律历、官制以宣政治，皆继天立极……荷天祐人助，君临天下，继承中国帝王正统。”由此可见，朱元璋通过祭祀历代帝王，来确认自己的先王正统之传，为自己统治的“正统性”寻找神圣依据。

最早的黄帝桥陵的祭文

明太祖洪武三年（1370），朱元璋派遣官员考察各地的历代帝王陵庙，命令官吏将陵庙图形绘明进奉。这次考察，查明各行省有先代帝王陵寝七十九处。洪武四年（1371），礼部定议，罢郡县三皇庙，合祀帝王三十五。根据《明史·礼志四》的记载，在陕西有十五处，其中在“中部祀黄帝”，中部即今陕西黄陵县。这次黄帝陵祭祀之前，专门派遣秘书监丞陶谊等人对桥山黄帝陵庙进行勘察、修葺，筹备祭祀仪式，并且明太祖亲自撰写祭文，派大臣中书省管勾甘赴黄帝桥陵致祭。这次祭祀留下了我们所见的最早的一篇祭祀黄帝的祭文，原文如下：

皇帝谨遣中书管勾甘，敢昭告于黄帝轩辕氏：

朕生后世，为民于草野之间。当有元失驭，天下纷纭，乃乘群雄大乱之秋，集众用武。荷皇天后土眷祐，遂平暴乱，以有天下，主宰庶民，今已四年矣。君生上古，继天立极，作蒸民主，神功圣德，垂法至今。朕兴百神之祀，考君陵墓于此，然相去年岁极远；观经典所载，虽切慕于心，奈禀生之愚，时有古今，民俗亦异。仰惟圣神，万世所法，特遣官奠祀修陵，圣灵不昧，其鉴纳焉。尚飨！

朱元璋在祭文中回顾了起事建国的经历，追念了黄帝的德业，表达了对黄帝的崇敬之情。同年，朱元璋降旨废除了各地建立的“三皇庙”和“由十大医师祭祖”的礼制，规定祭祀黄帝由皇帝或派遣大臣祭祀。桥山黄帝陵被列为国家祭祀始祖的圣地，要求每次祭陵都要将祭文、祭祀日期、祭品名称、数量和主祭、陪祭官员姓名刻石立碑。为了保护祭祖圣地，黄帝陵庙设五品护陵官二人。后以县令为护陵官，由五品官担任。《续文献通考》卷八十五中详细记载了这些祭祀要求。“岁祭用春秋仲月朔（器用笾豆各八、登一、铏二、簠簋各一、俎一、爵三、尊篚一，牲用太牢），于是遣使诣各陵，置一碑，刊祭期及牲帛之数，俾所在有司守之。既而命有司岁时修葺，置陵户二人守视。又每三年，出祝文、香帛，传制遣太常寺乐舞生赍往所在，命有司致祭。……又命帝王陵庙所在官司，以春秋仲月上旬，择日致祭。”洪武七年（1374），明太祖降旨在轩辕庙大殿内塑造轩辕黄帝坐像一尊，供瞻仰祭奠。洪武九年（1376）遣官行视历代帝王陵寝，并规定凡帝王陵，令百步内禁樵采，设陵户二人看守，有司督近陵之民，以时封培，每三年一降香致祭。世宗嘉靖十三年（1534）规定，如果轮到每三年一次的陵庙致祭，则停本年历代帝王庙的秋祭。这一规定后来成为制度。明代还改变了由地方官员代祭的做法，而由朝廷派员致祭。

黄帝陵保存的明代皇帝黄帝陵致祭碑文

今黄帝陵保存有明太祖、成祖、宣宗、代宗、英宗、武宗、世宗、穆宗、神宗、熹宗等皇帝遣使到黄陵致祭的碑文。现将存世的祭文转录如下：

明太祖洪武二十九年（1396）秦王祭文：

维洪武二十九年，岁次丙子，六月丁亥朔，越七日癸巳，秦王敬遣左长史茅廷□，敢昭告于黄帝轩辕氏之陵曰：维帝继天立极，垂统保民；百王相承，万世永赖。钦承祖训，嗣守秦邦；奉命西畋，还经陵下。第以恤礼未终，弗克躬祀，敬遣文臣，恭陈牲帛，祗告殿廷，惟帝歆格。尚享！

明宣宗宣德元年（1426）祭文：

维宣德元年，岁次丙午，二月乙丑朔十一日，皇帝谨遣应城伯孙杰致祭于黄帝轩辕曰：仰惟圣神，为天地立心，为生民立命，为万世开太平，功化之隆，永久无□。予祗承天序，谨用祭告。惟神昭鉴，祐我邦家。尚飨！

明代宗景泰元年（1450）祭文：

维景泰元年，岁次庚午，闰正月丙午朔，十五日庚申。皇帝谨遣工科给事中霍荣致祭于黄帝轩辕氏曰：仰惟圣神，继天立极，功被生民，万世永赖，余嗣承大统，祗祀事用，祈祐我家国，永祇升平。尚享！

明英宗天顺六年（1462）祭文：

维天顺六年，岁次壬午，八月一日，皇帝遣延安府知府臣王瑾致祭于轩辕黄帝氏曰：昔者奉天明命，相继为君，代天理物，抚有黔黎，彝伦攸叙，井井绳绳，至今承之。生民多福，思不忘报，特遣使赍捧香币，祗命有司，诣陵致祭，惟帝英灵，来歆来格。尚享！

明武宗正德元年（1506）祭文：

维正德元年，岁次丙寅，四月庚戌朔，十九日戊辰，皇帝谨遣鸿胪寺丞张昱致祭于黄帝轩辕氏曰：于维圣神，挺生邃古；继天立极，开物成务。功化之隆，惠利万世。兹予□□；祗承天序，式修明祀，用祈鉴祐，永祚我邦家。尚飨！

明正德十一年（1516）祭文：

维正德十一年，岁次丙子，八月庚戌朔，越十八日丁卯，皇帝遣延安府同知臣刘□致祭于黄帝轩辕氏曰：昔者奉天明命，相继为君，代天理物，抚育黔黎，彝伦攸叙，井井绳绳，至今承之。生民多福，思不忘而报，兹特遣使赍捧香帛，祇命有司，诣陵致祭，惟帝英灵，来歆来格。尚享！

明世宗嘉靖十年（1531）御制祭文：

维嘉靖十年，岁次辛卯，八月壬午朔，越二十四日乙巳，皇帝谨遣延安府通判梁知让致祭于黄帝轩辕氏曰：昔者奉天明命，相继为君，代天理物，抚育黔黎，彝伦攸叙，井井绳绳，至今承之，生多福恩，不忘而报。兹特遣使赍捧香币，祇命有司，诣陵致祭。惟帝英灵，来歆来格。尚飨！

明世宗嘉靖三十一年（1552）祭文：

维嘉靖三十一年，岁次壬子，八月辛亥朔，二十七日丁丑，皇帝遣延安府知府周建邦致祭于黄帝轩辕氏曰：昔者奉天明命，相继为君，代天理物，抚育黔黎，彝伦攸叙，井井绳绳，至今承之，生民多福，思不忘而报。兹特遣使赍捧香币，祇命有司，诣陵致祭。惟帝英灵，来歆来格。尚飨！

明世宗嘉靖三十五年（1556）祭文：

维嘉靖三十有五年，岁次丙辰，四月乙丑朔，六日甲午，户部左侍郎邹守愚率陕西布政司右参政朱用、谢淮，左参议粟永禄，按察司副使徐贡元，都司指挥申绍祖，以牲礼香帛致祭于黄帝轩辕氏之神曰：惟帝睿心天授，玄德神侔，口离衷而能言，聪明卓冠于千古；身绝世而首出，文武逖耀于八埏。乘土德以统天，握乾符而驭宇。总百口而祇役，密阐道真；抚万国以咸宁，诞敷皇极。抚群生而开栋宇，法两仪而肇□□。阳雨应期，勋离邃代，凤麟献瑞，治比华胥。乃若王屋受经，崆峒问道，天老迎□□启符；丹灶飞珠，荆山铸鼎，仰仙踪而滋邈，抱皇谍而独尊，信天地之与忝，□□民亡未有也；守愚等处将帝命亲履灵封，敢少清于蚁衷，冀俯临于云驭，与乎同天而如在。阳沛德泽而□垂德异世而弥馨，常乘化机而幽赞。神之听之，伏惟尚飨！

明穆宗隆庆四年（1570）祭文：

维隆庆四年，岁次庚午，八月丙申朔，二十一日丙辰，皇帝遣陕西延安府知府郭文和致祭于黄帝轩辕氏曰：昔者奉天明命，相继为君，代天理物，抚育黔黎，彝伦攸叙，井井绳绳，至今承之，生民多福，思不忘而报。兹特遣使赍捧香币，祇命有司，诣陵致祭。惟帝英灵，来歆来格！尚享！

明神宗万历元年（1573）御制祭文：

万历元年，岁次癸酉，四月庚戌朔，越十六日乙丑，皇帝遣尚宝司少卿石星，致祭于黄帝轩辕氏曰：于维神圣，挺生邃古，开物成务，立极继天。功参二仪，泽垂万世，兹予祇承天序，明祀式修，仰惟鉴歆，永绥远祚。尚飨！

明神宗万历二十八年（1600）御制祭文：

维万历二十八年，岁次庚子，八月辛未朔，二十五日乙未，皇帝遣延安府知府徐安致祭于黄帝轩辕氏曰：追维明德，奉天抚民，盛治弘勋，万世永赖。陵寝所在，英爽如存。兹特遣使赍捧香币，祇命有司致祭，惟神鉴钦。尚飨！

明熹宗天启元年（1621）御制祭文：

维天启元年，岁次辛酉，十一月戊戌朔，越四日辛丑，皇帝谨遣锦衣卫加正一品俸都指挥使侯昌国，致祭于黄帝轩辕氏曰：于维圣神，挺生邃古，继天立极，开物成务。功化之隆，利赖万世。兹予祗承天序，式展明禋，用祈歆飨，永祚我家邦。尚飨！

明时祭历代帝王庙的礼仪

洪武二十六年（1393），制定遣祭历代帝王庙的礼仪：

（1）斋戒。

（2）传制。

（3）省牲。在正式祭祀的前一天，献官要去祭坛视察牺牲的情况。牺牲有五牛五羊六豕一鹿八兔。

（4）陈设。受到祭祀的帝王有十六位，分别在五个房间祭祀。每个房间陈设有一犊、一羊、一豕，每位帝王一登，一帛，簠、笾、豆各十，簋各二。共设酒尊三、爵四十八、篚五于中室。放在东南的位置，朝向西方。放祝文的桌子一个，放在西面。

（5）正祭。执事官各就各位。奏乐，唱奠帛，分别在三皇五帝、汉高祖、光武、唐太宗、宋太祖、元世祖神位前行三献礼，读祝文，饮福受胙，送神，燔柴。

（6）乐章。祭祀过程中先后分别奏有迎神乐、奠帛乐、初献乐、亚献乐、终献乐、彻馔乐、望燎乐。

清代的黄帝陵庙祭祀

清代的黄帝陵庙祭祀，多由皇帝派专员致祭，一般是三年一次，也有临时祭告。其他常年春秋之祭由地方官操办。除常规之祭外，逢皇帝登基，太后寿辰，国家庆典，平息叛乱，水旱灾害，五谷丰登，大功告成等重大事件，特别是需要团结御敌，或获重大成功需要祭告祖先时，也常同时祭祀黄帝。清朝对黄帝陵的祭祀，见于记载的有30次：清世祖顺治在位18年，祭陵1次；清圣祖康熙在位61年，祭陵9次；清世宗雍正在位13年，祭陵3次；清高宗乾隆在位60年，祭陵10次；清仁宗嘉庆在位25年，祭陵3次；清宣宗道光在位30年，祭陵4次。

清统治者重视黄帝陵庙祭祀，目的同样是为了昭示其继统的合法性。通过祭祀历代帝王，来确认自己的先王正统之传，为自己统治的“正统性”寻找神圣依据。清时的黄帝祭祀也突出体现了这一点，这在祭文中均有表现。比如顺治八年（1651），即清朝基本确立对全国统治后的六七年，顺治帝在祭告黄帝文中写道：“自古帝王，受天明命，维道统而新治统。圣贤代起，先后一揆。功德载籍，炳若日星”；康熙元年（1662），康熙帝“御制”祭文中也说：“帝王继天立极，功德并隆，治统道统，昭垂奕世。”康熙二十一年（1682），康熙帝“御制”祭文再次表明：“自古帝王受天显命，继道统而新治统，圣贤代起，先后一揆，成功盛德，炳如日星。”所谓“统”，是指一脉相承的系统。历代皇帝多沿用“垂统”一词，是表明上有所承，下有所传。清代各帝重视黄帝祭祀，就是为了表明清在政治上继承了黄帝以来的政治传统，在文化上承袭了儒家学说的思想传统，认同了中华文化。

清代黄帝陵致祭碑文

清世祖顺治八年（1651）派专官到黄帝陵进行祭祀，其祭文为：

自古帝王，受天明命，继道统而新治统。圣贤代起，先后一揆，功德载籍，炳若日星。明禋大典，亟宜肇隆。敬遣专官，代将牲帛，神其鉴飨！

清圣祖康熙元年（1662）敬遣专官到黄陵祭祀，其祭文为：

帝王继天立极，功德并隆，治统道统，昭垂奕世。朕受天眷命，绍缵丕基。庶政方亲，前徽是景。明禋大典，亟宜肇修。敬遣专官，代将牲帛，爰昭启荐之忱，聿备钦崇之礼。伏维恪歆，尚其鉴享！

◎清康熙二十一年（1682）御制祝文碑

清圣祖康熙七年（1668）遣工部杨运昌祭告黄帝陵；清圣祖康熙二十一年（1682）遣工部右侍郎加一级苏拜致祭于黄帝陵，其祭文为：

维康熙二十一年，岁次壬戌，三月己酉，越十六日甲子，皇帝谨遣工部右侍郎加一级苏拜致祭于黄帝轩辕氏曰：自古帝王，受天显命，继道统而新治统，圣贤代起，先后一揆，成功盛德，炳如日星。朕诞眷祐，临治万方，扫灭凶残，廓清区宇，告功古后，殷礼肇称，敬遣专官代将牲帛，聿修礼祀之诚，用展景行之志。御正明灵，尚其鉴享！

康熙二十七年（1688）为孝庄文皇后升祔太庙礼成致祭黄帝陵。孝庄文皇后，生于明万历四十一年（1613），卒于清康熙二十六年（1687）。她死后第二年，康熙帝为她升祔太庙礼成，遣鸿胪寺卿刘楷致祭黄帝陵，其祭文为：

维康熙二十七年，岁次戊辰，十二月庚子朔，越十有七日丙辰，皇帝遣鸿胪寺卿刘楷致祭于黄帝轩辕氏之陵曰：自古帝王，受天明命，御历膺图。时代虽殊，而继治同道，后先一揆。朕承眷祐，临制万方，稽古礼文，□修祀事，兹以皇祖妣孝庄仁宣诚宪恭懿翊天启圣文皇后神主升祔太庙礼成，特遣专官，代将牲帛。虔修禋祀之典，用抒景行之忱。仰冀明灵，鉴兹诚悃！

碑颂云：

维康熙二十七年，岁次戊辰，孟冬之吉，文太皇后升祔太庙礼成，皇帝命大鸿胪刘公、礼部笔帖式马公，禋祀我中部黄帝轩辕之陵。于二十八年正月二十三日辛卯致祭：肃将帝命，祇荐馨香。民用乂安，鸡豚无扰，父老子弟，□其德而追颂之。颂曰：于皇大清，继天绍祚，孝治克光，明命提顾。惟文太后，肇膺历数；功德懋隆，三朝永固；龙驭忽遐，普天孺慕；岁在戊辰，孟冬升祔；命大鸿胪，光我中部。明明黄帝，陟降在天；邛彼桥畤，俎豆万年。刘公至止，肃事孔渊；筮吉辛卯，乃被乃躅。将愉穆穆，神歆告虔。是日之吉，和风载軿。金枝翠旗，安途蜷□。□□刘公，□之司直。哀我人斯，亦孔之棘。肃肃邕邕，笾豆是饬。惟不扰民，民怀其德。聿光大典，翼我黍稷。清风戒途，回相恭默。勒之贞珉，与天无极。

康熙三十五年（1696）因岁歉为民祈福，遣都察院协理院事左佥都御史常继圣致祭于黄帝陵，其祭文为：

维康熙三十五年，岁次丙子，三月丁巳朔，越十五日辛未。皇帝遣都察院协理院事左佥都御使常继圣，致祭于黄帝轩辕氏曰：自古帝王，继天出治，道德兼隆，莫不慈惠嘉师，覃恩遐迩。朕勤恤民依，永期殷阜。迩年以来，郡县水旱间告，年谷歉登；蚤夜孜孜，深切轸念。用是专官秩祀，为民祈福；冀灵光之默赞，溥乐利于群生。尚鉴精忱，永垂歆格！

康熙四十二年（1703）为康熙帝五旬大寿并亲阅黄淮堤工回銮致祭黄帝陵。据清史记载，康熙年间，黄河下游多次决口，黄淮合流，淹没了大片良田，给黄淮两岸人民造成了严重的灾难。康熙皇帝得知情况后，决心治理黄淮，降旨集中全国的人力、财力和物力，全力以赴治理黄淮。经过十余年的努力，黄淮河流故道，次第修复完善。康熙皇帝亲巡黄淮堤工后，为致祭于黄帝陵，派遣大理寺少卿莫音代致祭于黄帝陵，其祭文为：

维康熙四十二年，岁次癸未，五月乙巳朔，越十三日丁巳，皇帝遣大理寺少卿莫殷代致祭于黄帝轩辕氏之陵曰：自古帝王，继天立极，出震承乾，莫不道洽寰区，仁周遐迩。朕钦承丕绪，抚驭兆民，思致时雍，常殷惕厉，历兹四十余载，今岁适届五旬，宵旰兢兢，无敢暇逸，渐致民生康阜，国运升平。顷因黄淮告成，亲行巡历，再授方略，善后是期，睹民志之欢欣，滋朕心之轸恤。遄回銮驭，大沛恩膏，用遣专官，敬修祀典，冀默赞郅隆之治，益弘仁寿之庥。尚鉴精忱，俯垂昭格！

康熙四十八年（1709）为皇太子废而复立致祭黄帝陵。清朝康熙年间，诸皇子与满族贵族、官僚和汉族官吏结为私党，相互倾轧。康熙十四年，皇二子允礽被立为皇太子。后来，由于皇太子势力扩大，与皇帝、诸皇子发生了激烈冲突。康熙帝甚感皇太子势力对他的威胁，在康熙四十七年九月，废皇太子。但是，废掉皇太子之后，诸皇子皆蠢蠢欲动，"各抱地势，钩心斗角"。康熙帝便又于康熙四十八年三月十一日，再次复立允礽为皇太子，并"昭告宗庙，颁诏天下"，为了表示诚心，特遣户部右侍郎加二级张世爵致祭黄帝陵，其祭文为：

维康熙四十八年，岁次己丑，八月己亥朔，越二十六日甲子，皇帝遣户部右侍郎加二级张世爵敬祭于黄帝轩辕氏曰：朕惟自古帝王，正位临民，代有令德。是以享祀千秋，用昭巨典。朕仰荷天庥，抚临海宇，建立元良，历三十余载。不意忽见暴戾狂易之疾，深惟祖宗洪及万邦，民生所系至重，不得已而有退废之举。嗣后渐次体验，当有此大事时，性生奸恶之徒，各庇邪党，借端构衅。朕觉其日后必成其乱阶，乃随时究察，穷极始末，因而确知病源，皆由镇压，亟为除治；幸赖上天鉴祐，平复如初。朕比因此事，耗损心神，致成剧疾；皇太子晨夕左右，忧形于色，药饵必亲，寝膳必视，惟诚惟谨，历久不渝，令德益昭，丕基克荷，用是复正储位，永固国本。特遣专官，敬申殷荐，尚祈歆格！

康熙五十八年（1719）为孝惠奉皇后升祔太庙礼成，遣左春坊左赞善兼翰林院检讨吴孝登致祭黄帝陵，其祭文为：

维康熙五十八年，岁次己亥，三月戊辰朔，越十有七日庚寅，皇帝遣左春坊左赞善翰林院检讨臣吴孝登致祭于黄帝轩辕氏之陵曰：自古帝王，受天景命，建极绥猷；垂万世之经常，备一朝之典祀。朕钦承帝祖，临御九围，夙夜惟寅，敬将祀典。兹以皇妣孝惠仁宪端懿纯德顺天翼圣奉皇后神主升祔太庙礼成，特遣专官，代将牲帛；用展苾芬之敬，聿昭禋祀之虔。仰冀明灵，尚其歆享！

清世宗雍正元年（1723）遣通政使司右通政钱以垲致祭黄帝陵，其祭文为：

维雍正元年，岁次癸卯，二月辛亥朔，越十五日丙寅，皇帝遣通政使司右通政钱以垲致祭于黄帝轩辕氏曰：自古帝王，继天出治，建极绥猷，莫不泽被生民，仁周海宇。惟我皇考，峻德鸿勋，媲美前古；显谟承烈，垂裕后昆。朕以渺躬，缵膺大宝，当兹嗣位之始，宜修享祀之仪。特遣专官，虔申昭告，惟冀时和岁稔，物阜民安，淳风遍洽乎寰区，厚德常敷于率土。尚其歆格，鉴此精诚！

雍正二年（1724）为圣祖仁皇帝（康熙）王配享圜丘礼成，遣都察院左副都御史江球致祭黄帝陵，其祭文为：

维雍正二年，岁次甲辰，正月丙子朔，越二十二日丁酉，皇帝遣都察院左副都御史江珠祭于黄帝轩辕氏曰：自古帝王，体天立极，表正万邦，恺泽遍于寰区，仁风及于奕祀。朕丕承大统，遥契曩徽。兹于雍正元年十一月二十五日，恭奉圣祖，合天弘运；文武广哲，恭俭宽裕；孝敬诚信，功德大成。仁皇帝王配享圜丘礼成，特遣专官，虔申昭告，维冀永赞修和之治，益昭安阜之庥。鉴此精诚，尚其歆格！

清高宗乾隆二年（1737）为世宗宪皇帝（雍正）配享圜丘礼，成遣翰林院侍读学士世臣致祭黄帝陵，其祭文为：

维乾隆二年，岁次丁巳，戊申月，丁亥朔，越辛亥日，皇帝遣翰林院侍读学士世臣致祭于轩辕帝曰：自古帝王，宪天出治，建极绥猷；德泽洽于万方，轨范昭于百世。朕纂承鸿绪，景仰前徽，兹于乾隆二年四月十六日，世宗宪天昌运，建中表正，文武英明，宽仁信毅，大孝至诚。宪皇帝主配享圜丘礼成，特遣专官，虔申昭告。维冀永赞熙雍之盛，益昭安阜之隆。俯鉴精诚，尚其歆格！

乾隆十四年（1749）为平金川等事致祭黄帝陵。金川地区（今四川省西部少数民族地区）清代实行土司制度。这里的土司，侵犯邻近土司，占领土地，杀伤民众，掠夺财物，抗命朝廷，清政府对其进行征剿，乾隆十二年至十四年进行了第一次金川战争。对于发动金川战争的意向和目的，乾隆帝说："吾则以为既受职为土司，则是我臣，而其地近接成都，远连卫藏，则是我土，我土我臣，而横生逆志，蚕食邻封，将欲大有所为，弗剿而灭之，则四川将不能安枕……故余不咎人之议为穷兵黩武，而转咎己之类于姑息养奸……若谓余穷兵黩武，则余赖天恩平伊犁、定回部，拓疆二万余里，岂其尚不知足，而欲灭蕞尔金川，以为扬赫濯、纪勋烈之图哉。"也就是为了国家安定、消除动乱隐患。在第一次战争胜利后，遣太常寺少卿钟衡致祭于黄帝陵，其祭文为：

维乾隆十四年，岁次己巳，六月丁丑朔，越二十有三日己亥，皇帝遣太常寺少卿钟衡致祭于黄帝轩辕氏曰：惟帝王继天建极，抚世绥猷，教孝莫先于事亲，治内必兼于安外，典型在望，缅怀正德要道之归；景慕维殷，心希武烈文谟之盛。兹以边徼敉宁，中宫摄位，兹宁晋号，庆洽神人。敬遣专官，用申殷荐。仰维歆格，永锡鸿禧！

乾隆二十年（1755）为荡平准部和太后晋号致祭黄帝陵。乾隆皇帝在位期间，新疆准噶尔部发生叛乱。乾隆皇帝先后三次御驾亲征，终于在乾隆二十年（1755）取得平息叛乱的最后胜利。为了庆祝这次胜利，乾隆皇帝遂作"为荡平准部，太后晋号祭告祭文"，遣太常寺卿熊学鹏致祭黄帝陵，其祭文为：

维乾隆二十年，岁次乙亥，八月壬寅朔，二十有七日己巳，皇帝遣太常寺卿熊学鹏致祭于黄帝轩辕氏曰：朕惟帝王建极，乘时绥猷。制临无外，德盛而服远者神；教化原□，孝道以尊亲为大。兹以平定准噶尔大功告成，加上皇太后徽号。神人洽庆，中外蒙庥。敬遣专官，用申禋祀，伏惟鉴格！

乾隆二十五年（1760）遣都察院左副都御史赫庆致祭黄帝陵，其祭文为：

维乾隆二十五年，岁次庚辰，正月丁未朔，月初八日甲寅，皇帝遣都察院左副都御史赫庆致祭于黄帝轩辕氏曰：惟亲王建极绥猷，经文纬武，诞敷德教，仁义备其渐摩；克诘戎兵，声灵彰且赫濯。惟恩威之□□，先后道本同，符期命计之。昭垂今古，功归□□……

乾隆四十一年（1776）为平定大小金川致祭黄帝陵。第一次金川之役后，不久，金川土司又恢复元气，依然如故，恣意闹事。清政府于乾隆三十六年（1771）至四十一年又进行了第二次金川战争。对大小金川土司的平定，结束了金川地区长期的混乱局而，川西以至整个四川从此得到稳定和安宁。此后，清政府对金川实行改土归流，削除了土司割据，消除了金川地区的封闭状态，使金川地区与内地的联系和交往密切起来。两次金川之役对于清初政治版图的确定和民族地区的社会发展都有重要意义，被列入高宗的“十全武功”之中。这次平定金川后，遣内阁学士唐吉泰致祭黄帝陵，其祭文为：

维乾隆四十一年，岁次丙申，七月庚午朔，越十四日癸未，皇帝遣内阁学士唐古泰致祭于黄帝轩辕氏之陵曰：朕惟帝王德洽恩威，义严彰瘅。锄奸禁暴，诏命讨之无私；辑远绥荒，振声灵之有赫。兹以两金川大功全蒇，逆党咸俘。殄遗孽于番陬，戢武协求宁之志；缅丰功于前代，庆成觇耆定之庥。特遣专官，肃将禋祀，惟冀鉴歆！

乾隆四十五年（1780）为乾隆帝七旬寿诞致祭黄帝陵。乾隆帝在位60年，是中国封建史上在位时间仅次于康熙的皇帝。他也是中国封建社会历代帝王中寿命最长的皇帝，享年89岁。他的一生创造出许多伟大的文治武功。经济上，实行宽猛互济的政策，务实足国，重视农桑；文化上重开博学鸿词科，重视知识和文化，以学致化，组织大批文人访求书籍，完成《明史》《续文献通考》《皇朝文献通考》等书籍的编纂工作，并下令组织撰写《大清会典》《大清一统志》及各省通志。

最突出的功勋，是历时十年组织编辑了空前绝后的《四库全书》，共收书3503种，79337卷，36304册，其卷数是《永乐大典》的三倍，成为我国古代思想文化遗产的总汇，而且对于学术和文化的传承发展做出了重要贡献。在他的统治下，延续了康熙时的繁荣，历史上称“康乾盛世”。此年，乾隆帝70寿辰，遣内阁学士钱载致祭黄帝陵，其祭文为：

维乾隆四十五年，岁次庚子，三月庚辰朔，越十四日癸巳，皇帝遣内阁学士钱载致祭于黄帝轩辕氏之陵曰：惟帝体元赞化，建极绥猷，泽被生民，勋垂奕世。简编明备，累朝之治法相传；弓箭留藏，千载之英灵如在。兹以朕七旬展庆，九有腾欢；懋举崇仪，特申昭告。缅当日之膺图受箓，每深景仰之忱；抚此时之集嘏凝禧，弥切祇寅之念。冀郅隆之运，永贻仁寿之庥。式荐精禋，惟祈鉴格！

乾隆五十年（1785）遣内阁学士胡高望祭告黄帝陵；乾隆五十五年（1790）遣内阁学士依兰泰祭告黄帝陵；清仁宗嘉庆元年（1796）遣陕西副都统花向阿祭告黄帝陵。

清仁宗嘉庆五年（1800）为高宗配享圜丘礼成，遣户部右侍郎周兴岱祭告黄帝陵，其祭文为：

自古帝王受箓膺图，乘时御宇，罔不宪天立极，宥密殚心，故能泽洽万方，德昭百世。朕承鸿典，景仰前徽。兹以嘉庆四年十一月二十六日，恭奉高宗法天隆运，至诚先觉，体元立极，敷文奋武。孝慈神圣纯皇帝主配享圜丘礼成。特遣专官，虔申昭祀。惟冀孚祐皞熙之运，益昭安阜之风。鉴此精禋，尚其歆格！

嘉庆二十四年（1819），为嘉庆帝六十寿诞，遣都察院左副都御史和桂致祭黄帝陵，其祭文为：

维嘉庆二十四年，岁次己卯，三月朔，越祭日丁未，皇帝遣都察院左副都御史和桂致祭于黄帝轩辕氏之陵曰：维帝肇握乾符，递承泰筴（策）。制礼作乐，垂明备于简编；腾茂蜚英，留声灵于弓剑。兹以朕庆六秩，欢洽万方；周申篆以提釐（厘），萃壬林而赐福。知其政，知其法，迄今钦治统之隆；作之君，作之师，稽古荷心传之赐。忆五旬之介祉，曾荐维藩；阅十载以升香，用昭有恪。伏祈歆格，虔奉精禋。

清宣宗道光元年（1821），遣西安副都统哈兴阿致祭黄帝陵，其祭文为：

维道光元年，岁次辛巳，七月己酉朔，越十有五日癸亥，皇帝遣陕西西安副都统哈兴阿祭告于黄帝轩辕氏之神曰：心源递衍，球图灿御世之谟；祀典常昭，俎豆肃侑神之礼。惟致治莫先稽古，斯率初宜重升香。朕缵绍丕基，尊崇先烈，廿五载神功圣德，聿符峻急于瑶坛；四千年帝续王猷，遥企遗徽于玉检。兹以道光元年四月初六日，恭奉仁宗受天兴运敷化绥猷崇文经武孝恭勤俭端敏英哲睿皇帝主配享圜丘礼成，特遣专官，敬申昭告。累叶睇松楸之荫，往迹殷怀；两楹建黍稷之声馨，懋仪载举。式虔诚悃，庶格精禋。

道光三十年（1850），遣西安左翼副都统常春致祭黄帝陵，其祭文为：

维道光二十年，岁次庚戌，四月癸亥朔，越二十日壬午，皇帝遣陕西西安左翼副都统常春致祭于黄帝轩辕氏神位前曰：功昭宇宙，千秋之明德惟馨；祀展陵园，旷代之隆义备举。缅怀前烈，敬奉精禋。朕以藐躬，敬登大宝。念天命民嵒之可畏，夙夜不遑；思皇煌帝谛之同符，典型未远。肃将享祀，特遣专官。灵爽常存，弥切景行之慕；馨香斯荐，用申昭告之诚，惟冀来歆，福兹亿兆。

清时祭历代帝王庙的礼仪

清代顺治二年议定祭祀历代帝王礼，当时规定每年于春二月、秋八月致祭于历代帝王庙，具体礼仪是：

(1) 前期十日，太常寺任命承祭官、分献官。皇帝与祭祀文武官员斋戒二日。前期二日，太常官至牺牲所检查牲口。前期一日，太常寺官将写好的祝文捧至历代帝王神库内桌上安放。礼部都察院、太常寺、光禄寺等官朝服上香、监宰牲，并安置历代帝王神主。正殿：太昊伏羲氏、炎帝神农氏、黄帝轩辕氏（三位一室），帝金天氏、帝高阳氏、帝高辛氏、帝陶唐氏、帝有虞氏（五位一室），夏禹王、商汤王、周武王、汉高祖皇帝、汉光武皇帝（五位一室），唐太宗皇帝、辽太祖皇帝、金太祖皇帝、金世宗皇帝（四位一室），宋太祖皇帝、元太祖皇帝、元世祖皇帝、明太祖皇帝（四位一室）。两庑：东庑第一坛、第二坛、西庑第一坛、第二坛均供历代贤臣良佐，与明祖之制稍有差异。

(2) 正祭日早晨，礼部太常寺官俱官服请正殿神主各于座上安设。两庑不请神牌，只开帐幔。并将祝文安放于殿西祝案上。承祭官、分献官及文武陪祀官就位，乐舞生就位。

(3) 迎神。奏雍平之章，行三跪九叩礼。

(4) 奠帛、行初献礼。奏安平之章。承祭官至十八位帝王位前上香、献帛、献爵，分献官至东、西庑神位前上香、献帛、献爵。行一跪三叩头礼。

(5) 读祝。读祝官读祝文。承祭官、分献官及文武陪祀官俱跪听。读毕，将祝文字安放在正坛案上帛匣，俱三叩头。

(6) 行亚献礼。乐奏中平之章。仪如初献。

(7) 行终献礼。乐奏肃平之章。仪如亚献。

(8) 彻馔。乐奏凝平之章。饮福受胙。

(9) 送神。乐奏寿平之章。承祭官、分献官及陪祀官员等均行三跪九叩礼。

(10) 燎炉焚供品。乐奏寿平之章。供品焚烧一半后宣告礼毕。太常官负责安放帝王神主。

《大清会典》规定的历代帝王陵寝祭祀仪式是：

1. 内阁撰拟祭文。

2. 工部造香亭、罩袱、缎袱等项。

3. 户部备降真香等项。

4. 太常寺备制帛。

5. 遣内阁、宗人府、翰林院、参事府、六部都察院卿、寺銮仪卫等衙门满汉侍郎以下四品以上堂官，开列职名俱题，钦点差往致祭。

6. 钦天监选择吉日，先期致斋一日，至期早，礼部太常寺官陈设祭文香帛于中和殿，恭请皇上陛殿，阅毕，遣行。

7. 祭品：牛一，羊一，豕一，登二，笾、豆各十，簠、簋各二，酒烛俱请该地方司府官备办。

晚清时对黄帝前所未有的新认识

晚清是一个动荡剧变的时期，中国人对黄帝也有了前所未有的新认识。

在这种民族、民主思潮的激荡之下，原有的种种观念都在发生变化。从祭祀上看，原来每一个朝代，都要在祖庙中祭祀各自的始祖，每一朝代君主的祖先也就成了国家的象征，所以当宗庙的神主牌位被更换，那就意味着国家已灭。但从新式的民族观念来看，国家绝非一家一姓之私产，它应该为全体国民所有。也就是为全民族所有。

当时的知识分子开始寻求中华民族象征的时候，他们认为黄帝就是中国民族的“始祖公公”。

1903 年夏天，刘师培发表“黄帝纪元论”，用以唤起国人的民族自觉。他说

“凡一民族，不得不溯其起源。为吾四百兆汉族之鼻祖者谁乎？是为黄帝轩辕氏。是则黄帝者，乃制造文明之第一人，而开四千年之化者也。故欲继黄帝之业，当自用黄帝降生为纪年始”。

同时，《江苏》杂志第三期刊登了“中国民族始祖黄帝像”，并公开改用黄帝纪元。稍后，又有《黄帝魂》一书的辑印和《黄帝传》在《中国白话报》上的连载。广泛流传的陈天华编写的《猛回头》《警世钟》两个小册子，也歌唱黄帝为“始祖公公”，并且也刊登了黄帝像。

1905年，宋教仁撰写《纪年之意义》《中国新纪年》等文章和书籍，《国粹学报》也连载黄节撰写的《黄史》，力主“黄帝第一甲子纪年之说”。其中，宋教仁为黄帝像的题词：“起昆仑之顶兮，繁殖于黄帝之浒。借大刀与阔斧兮，以奠定乎九有。使吾四万万之同胞兮，尚无数典而忘其祖！”正抒发了当年人们所共有的民族感情。

晚清的中国资产阶级民主革命派把黄帝作为中华民族的象征，宣扬黄帝精神以增强中华民族自立于世界民族之林的信念。他们认为，在西方文明尚未形成的时候，中华民族的始祖——黄帝就开创了中华文明，完全有理由相信，凭借中华民族的智慧，我们必然要渡过目前的难关，从落后挨打的弱国变成独立自尊的强国。要复活中华民族的真正精神。黄帝精神吸引着人们为民族独立和政治民主进行不屈不挠的斗争，为结束两千多年的专制统治起到了巨大的作用。

《黄河源溯浙江潮》和《宝刀歌》，均为秋瑾在八国联军侵略中国时所作，前诗以战斗的激情，呼唤黄帝子孙团结一致、共御外侮、捍卫祖国领土的壮志。《宝刀歌》以中华民族人文先祖轩辕黄帝开天辟地、缔造中华的伟大业绩，和眼前国破家亡、满目疮痍的凄凉景象相比，得出“誓将死里求生路，世界和平赖武装”的结论，昭示了诗人写作此诗之意旨。诗的最后六句，以大胆的想象，寄希望于神州大地布满宝刀，斩尽所有来犯之敌，从而“上继我祖黄帝赫赫之威名兮，一洗数千数百年国史之奇羞”。

梁启超的《黄帝四首》通过追忆黄帝的功德，号召中华子孙不忘祖先，并继承和发扬祖先的伟大精神，以促成中华的再次复兴。

黄帝四首

赫赫我祖名轩辕，降自昆仑山。
北逐獯鬻南苗蛮，驰驱戎马间。
扫攘异族定主权，以贻我子孙。
嗟我子孙勿忘勿忘乃祖之光荣。

温温我祖名轩辕，世界文明先。
考文教算明历元，还将医药传。
科学思想寻厥源，文明吾最先。
嗟我子孙遗传继续乃祖之光荣。

巍巍我祖名轩辕，明德一何远！
手辟亚洲第一国，布地金盈寸。
山河锦绣烂其明，处处皆远念。
嗟我子孙保持勿坠乃祖之光荣。

绳绳我祖名轩辕，血胤多豪俊。
秦皇汉武唐太宗，寰宇威棱震。
至今白人说黄祸，闻者颜为变。
嗟我子孙发扬蹈厉乃祖之光荣。

同盟会黄帝陵祭祀

光绪三十四年（1908），陕西省民主革命力量在孙中山民主革命的影响下不断发展壮大。井勿幕三次由日本回陕，首先召开了一次陕西同盟会会员大会，成立了陕西分会。重阳节前，同盟会陕西分会在西安大雁塔召开的一次会议上决定重阳节祭扫民族祖先轩辕黄帝陵，推定郭希仁、张赞元起草祭文，并约会邻省在陕会员，一同前往祭祀。经过严密安排，这次重阳节祭祀顺利进行。这次祭祀的祭文如下：

维黄帝纪元四千六百零五年九月重阳日，玄曾孙某某等谨以香花清酒牲肴之仪，敬献于我皇祖轩辕黄帝之墓前而泣告曰：惟我皇祖，承天御世，锺斋孕灵。乃圣乃灵，允文允武。举修六府，彰明百物。翦蚩尤于涿鹿，战炎帝于阪泉。挥斥八埏，疆里万国。用是奠基中夏，绥服九州，声教覃敷，讫于四海。凡有血气，莫不尊亲。自是以后，圣子神孙，历世相承，尧舜以禅让缉熙，汤武以征诛定乱，洎乎秦皇、汉武、唐宗、宋祖，皆能仰承遗绪，奋厥声威，镇抚百蛮，光宅九土。其间偶逢衰替，暂堕纲维，秽丑跳梁，蛮夷猾夏，然皆历时未几，族服厥辜，弃彼毡裘，袭我冠服。我民族屡蹶屡振，既仆复兴，卒能重整金瓯，澄清玉宇者，莫非我皇祖在天之灵，有以默相而祐启之也。迨至前明甲申之岁，国运凌迟，建州虏夷，乘我丧乱，驱其胡骑，入我燕京，盗踞我神器，变乱我衣冠，侵占我版图，奴役我民众。神州到处，遍染腥膻，文化同胞，备受压迫。剃发令下，虽圣裔犹莫逃；旗兵驻防，遍禹迹而皆满。又无论扬州十日，嘉定三屠，二百年之惨痛犹存，十八省奇耻未湔已也。且近年以来，欧美民族，对我环伺，各欲脔割大好河山，而满清政府恣其荒淫，不恤国耻。殷忧之士，义愤填膺。近有执义帜而起者，粤东如陆皓东、郑士良、孙逸仙；湖南如马福益、黄克强、唐才常，均矢志盟天，力图恢复。某等生逢艰巨，何敢后人！乃集合同志，密筹方略，誓共驱

◎ 1912 年 3 月孙中山委派代表致祭黄帝陵，书写的祭陵诗

除鞑虏，光复故物；扫除专制政权，建立共和国体，共赴国难，艰巨不辞。决不自私利禄，决不陷害同人，本众志成城之古训，建九州复分之义师。伏望我皇祖在天之灵，鉴此愚衷，威神扶祐，以纾民生之苦，以复汉族之业。某等不自量力，竭诚奉告，不胜惶愧煎灼，郁结悲祷之至。尚飨！

民国二十四年（1935）国民党中央祭文：

维中华民国二十四年四月七日，中国国民党中央执行委员会监察委员会，谨推委员张继、邵元冲代表致祭于中华民族始祖黄帝轩辕氏之灵曰：盖闻功莫大于抚世建国，德莫崇于厚生利民，勋莫高于勘暴定乱，业莫彰于创制修文。粤稽遂古，狉狉榛榛，野处血食，民莫遂其生。于赫元祖，睿智神明，爰率我族，自西徂东；而挞伐用伸，弧矢之利，威棱震詟，莫敢不来宾。武烈既昭，文德乃兴：始制冠裳宫室，粒食农耕；史皇作书，雷岐医经，婚姻丧葬，罔不典制灿陈。治化之隆，无远弗届，既迈古而铄今；况乃以劳定国，亦毕生以惟勤。此其所以贻民族保世而滋大者，历四千六百余载，而神功圣德，犹赫赫如在其上，以祐启我后人。昔吾党亦尝凭藉威德以号召海内，遂收光复之绩而大义以申。丁兹忧患荐臻之会，长蛇封豕，异族既骎骎以相侵。缅怀创业之耿光大烈，我后

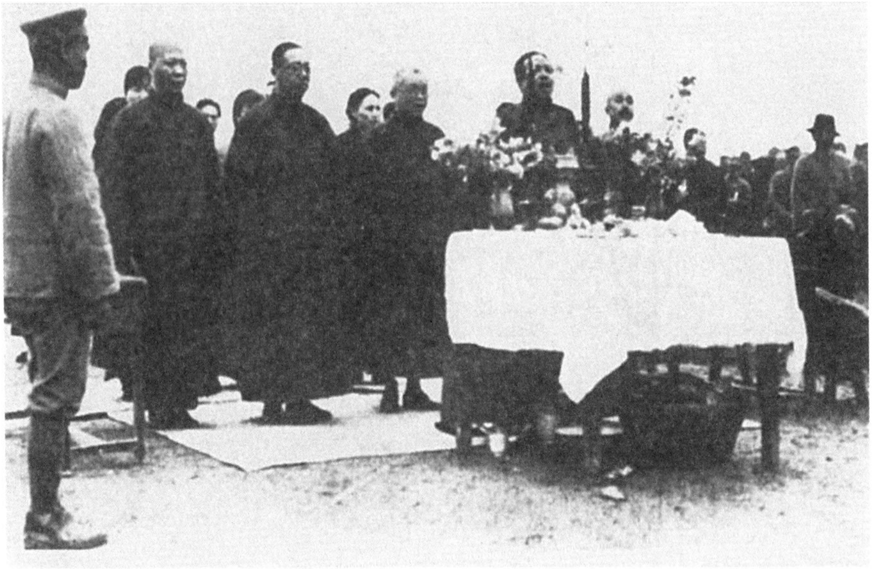

◎民国时期祭祀黄帝

人孰敢不力排艰险，以复我疆圉，保我族类，夙夜黾勉以自奋？庶几金瓯无缺，光华复旦，以慰我元祖之灵！又追念建国以来，礼崩乐阙，久未肃夫明禋；乃举祀典于岁之春，聿怀明德，式瞻山陵。谨以复兴之大谊，沥我民族之精诚。庶不愧乎前烈，缵辉光而日新。灵其鉴止，来格来歆！尚飨！

◎民国时期的黄帝塑像

民国二十四年（1935）国民政府祭文：

维中华民国二十四年四月七日，国民政府敬派委员邓家彦代表致祭于桥陵曰：惟帝徇斋敦敏，精德立中；始制法度，肇修人纪；革狉榛之俗，辟治化之途；六相于以佐隆，百家由兹托始；武烈文谟，迈古烁今；生民以来，巍乎莫尚。弘惟五族，仰托灵庥，远遵盛轨；凡以弼我丕基，必求无忝前烈。缅怀食德依仁之久，弥深水源木本之思。今者烽燧未靖，水旱间苦；夙夜孜孜，常殷怵惕。谨派专员代表举行秩祀，冀林爽之默赞，溥德泽于斯民。鉴兹微忱，尚其来格！

民国二十四年（1935）国民党中央暨陕西省各界祭文：

伏以经纶草昧，肇开配天立极之隆；振立懦顽，必推创制显庸之烈。仰维黄祖创造中华民族以来，圣圣相承，迄于禹奠九州，惟雍厥田上上。自成周建都创业，以逮秦汉隋唐，历千百余年，陕西实为我中华文化集成之地。乃降至今日，竟渐即衰靡。中央乃眷西顾，责以复兴之效。才智短浅，未有寸功；夙夜惕惧，如临于渊。伏念我黄祖干戈靖乱，统一华夏，披山通道，未尝宁居；今有习于怯弱，安于逸豫者，实为不肖之尤，我黄祖之灵必摒弃之。又念我黄祖发明制作，肇启文明，任重致远，以利天下；今有惮于进取，甘于锢蔽者，亦为不肖之尤，我黄祖之灵，更必摒弃之。是用殚诚肃志，瞻对威灵；所冀一德同心，恢弘祖烈。凡我陕人，誓随全国同胞之后，致力于复兴民族，期无忝为我黄帝子孙。惟我黄祖之灵式鉴而祐启之。尚飨！

1935年确立清明节为“民族扫墓节”之后，中华民国政府和中国国民党每年派人祭祀黄帝陵。在一些年份，中国共产党和陕甘宁边区政府也举行了祭祀。

民国二十五年（1936）陕西省政府祭祀桥山黄帝陵祭文：

中华民国二十有五年四月四日，国民政府特派陕西省政府主席邵力子敬祀于桥陵曰：维帝一德如春，两仪合撰，纪纲八极，经纬万端，吊民著阪泉之战，鹰惩昭中冀之诛，律吕秩暝以调，典章灿焉以备，为青史所未有，开黄族之纪元。今当清明之總，特申展谒之仪，虔事惟诚吉，蠲用亨惛冀，悯兹遥胄，锡以宏施，在天默相，俾烽燧之敉宁；率土蒙庥，邀雨旸之时若。四时无沴，羞生小康。敬荐明禋，伏维歆格。

1936年“西安事变”和平解决，国共两党再次合作，一致抗日。1937年2月10日中国共产党致电国民党三中全会，提出五项要求和四项保证。从2月到9月中旬，国共两党就合作抗日问题进行了多次谈判。1937年4月5日清明节，国共两党第一次在轩辕黄帝陵前举行了共祭仪式。

◎ 1937年清明节，国共两党共祭黄帝陵

民国二十六年（1937）国民政府祭文：

中华民国二十六年，国民政府主席林森，特派陕西省政府主席孙蔚如，谨以香醴庶馐代表敬祭于桥陵，其辞曰：惟帝制周万物，泽被瀛寰。拯群生于涂炭，固国本于金汤。涿鹿征诸侯之兵，辔野成一统之业。干戈以定祸乱，制作以开太平。盛德鸿规，于今攸赖。今值清明之良辰，援修禋祀之旧典。园寝葱郁，如瞻弓剑之威仪；庭燎通明，恍接云门之雅奏。所冀在天灵爽，鉴此精诚；默启邦人，同心一德；化灾沴为祥和，跻一世于仁寿。庶凭鸿贶，以集丕功。备礼洁诚，伏维歆格！

民国二十六年（1937）国民党中央祭文：

维中华民国二十六年四月四日民族扫墓之期，中国国民党中央执行委员会追怀先民功烈，欲使来者知所绍述，以焕发我民族之精神，特派委员张继、顾祝同，驰抵陵寝，代表致祭于我开国始祖轩辕黄帝之陵前曰：粤稽遐古，世属洪荒；天造草昧，民乏典章。维我黄帝，受命于天；天国建极，临治黎元。始作制度，规矩百工；诸侯仰化，咸与宾从。置历纪时，造字纪事；宫室衣裳，文物大备。丑虏蚩尤，梗化作乱；爰诛不庭，华夷永判。仰维功业，广庇万方；祐启后昆，恢廓发扬。追承绩猷，群情罔懈；保我族类，先灵攸赖。怀思春露，祀典告成；陈斯俎豆，来格来歆！尚飨！

民国二十六年（1937）毛泽东、朱德祭文：

维中华民国二十六年四月五日，苏维埃政府主席毛泽东、人民抗日红军总司令朱德敬派代表林祖涵，以鲜花时果之仪致祭于我中华民族始祖轩辕黄帝之陵。而致词曰：赫赫始祖，吾华肇造；胄衍祀绵，岳峨河浩。聪明睿智，光被遐荒，建此伟业，雄立东方。世变沧桑，中更蹉跌，越数千年，强邻蔑德。琉台不守，三韩为墟，辽海燕冀，汉奸何多！以

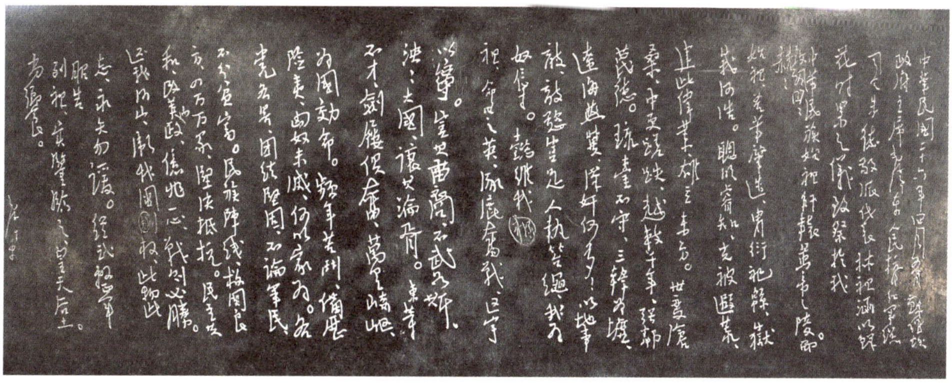

◎毛泽东手书祭黄帝陵碑文

地事敌，敌欲岂足；人执笞绳，我为奴辱。懿维我祖，命世之英，涿鹿奋战，区宇以宁。岂其苗裔，不武如斯，泱泱大国，让其沦胥。东等不才，剑屦俱奋，万里崎岖，为国效命。频年苦斗，备历险夷，匈奴未灭，何以家为。各党各界，团结坚固，不论军民，不分贫富。民族阵线，救国良方，四万万众，坚决抵抗。民主共和，改革内政，亿兆一心，战则必胜。还我河山，卫我国权，此物此志，永矢勿谖。经武整军，昭告列祖，实鉴临之，皇天后土。尚飨！

三篇祭文有三个相同的地方：

一是都确认轩辕黄帝是中华民族的始祖。国民党中央代表云：“致祭于我开国始祖轩辕黄帝之陵前。”苏维埃政府和红军代表云：“致祭于我中华民族始祖轩辕黄帝之陵。”

二是一致赞颂黄帝的丰功伟业。国民党中央的祭文以“始作制度，规矩百工，诸侯仰化，咸与宾从。置历纪时，造字纪事；宫室衣裳，文物大备”来概括黄帝的主要贡献。共产党中央祭文对黄帝的功德未具体罗列，却做了高度评价：“聪明睿智，光被遐荒；建此伟业，雄立东方。”

三是把发扬中华民族精神作为祭祀黄帝陵的主旨。国民党祭文开宗明义，说明祭陵意义在于“欲使来者知所绍述，以焕发我民族之精神”，希望人们能够“追承绩猷，群情罔懈”，达到“保我族类”的目的。国民政府祭文希望通过祭陵，得以“默启邦人，同心一德”，“化灾沴为祥和，跻一世于仁寿”，表明了团结合作的愿望。

毛泽东撰写的祭文，则把继承民族优秀传统文化同指导现实斗争紧密结合起来。在追怀黄帝功德之后，笔锋急转，指出日本帝国主义的侵略，强占了我国大片领土，九一八事变霸占东北后，又勾结汉奸，把侵略魔爪伸向华北。“世变沧桑，中更蹉跌，越数千年，强邻蔑德”，“辽海燕冀，汉奸何多”，并且坚决反对妥协退让，“以地事敌，敌欲岂足；人执笞绳，我为奴辱”。毛泽东、朱德的祭文，表达了对中华民族始祖的深厚感情。祭文根据中国共产党提出的建立抗日民族统一战线的方针，号召“各党各界，团结坚固，不论军民，不分贫富。民族阵线，救国良方，四万万众，坚决抵抗”。并且对国民党提出了在内政上实行初步改革，以便联合抗日：“民主共和，改革内政，亿兆一心，战则必胜。”祭文结尾，对民族始祖黄帝发出庄严誓愿：“还我河山，卫我国权，此物此志，永矢勿谖，经武整军，昭告列祖，实鉴临之，皇天后土。”这篇祭文表达了全国人民的呼声，集中体现了当时历史条件下的中华民族精神。

正当国难当头，民族危亡之际，国共两党的代表同祭黄帝陵，祭文内容有如此共识，反映了炎黄子孙对民族始祖深怀崇敬之情，誓为抵抗日本帝国主义侵略奋斗的决心。这次国共两党共祭黄帝陵之举，对于第二次国共合作，唤起全国同胞抗击日本帝国主义的侵略，以及对于推动抗日统一战线的建立，都起到了积极的作用。这次国共共祭轩辕始祖，作为国共两党捐弃前嫌、携手抗日、共御敌寇的爱国创举已经永垂史册。

1938年清明节，国民政府军事委员会委员长西安行营主任蒋鼎文致祭黄帝陵。程潜、蒋鼎文分别为大殿与庙门题写了“人文初祖”“轩辕庙”匾额。其祭文分别为：

民国二十七年（1938）国民党中央祭文：

维中华民国二十七年四月五日，中国国民党中央执监委员会特派委员蒋鼎文代表谨具牲醴鲜花之仪，致祭于我民族始祖黄帝之灵曰：莽莽神州，圣祖始作，扫荡蚩尤，奠定华夏，桥山尺例，万国被化。呜呼！运丁阳九，倭夷肆毒，竭泽倾巢，狼奔豕逐。哀我黎元，罹兹残酷，缅怀遗烈，益深耻辱。披发缨冠，举国同仇，攘彼枭□，奋我戈矛。誓争独立，流血断头，绳绳子姓，共济漏舟。维我华胄，泱泱雄风，地广人众，物力靡穷。艰难缔造，先举丰功，图有救亡，四海景从。不屈不挠，敢告苍穹。灵爽在天，照临下土，云旗车马，庇我疆宇。民族复兴，克绳祖武，令节奉先，来陈尊俎。神其格钦，鉴此精禋。尚飨。

民国二十七年（1938）国民政府祭文：

维中华民国二十七年四月五日，国民政府特派陕西省政府主席孙蔚如代表致祀于桥陵曰：维帝神圣文武，睿智聪明，泰策秉符，地媪效祉。礼化浸于萌生，郅治符于玄穆。且也鸣铎专征，止戈为武。蚩尤乱德，逃难辔野之诛锄；荤粥不庭，爰正朔方之挞伐。是用民族所共戴，亦由我武之维扬。今者辰过上巳，节届清明，展扫惟虔，馨香用荐。尚冀启祐后裔，哀矜下民，运神璇枢，耀灵玉弩。奠大风于青丘，金瓯无缺；阻银河于碧落，玉烛常调。俨灵爽之在空，抱痌瘝而默相。垂鉴至诚，勿孤普译。笾豆维洁，剑舄式临……

民国二十七年（1938）陕西省政府祭文：

维中华民国二十有七年四月五日，陕西省主席孙蔚如等，统率僚属，谨以柔毛刚鬣之荐，致祭于桥陵黄帝灵前曰：伏以轩辕锡羡，绵三百八秩之春秋；涿野崇勋，冠六十四民之禋祀。崆峒停辔，访道学之真源；昆仑筑宫，极边陲之胜览。修封禅而巡游五岳，导西儒地鬲之搜求；造舟车而汗漫九垓，开今日天空之战斗。综夷鼓青阳二十五姓，谁非神圣之子孙？广戎蛮中国七千封，罔息征行之车驾。有徇高敦敏之异质，有畏神服教之明威。际兹民族复兴，国维孔固。攀龙髯于天上，宰树瞻谷口而长青；分鹑首于关中，瑞气迎函关而尽紫。徂徕之松，新甫之柏，孰媲蒿宫万木之苍葱？其镇岳山，其薮弦蒲，群震棡鼓十章之骏厉。声灵远赫，民邦之拱护遥叨；仙战交修，外裔之侵陵敢逞？今日者，扫一抔之灵土，俎豆虔供；靖万国之方舆，河山不改。四月维夏，百谷咸滋，感因时九献之芳馨，怀生我万灵之统系。所冀雨旸时若，高陈公玉之图书；还祈氛祲潜销，净洗蚩尤之兵气。嗟嗟！左洪河而右太华，常被鼎湖仙驭之庥；前千古而后万年，恒修关辅明禋之典。呜呼尚飨！

民国二十八年（1939）国民党中央祭文：

维中华民国二十有八年，倭妖扰华，于今九载。中国国民党日诏国人，示以义方。民众茹荼如饴，将士不懈益励；誓必戬灭寇虏，还我河山。谨于民族上冢之日，遣委员张继以香花清酒，敬祭于轩辕黄帝之灵曰：帝德荡荡，民无能名；茫茫神州，实始经营；奋其神武，万国咸宁；肇开文治，亿载作程；后圣缵绪，未备厥全；文有光大，武每逊焉。蛮夷猾夏，有虞已然；祸至季世，弥酷于前；东胡僭据，几三百年；吾党崛起，一扫腥羶；如拨云雾，重睹青天；于昭在上，僾僾颌焉。未逾二纪，岛夷逞凶；猰貐犷犷，来自海东；巨灵障日，精光岂蒙？巴蛇吞象，骨梗咽中；少康复夏，一旅树功；四百兆众，岂不足雄？越栖会稽，吴终获凶；敢忘申儆，不厉兵戎？收功西北，历有明徵；亿万一心，勃尔其兴；峨峨子午，寝庙斯凭；祥云时出，郁此山陵；云门遗意，拳拳服膺；涿鹿之绩，倘许绍承。尚飨！

民国二十八年（1939）国民政府祭文：

维中华民国二十八年四月六日民族扫墓节，国民政府特派陕西省政府主席蒋鼎文代表，敬祀于轩辕黄帝之陵曰：节序清明，缅追远祖；恭谒桥山，拜展封树；维我轩辕，实奋大武；擒讨蚩尤，奠兹疆宇；爰启文明，舟车网罟；大昝南针，冠裳万古；子孙绵衍，后乃光前；恢恢文物，漠漠山川；泱泱上国，四裔咸瞻；光华烨烨，如日丽天，偶逢亏蚀，旋复晶圆；史乘昭然，垂五千年；稍就陵夷，忽遭窥觊；封豕东来，既贪又肆；如饮狂药，如中酒醉；四野飙驰，腥膻遍地；国人斋起，元戎有寄；必竭凶锋，虽死无二；洎今搏战，岁半有加；敌势已穷，内外周

◎ 20 世纪 30 年代黄帝陵碑

遮；及其既敝，磔彼长蛇；还吾故土，以贻无涯；敢告皇灵，庶几克家；神其降止，风马云车。伏维尚飨！

民国二十九年（1940）国民党中央祭文：

维中华民国二十有九年，倭妖扰华，于今十载。中国国民党日诏国人，示以义方。民众茹荼如饴，将士不懈益励，誓必戬灭寇虏，还我河山。谨于民族上冢之日，遣委员程潜以香花清酒敬祭于轩辕黄帝之灵曰：帝德荡荡，民无能名；茫茫神州，实始经营。奋其神武，万国咸宁；肇开文治，亿载作程。后圣缵绪，未备厥全；文有光大，武每逊焉。蛮夷猾夏，有虞已然；祸至季世，弥酷于前。东胡僭据，几三百年；吾党崛起，一扫腥膻；如拨云雾，重睹青天。于昭在上，僾僾颌焉。未逾二纪，岛夷逞凶；猰貐犷犷，来自海东。巨灵障日，精光岂蒙？巴蛇吞象，骨梗咽中。少康复夏，一旅树功；四百兆众，岂不足雄？越栖会稽，吴终获凶；敢忘申儆，不厉兵戎？收功西北，历有明征；亿万一心，勃尔其兴。峨峨子午，寝庙斯凭；祥云时出，郁此山陵。云门遗意，拳拳服膺；涿鹿之绩，倘许绍承！尚飨！

民国二十九年（1940）国民政府祭文：

中华民国二十九年四月五日，国民政府特派陕西省政府主席蒋鼎文代表，敬祀于轩辕黄帝桥陵曰：维帝圣神文武，睿智聪明；泰策秉符，地媪效祉。礼化被于群生，郅治符于玄穆。且也鸣铎专征，止戈为武。蚩尤乱德，难逃涿野之诛锄；荤粥不庭，援正朔方之挞伐。是用民族所共戴，亦由我武之维扬。今者辰近上巳，节届清明；展扫惟虔，馨香用荐。尚冀启祐后裔，哀矜下民！运神璇枢，耀灵玉弩。奠大风于青丘，金瓯无缺；阻银河于碧落，玉烛常调。俨灵爽之凭依，抱痌瘝而默相。垂鉴至诚，勿孤喁望！笾豆维洁，剑舄式临。尚飨！

民国三十年（1941）国民党中央祭文：

中华民国三十年，倭妖扰华，于今十一载。中国国民党日诏国人，示以义方。民众茹荼如饴，将士不懈益励，誓必戬灭寇虏，还我河山。谨于民族上冢之日，遣委员蒋鼎文并派彭昭贤代表谨以香花清酒，敬祭于轩辕黄帝之灵曰：帝德荡荡，民无能名；茫茫神州，实始经营。奋其神武，万国咸宁；肇开文治，亿载作程。后圣缵绪，未备厥全；文有光大，武每逊焉。蛮夷猾夏，有虞已然；祸至季世，弥酷于前。东胡僭据，几三百年；吾党崛起，一扫腥膻；如拨云雾，重睹青天。于昭在上，僾僾颔焉。未逾二纪，岛夷逞凶；猰貐犷犷，来自海东。巨灵障日，精光岂蒙？巴蛇吞象，骨梗咽中。少康复夏，一旅树功；四百兆众，岂不足雄？越栖会稽，吴终获凶；敢忘申儆，不厉兵戎？收功西北，历有明征，亿万一心，勃尔其兴。峨峨子午，寝庙斯冯；祥云时出，郁此山陵；云门遗意，拳拳服膺；涿鹿之绩，倘许绍承。尚飨！

民国三十年（1941）国民政府祭文：

中华民国三十年四月五日，国民政府特派陕西省政府主席蒋鼎文代表，敬祀于桥陵曰：维帝德盛阳春，智周寰宇。绍羲农之文德，开汤武之武功。阪泉成统一之勋，辔野严尊攘之义。道光黄族，神协苍穹。兹当节届清明，是用仪修展谒。吉瞻用享，禋祀惟虔。唯抗战已及四年，复兴有象；壮士虽能一德，底定犹稽！伏愿悯兹遥胄，锡以宏施！秉弓剑之威灵，靖烽烟于海甸。馨香上荐，辇跸式临。尚飨！

民国三十一年（1942）国民党中央祭文：

维中华民国三十有一年四月初吉，民族上冢之日，中国国民党中央执监委员会遣委员王陆一，谨以香花清醴致祭于轩辕黄帝之灵曰：惟元祖奋迹神州，肇造函宇。功开天地，奠民族之丕基；道启洪荒，为文明之创始。首出庶物，而万国咸宁；载焕武功，而四方同理。昆仑云降，坂泉伸斧钺之威；华夏风同，世代衍神明之裔。凤凰大际，八纮而律吕斋声；黼黻人间，九有而衣冠表德。伟制作之施张，敻生民之典则。同文字于广大之宗邦，永威灵于遐荒之震格。春秋绵延，东方史籍无非缵述之文；世界纷纭，中国精神益动邦邻之色。狂倭蠢犯，飞海鸱张。匡恢领土，简励戎行。原陵岁岁，大风泱泱。峻参天之黛柏，肃万祀之馨香。子孙大复仇之义，弓剑悬戡乱之光。惟党誓命，用策群心。必夷艰险，以启山林。复疆原于奋迅，跻民物于升平。已驰域外之师，玄黄苦战；即献国门之捷，青白雄旌。环拱众灵，万水千花春日；精诚遣荐，云门大武祥音。尚飨！

民国三十一年（1942）国民政府祭文：

中华民国三十一年四月五日，国民政府特派陕西省政府主席熊斌代表，敬祀于桥陵曰：惟帝圣开轩胄，化启昆源。义祀朝宗，群伦枕被。桥山在望，陵寝巍然。统一告成，明禋惟肃。溯自东倭构衅，抗战军兴；御侮争存，如今五稔。仗威灵之默祐，振民族之精神。国难虽殷，邦基愈固。和平先兆，正谊同盟。时届仲春，典循展祭。伏冀灵霄雷雨，助炎汉之中兴；复旦星云，启神州之景运。尚飨！

民国三十一年（1942）陕西省政府祭文：

粤维中华民国三十一年四月清明节，陕西省政府主席熊斌，谨率僚属以清酌庶馐之荐，致祭于黄帝桥陵之灵前曰：窃以轩皇定历，绵十世千百岁之春秋；涿鹿升香，冠九皇六四民之禋祀。崆峒访道，悟真术于广成；昆仑筑宫，扬威棱于大夏。披山通道一万国，开五洲筑轨之先声；畏神伏教三百年，启九宇弭兵之盛业。有徇斋敦敏之性质，有高明广大之规模。夷鼓青阳，都是神灵之苗裔；风后力牧，群高辅佐之勋名。民族肇兴，国维永奠。曩者璇宫增饰，绀宇更新。复庙重檐，爰本周官之度；细旃广厦，胥沿汉殿之规。金碧凝辉，丹青绚彩。迩值四月清明令节，敬修扫墓之礼，秉命中枢，亲百司处，恭致祭奠。扫一坯之仙垄，俎豆虔供；靖万国之方舆，河山如故。怀生我万灵之统系，展因时九献之馨香。神爽式凭，丕基长固。雨旸时若，聿邀洪范之休徵；烽火全消，迅洗蚩尤之沴气。左洪河而右太华，常仰师兵营卫之灵；前千古而后万年，永修关辅明禋之典。呜呼尚飨！

民国三十二年（1943）国民党中央祭文：

维中华民国三十有二年四月初吉，民族上冢之日，中国国民党中央执监委员会委员王陆一，谨以香花清醴致祭于轩辕黄帝之灵曰：惟元祖奋迹神州，肇造函宇。功开天地，奠民族之丕基；道启洪荒，为文明之创始。首出庶物，而万国咸宁；载焕武功，而四方同理。昆仑云降，坂泉伸斧钺之威；华夏风同，世代衍神明之裔。凤凰大际，八纮而律吕斋声；黼黻人间，九有而衣冠表德。伟制作之施张，夐生民之典则。同文字于广大之宗邦，永威灵于遐荒之震格。春秋绵延，东方史籍无非缵述之文；世界纷纭，中国精神益动邦邻之色。狂倭蠢犯，飞海鸱张。匡恢领土，简励戎行。原陵岁岁，大风泱泱。峻参天之黛柏，肃万祀之馨香。子孙大复仇之义，弓剑悬戡乱之光。惟党誓命，用策群心。必夷艰险，以启山林。复疆原于奋迅，跻民物于升平。时则清除侵略，盟国交亲。条约平等，大义宣明。已驰域外之师，玄黄苦战；即献国门之捷，青白雄旌。环拱众灵，万水千花春日；精诚遣荐，云门大武祥音。尚飨！

民国三十二年（1943）国民政府祭文：

中华民国三十二年四月五日，国民政府特派陕西省政府主席熊斌代表，敬祭于桥陵曰：惟我轩圣，肇启中华。文德武功，神谟巍焕。鼎湖虽邈，犹传弓剑之灵；汉畤难稽，尚著桥山之望。永瞻陵寝，万祀钦崇；光复以还，护维弥谨。近自盟邦敦好，新约完成。幸国家地位之增高，知民族精神之愈奋，誓殚心力，用济艰屯。协气初和，明禋载展。伏冀盛灵默相，胜残符赤水之徵；远胄重光，启泰转黄图之运。尚飨！

民国三十三年（1944）国民党中央祭文：

维中华民国三十三年四月五日，中国国民党中央执行委员会特派委员兼陕西省党部主任委员谷正鼎，谨致于玄祖轩辕黄帝之灵曰：巍巍明后，德无能名，鞭笞宇内，四征不庭。乱者必诛，以命群牧，混一万方，昌大华族。持此大器，遗我子孙，堂堂神胄，定于一尊。跨龙而升，上冲霄汉，攀追莫及，薄海永叹。况在今日，虾夷鸱张，忘我覆育，裂我土疆。莽荡神州，水火斯热，震及寝宫，其何能说。吁嗟吾党，大任在肩，剑及履及，所向无前。惟帝有灵，相我元首，跻于四强，奋作狮吼。挞彼丑虏，还我汉京，以固民德，以奠民生。战战兢兢，惧坠先烈，帝心鉴之，金瓯无缺。桥山犹是，松柏郁苍，敢命执事，恭荐馨香。伏维尚飨。

民国三十三年（1944）国民政府祭文：

维中华民国三十三年四月五日，国民政府特派陕西省政府主席祝绍周代表敬祀于桥陵曰：惟我民族，肇迹昆仑，轩圣勃兴，奄有区夏。武功文德，震耀千秋，释编简之昭垂，缅神灵之赫濯。桥山在望，岁祀惟虔，溯自倭寇横侵，政府坚持抗战，全民振奋，愈战愈强，联正谊以同盟，订平等之新约，敦盘揖睦，胜利当前。凡兹国策之筹维，胥仗威灵之相祐，所冀雨旸时若，丰年占玉粒之盈；烽燧全销，环宇庆金瓯之固。尚飨！

民国三十七年（1948）陕甘宁边区政府祭文：

中华民国三十七年清明节日，陕甘宁边区政府副主席刘景范、西北人民解放军副司令员赵寿山、政治部主任甘泗淇等，谨代表边区各界同

◎ 20 世纪 40 年代黄帝陵碑

胞及西北人民解放军全体将士，以香花酒醴之仪，致祭于我轩辕黄帝之陵前曰：伟大的轩辕黄帝，你是我民族的始祖，你是我劳动者的先人，历史的创造者。从你那一时代起，我们伟大的中华民族，即劳动生息繁衍于这幅员广大的中国领域，并以自己的劳动、团结和努力，不断战胜黑暗，争取光明。在我们祖国的土地上开辟了锦绣的河山，创造了光辉的历史。历代反专制反暴君的英勇斗争，近百年来反帝反封建的民族民主运动，充分表现了我中华民族的伟大精神。我四万万五千万优秀的黄帝子孙，定能团结一致的在其先锋队——中国共产党的坚强领导下，早日实现全国胜利。

中华民族解放万岁！

轩辕黄帝万古千秋！尚飨。

民国三十八年（1949）国民党中央祭文：

中华民国三十八年四月五日，代总统李宗仁特派陕西省政府主席董钊代表敬祀于桥陵曰：龙门作史，首纪轩皇，建我神州，功崇德峻。猗维华族，进化独先。宏规初拓，帕米高原。制器垂裳，贻谋微利，四亿同胞，敢忘基绪。缅思谟烈，万祀巍巍，艰难负荷，继往开来。协气昭融，弥伦九有，载荐苾芬，神囊鉴祐。尚飨。

于右任、陈嘉庚拜谒黄帝陵

民国时期，还有一些名人到黄帝陵进行拜谒。如1918年爱国志士于右任于清明节在中部县县长陪同下冒雨拜谒黄陵，并写有谒陵诗一首：

皇祖威灵我欲攀，西征间道礼桥山。
弥天风雨伤今日，垂老仓皇过此间。
独创文明开草昧，高悬日月识天颜。
干霄古柏摩挲遍，挂甲何人亦等闲！

他到南京后即约友人，搜集和整理有关史籍记载，历时十年，辑成《黄帝功德纪》，并亲撰序言，于民国二十四年（1935）四月初，由南京仿古印书局排印出版。全书分七部分。第一部分是于右任所作“序”。序中首先肯定了轩辕黄帝就是我们“中华民族之全体”的始祖，继而概括了黄帝的文化拓植创造之功，并从当时社会现实出发写道：“兹我民族奋图复兴，思缵我远祖之皇烈，国于近世，岂有以四百兆庶众子孙，凭席威灵，而无以遂其国之自由平等？桥山之弓剑可攀！千里万里，千叩万叩，其共誓于我元祖之陵。”序文最后追述编此书的起始因由。第二部分为“黄帝之世家”，分“父母”“妃嫔”“子孙”三个方面。第三部分“黄帝与中华民族”，分“战争”“游历及外人来贡”“子孙散布”“中华各民族为黄帝之苗裔”四个方面。第四部分“黄帝与中国文化”，分“发明”与“著作”两个方面。其中“发明”又分“衣”“食”“住”“行”“农”“工”“矿”“商”“货币”“文字”“图画”“弓箭”“音乐”“医药”“婚姻”“丧葬”“历数”“阴阳五行”“伞”“镜”等20项。第五部分“黄帝之政绩”，分“臣友”“功德”“祥瑞”三方面。第六部分“黄帝之仙化与陵墓”，分“修仙”“铸鼎与化升”“陵墓”“后人赞颂”四个方面。第七部分为“附录”，有《黄帝本纪》（录自《史记·五帝本纪》）及《中部县八景》（录自《图书集成》五四二）。此书虽有一些内容不尽确切，但毕竟有首创之功，为黄帝研究工作提供了很多便利，至今仍有价值。

1940年3月，陈嘉庚率“南洋华侨回国慰劳视察团”，曾谒祭黄帝陵。5月31日到达黄帝陵祭拜黄帝。嘉庚先生著《南侨回忆录》对于谒祭黄帝陵前后经过有如下记述：

> 余自到西安后，拟到中部县（即今黄陵县）谒祭黄陵，故托宜君县长电知中部县长，预备祭陵仪式，并雇照相馆拍影。5月31日早由宜君起程，上午8点钟到中部县界，远见山坡上树木茂盛，异于其他诸山。车夫云，该处便是黄帝陵。县长等已在城外山下等候。由是绕城上进，中间经过大祠堂前，再行两三里到黄陵。该陵原称桥陵，亦系土堆，略作圆形，面积不过二千方尺，高约二十尺，陵前建一亭约二丈方，高一丈余，标“轩辕桥陵”，无石刻物等项。县内学生及县长等百余人来参加。香案上排列果物数品，余焚香行最敬礼，拍照毕，余立亭阶演说，略云：“代表南洋千万华侨，回国慰劳考察，鼓励抗战民气，收取国内军民社会好印象，回洋做宣传材料，冀得增加金钱外汇之动力”云云。
>
> 中部县系光复后为黄陵而设，故县界颇小，城市亦寂寞。余辞谢学生等先回去，同县长往游陵之前后，审其山脉形势，称曰“桥陵”，实有原因，盖陵后有高山，山下有一道山脉隆起，广数百尺，长千多尺，两边地均低平，此山脉直透到陵后，再升起为山岗，高二三百尺，古柏

森列茂盛，据县长云，前经核计有六万一千余株（古树虽多，柏则补栽）。余按所谓桥陵者，为必陵后高山与陵墓中间有一道山脉形如桥梁，故有此称也。由桥陵观之，出三代以上黄帝时代，便有笃信风水者，不然如桥陵后方有高山起伏形势之，其左右前面复有小流环抱，近代迷信风水者所言之吉地，诚无出其右也。距陵前数百公尺，稍右畔有一小山，面积约数亩，高数十尺，有阶可上，不知是人造或天成。相传汉武帝在此求神仙云。游毕下山，至大祠堂前停车，该祠堂，即黄帝祠，庭前有数株大树，有一树圆三十余尺，据云，自远古时代迄今。又一树旁立一碑刻字云："汉武帝挂甲柏。"传汉武帝征匈奴回，曾卸甲于该树。祠内外尚多可记，惜余已忘之。又相传黄帝已仙去，所葬系衣冠，然史不详

◎民国时期黄陵县城

载，是否事实，无可考。至陵前小山，传系汉武帝求神仙所造，或属事实，因汉武帝信任方士，欲求做仙，数十年而不悟，确系事实也。

陈嘉庚先生祭黄帝陵是华侨祭陵的最早记载，他在大陆各地的慰劳视察活动，极大地鼓舞了全国人民的抗日热潮。中华人民共和国成立后，陈嘉庚先生是向毛泽东主席上书建议整修黄帝陵庙的第一人。陕西省文物部门于1962年对黄帝陵、庙进行了一次较大规模的整修，随后又进行过多次复修。即此可见，陈嘉庚先生对于黄帝陵的整修工作是十分关心的。

中华民国时期的黄帝祭祀礼仪

清明节公祭，一般是在黄帝陵前设祭棚，棚中置桌，陈设酒醴、果品、祭菜、杯箸、香炉、烛台等祭品。典礼的一般程序为：1.主祭官就位；2.与祭者就位；3.上香；4.献爵；5.献花；6.恭读祭文；7.行三鞠躬礼；8.静默三分钟；9.奏乐鸣炮；10.绕陵一周、摄影。

中华民国二十七年（1938）四月六日的《西京日报》刊登的《致祭黄帝陵寝》一文，报道当年清明节公祭，典礼程序如下：

中部县政府预在桥陵墓前搭盖□棚，布置礼堂。昨晨六时以前，当地驻军学生及各机关与祭人员均斋集陵前，蒋主任、孙主席届时莅临陵前，即领导全体与祭者如仪举行致祭礼。由省府秘书刘茵侬司仪。1.全体肃立；2.奏乐；3.主祭者就位；4.与祭者就位；5.上香；6.献爵；7.献花；8.恭读祭文（中央祭文由行营李组长贻燕恭读，国府祭文由省府秘书冯仲翔恭读）；9.行三鞠躬礼；10.静默三分钟；11.奏乐；12.鸣炮；13.礼成；14.摄影。

知|识|链|接

谒陵恭记

民国三十一年四月一日，驻洛川第三区行政督察专署奉陕西省政府电，略云：“本年谒祭黄陵大员，约于四日可到达中部县，微晨致祭返省，希即饬沿途区属各县妥为戒护；所有祭仪，仍饬县依例办理。”时本署余专员正东尚在重庆中央训练团受训，署务由予代理，当即分电同官、宜君、中部各县，又以电话商询中部县长筹办事宜，并属其转请驻军杨师长将黄陵招待所早一日迁让，备谒陵人员餐宿。（黄陵招待所者，在城内，共七栋：上房七间，庭房三间，过庭三间，东西偏房各三间；台阶二十三级，阶下东西偏房各三间；大门外台阶十七级，共房二十五间。据云为民国二十五年县长龚墨山建筑，历年扫墓时均稍有修葺。近年均驻军队，现驻师司令部；谒陵时，须请驻军暂让也。）予于三日晨由署乘大车赴中部参加祀典。时气候温和，麦苗渐长，遍野葱绿；车行颇迟，下午五时始到达。县政府及黄帝陵园管理处诸同人，筹备已就绪。盖自二十四年国民政府定清明日为民族扫墓节，每岁均举行仪式，筹办者已有历年成例可循也。是夜忽朔风怒号，气候骤冷。四日晨，遍地积雪数寸，迄午始霁。午后五时左右，宜君县来电话谓谒陵大员分乘小汽车二辆，卡汽车二辆，过县北上。予与杨师长显、田县长在养、县府刘科长子霖、陵园管理处王副主任学三等，步出西门，已见有轿式汽车一辆，依公路越山盘旋而来，为国民政府代表陕省府熊主席斌；继至一辆，为中央执行委员会代表晋陕监察使署王监察使陆一。予即陪同赴招待所略事休息。忽接偏桥乡公所（距中部三十里）电话，谓谒陵卡车一辆，在柳树沟翻车（距中部四十里），并云除省府刘委员楚材微伤外，余均无恙。即派省府主席自备车驰赴柳树沟，接刘委员抵中部，余亦均到达，时已下午七时矣。计主祭陪祭及执事者三十二人，随从卫士一班，军乐一队，分别下榻于黄陵招待所、陕西省鄜延师范学校及桥山镇立中心小学。

翌晨六时，天气转晴，早膳后，均由城北便门出城。城北枕桥山腰，出便门即古柏连绵，行小道数百步，即与黄庙至黄陵之汽车路（民国二十九年修筑）衔接，复循汽车路行约半里，即达陵旁。时鄜延师范员生、桥山小学员生及参观民众约千人，均已先到，序立左右。陵前搭一布棚，为临时祭亭（每年祭扫时，由中部县商会临时租用商号布匹搭架，事毕交还，不支租金），棚中置一桌，陈设酒醴、果品、祭菜（十碗）、杯箸、香炉、烛台（均临时借用），并花供一幅（即用面制成各种人物花卉，计十余件，式样颜色，颇具匠心），花圈二个（上款书“中华民族始祖黄帝灵鉴”）。六时三刻，开始举行仪式。依谒陵程序：一、全体肃立。二、奏乐（军乐队奏哀乐）。三、主祭者就位。四、与祭者就位。五、上香。六、献爵。七、献花。八、恭读祭文。九、行三鞠躬礼。十、静默三分钟。十一、奏乐。十二、鸣炮（万字头鞭炮）。十三、恭绕陵寝一周（军乐队前导，主祭者陪祭者及参加之学生民众依次绕行）。十四、摄影（均集陵前）。

礼毕，学生及参观民众分途归去。主祭陪祭各员复沿汽车路行至黄帝庙；大殿龛前仅陈设香烛，全体向“轩辕黄帝神位”三鞠躬，无其他仪式。旋步出庙门，汽车已停候于庙前咸榆公路旁，谒陵人员即纷纷登车南下，时仅七时一刻耳。顷之，忽报山麓野火及陵，柏树中空，火从干中出，驻军救火者，取土灌顶熄之；盖民间扫墓焚纸钱，致燎原，亦由“蔓草不除”之故。田县长即饬警传其肇事者予以惩儆。次日，予仍乘大车遄返洛川，朔风甚厉，途中成诗一章，用歌帝风。日晡抵署，尚参加是日补行之儿童节开会仪式焉。

此文系陕西省第三区行政督察专员公署秘书、湖南湘潭人吴致勋著《谒陵恭记》，记载民国三十一年（1942）清明节的祭祀情况。

中华人民共和国时期的黄帝祭祀

公祭

中华人民共和国成立后，国务院公布的第一批全国重点文物保护单位中，将位于陕西省黄陵县桥山的黄帝陵列为古墓葬第一号。对黄帝陵寝祭祀的规模不断扩大，形成清明节公祭、重阳节民祭的传统。同时在传说有黄帝史迹的其他地方兴起对黄帝的祭祀，并且得到相关地方政府越来越多的重视。

1955年清明节首次在桥山黄帝陵举行公祭。1955年至1963年间，历年清明节均由陕西省级领导人主持公祭。1964年至1979年公祭中断。1980年恢复公祭，历年的公祭活动仍由陕西省主办。与祭人员由基本限于陕西省内到逐渐有越来越多的国家领导人，还有陕西省以外许多省区的代表、港澳台人士和海外华侨参与。“文革”以前历年公祭的祭文，主要反映新中国各项建设事业的成就，表达中国人民自力更生、艰苦奋斗建设社会主义的坚强决心。1980年以来公祭的祭文着重反映改革开放、建设中国特色社会主义的光辉成就，特别着重表达中华各民族促进祖国和平统一的共同愿望。

1955年清明节的公祭活动，祭文为：

一九五五年四月五日清明节，陕西省人民委员会副省长成柏仁等，用鲜花醴果之仪，向中华民族始祖轩辕黄帝陵敬以虔诚的致祭曰：

一年来，全国人民在中国共产党和中央人民政府与毛主席的正确领导下，在各个战线上取得了重大的成就。我们的工业生产和基本建设都有了显著的发展。工业生产在国民经济中的比重已有提高。国营、合作社营和公私合营工业，在全部工业中的比重已占了优势；有些新建、改建和续建的大工业已投入生产。我国建设的重点工程，少部分已经完工，部分正在紧张施工，大部分正在努力完成准备工作。今年计划新建的一千多千米铁路正在修筑，沟通内地和西藏的康藏、青藏两条公路已经

◎ 1950 年清明节公祭黄帝陵典礼

◎ 1956 年公祭黄帝陵典礼

◎ 1957 年公祭黄帝陵典礼

通车。我国农业生产，去年虽遭遇百年来未有的洪水，但粮食生产仍比一九五三年增加；农业生产合作社已发展到六十万个。为争取今年大丰收，全国农民正在热烈地进行春耕生产。对手工业和资本主义工商业的社会主义改造，也正在积极地逐步进行。劳动人民的物质和文化生活水平，在生产不断发展的基础上，亦得到相应的改善和提高。

我国人民是爱好和平的，我国已同二十五个国家建立或正在建立外交关系。我国同各人民民主国家平等互利的友谊日益增长。由于我国及其他爱好和平国家和人民的努力，随着朝鲜的停战，印度支那的和平也恢复了。我国总理与印度、缅甸总理分别会谈，所取得的成就，对维护亚洲与世界和平，产生了重要作用。在国内由于实行了正确的政策和具体步骤，进一步巩固了人民民主专政。我国各民族人民已经团结成为一个平等友爱的大家庭；各少数民族在聚居的地方享受着广泛的区域自治权。我国人民民主统一战线，发挥和继续发挥着应有的作用。这些都是我国建设社会主义的重要保证，都有力地推动着我国社会主义建设和社会主义改造事业。

今年，是我国五年计划建设具有决定意义的一年。全国人民都本着勤劳、勇敢和艰苦奋斗的优良传统，积极劳动，努力增加生产，厉行节约，争取完成和超额完成一九五五年的各项生产建设计划；都正在继续加强团结，百倍地提高警惕，防止和打击一切反革命的破坏活动，为早日解放我国神圣领土台湾，为保卫亚洲和世界和平而奋斗！为争取在几个五年计划之内，将我国建设成为一个伟大的社会主义国家而奋斗！尚飨！

1980年清明节公祭，祭祀的祭文为：

公元一九八〇年四月四日，庚申清明，陕西省人民代表大会常务委员会、陕西省人民政府、政协陕西省委员会、延安行政公署、黄陵县人民政府以及省地县各界代表，隆重集会于黄帝之陵，虔诚肃穆，以祭以扫，并备鲜花雅乐，致敬于我中华民族始祖轩辕黄帝：

维我始祖，赫赫扬扬，根深叶茂，源远流长。奠中华民族之初基，启华夏文化之晓光。“人文初祖”，功德辉煌，亘千秋而愈烈，历万世而益昌。维我始祖，勤勤恳恳，不畏强暴，酷爱和平。协和百族，辑睦四邻，兆民以安，四方以宁。洵洵美德，沦肌浃骨，传之五千余年而愈益发扬光大，恢廓昌明。黄帝子孙，秉此

◎ 20世纪80年代祭祀黄帝陵典礼现场

◎ 20 世纪 80 年代祭祀黄帝陵典礼现场

懿德，团结自强，生生不息。历经五千余年，我中华民族已蔚然成为占世界人口近四分之一的伟大民族，并以其悠久之历史与优秀之文化，对世界文明和人类发展作出了卓越的贡献。当前，春满人间，朝阳如火，祖国大地，欣欣向荣。凡我黄帝子孙，华夏后裔，缅怀先民艰苦创业之精神，展望祖国光辉灿烂之前景，豪情壮志，一往无前。誓当踔厉奋发，加倍努力，团结一切可以团结的力量，调动一切可以调动的积极因素，同心同德，鼓足干劲，力争上游，多快好省地建设现代化的社会主义强国，为人类做出更大贡献，以此告慰于我中华民族始祖轩辕黄帝之灵。

1981 年清明节公祭，祭祀的祭文为：

公元一九八一年四月五日，节届清明，日暖风熏，陕西省人民代表大会常务委员会、陕西省人民政府、陕西省政协、延安地区行政公署、黄陵县人民代表大会常务委员会、黄陵县人民政府暨各界代表，敬备鲜花雅乐，祭扫始祖轩辕黄帝之陵，雍雍穆穆，钟鼓和鸣，追远抚今，竭其虔诚。

赫赫元祖，草创文明。衣被华夏，冠盖群伦。泽施后世，永播芳馨。

绵绵瓜瓞，秉此懿行。岂无险阻，终获夷平。岂无离乱，终复康宁。根之深矣，枝叶纷披；虽则纷披，源终为一。源之远矣，沟浍纵横；虽则纵横，源终不竭。

伟哉中华！生生不息。昆仑之墟，大洋之滨，灿如朝阳，吾土吾民。赫赫元祖，有为有则。惠在人间，功高日月。既显既扬，亦钦亦格。绵绵瓜瓞，秉此懿德。岂无龃龉，终归和协。岂无干戈，终化玉帛。根之深矣，枝叶纷披；虽则纷披，根终为一。源之远矣，沟浍纵横；虽则纵横，源终不竭。

伟哉中华！凝聚有力。是民族之大节，亘千古而愈烈。巍巍帝陵，毓秀钟英。山环水抱，翠柏云屯。年年此日，瑞霭缤纷。凡我华裔，黄帝子孙，纵在天涯，或处海角，无不翘首引领，慷慨陈情。喜看繁花似锦，大地春深，愿为祖国富强、民族昌盛、社会文明而尽其能。发五千年悠久文化之辉光，振十万万神州赤子之心声，立民族大志，树一代新风，敢以一个新的爱国主义热潮之蓬勃兴起，伟大祖国社会主义事业之胜利繁荣，告慰于我人文始祖暨列祖列宗赫赫之灵。

1982年清明节公祭，祭祀的祭文为：

公元一九八二年四月五日，节届清明，日暖风熏。陕西省人民代表大会常务委员会、陕西省人民政府、中国人民政治协商会议陕西省委员会、延安地区行政公署、黄陵县人民代表大会常务委员会、黄陵县人民政府暨各界代表，敬备鲜花雅乐，祭扫始祖轩辕黄帝之陵曰：

巍巍黄陵，虎踞龙腾，清流毓秀，翠柏凝峰。岁岁清明，霞光蔚英。凡我华裔，黄帝子孙，莫非手足，谊属同根。振兴中华，同心同德；何惧险阻，愚公精神；何畏权霸，壮志凌云；繁荣昌盛，同耘同耕；高度文明，共立共兴；十亿华胄，万里神州，普天同仰，众志成城。以祝以告，致其虔诚。并敢以五讲四美之新风，播绵绵瓜瓞之芬芳，既告慰于我黄帝暨列祖列宗赫赫之灵，亦以抒爱国之素志，发民族之心声！大哉轩辕，人文始祖，万代千秋，永垂不朽！

1983年清明节公祭，祭祀的祭文为：

公元一九八三年四月五日清明节，陕西省人民代表大会常务委员会、陕西省人民政府、陕西省政协、延安地区行署、黄陵县人民代表大会常务委员会、黄陵县人民政府暨各界代表，敬备鲜花雅乐，恭祭始祖轩辕黄帝之陵。

巍巍桥陵，虎踞龙腾，清流毓秀，翠柏凝春。时届清明，霞光蔚蕴。凡我华裔，黄帝子孙，莫非手足，谊属同根。统一祖国，四海和衷；振兴中华，屹立亚东；何畏险阻，誓做愚公；何畏权霸，壮志凌云；工农增产，文化繁荣；十亿儿孙，创造图新。以祝以告，致其虔诚。并以五讲四美三热爱之新风，改革体制，活跃经济，遵行宪法，团结各族，全面开创新局面，建设高度民主，高度文明。既告慰于我人文始祖暨列祖列宗赫赫之灵，亦以抒爱国之志，发扬民族之伟大精神！

1984年清明节公祭，祭祀的祭文为：

公元一九八四年四月四日，节届清明，春雨潇潇。陕西省人民代表大会常务委员会、陕西省人民政府、陕西省政协、延安行政公署、黄陵县人民代表大会常务委员会、黄陵县人民政府暨各界代表，敬备鲜花雅乐，祭扫始祖轩辕黄帝之陵。巍巍桥陵，虎踞龙腾，清流毓秀，翠柏凝春。岁岁清明，霞光蔚蕴。凡我华裔，黄帝子孙，莫非手足，谊属同根。统一祖国，共同愿望；振兴中华，四海一心。何惧险阻，愚公精神；何畏权霸，壮志凌云。昌盛繁荣，同耘同耕。万里神州，团花织锦；十亿儿孙，众志成城。以祝以告，致其虔诚。并敢以五讲四美三热爱之新风，改革体制，活跃经济，遵行宪法，团结人民，全面开创新局面，建设高度民主，高度文明，既告慰于我人文始祖暨列祖列宗赫赫之灵，亦以抒爱国之素志，发民族之心声！

1985年清明节公祭，祭祀的祭文为：

维公元一九八五年四月五日，时值民族扫墓节之期，陕西省人民代表大会常务委员会、陕西省人民政府、陕西省政协、延安行政公署、黄陵县人民代表大会常务委员会、黄陵县人民政府、黄陵县政协暨各界代表、海外华侨，谨以鲜花束帛之仪，致祭于我中华民族始祖轩辕黄帝之陵。辞曰：

滔滔黄河，九曲东流；巍巍桥陵，虎踞龙盘，山环水复，拱卫龙驭；松柏虬髯，黛色参天。位临圣土，心事拿云；念我始祖，创业维难。教民种黍，挈妇养蚕；服牛乘马，车具指南。文字礼乐，五音斋全；武功赫赫，文治烂烂。明民共财，诸侯咸服；普天同乐，河清海晏。披荆斩棘，自强不息；人文初祖，功若日悬；恩及九州，光照宇寰。山高水长，泽被后代；云蒸霞蔚，荫我儿男。今我华夏，再次腾飞；十亿神州，劈浪扬帆。勇于开拓，锐意改革；富国富民，宿志弥坚。黄帝子孙，龙的传人；一脉相承，谁不思根！祖国昌盛，游子心愿；统一大业，人心切盼。

“一国两制”，港事已决；
昆仑阿里，早期团圆。
亿兆一心，联袂奋起；
继往开来，光我祖先。
风云雷雨，中流砥柱；
世界和平，赖以杠杆。
煌煌业绩，永葆青春；
泱泱民族，屹立如山！
祭礼告成，伏维尚飨！

◎ 1985年清明，全国青联主席公祭黄帝陵，李炳武担任主祭人

1986 年清明节公祭，祭祀的祭文为：

维公元一九八六年四月五日，和风骀荡，万物复萌。陕西省人民代表大会常务委员会、陕西省人民政府、中国人民政治协商会议陕西省委员会、延安行政公署、黄陵县人民代表大会常务委员会、黄陵县人民政府、中国人民政治协商会议陕西省黄陵县委员会暨各界代表、台港澳同胞和海外华侨，谨以鲜花雅乐之仪，敬祭于轩辕黄帝之陵曰：

时值清明，恭谒桥陵。缅怀始祖，开创文明。立国迄今，五千春冬。一脉赓续，百代相承。今者，社会主义新时期，古国历史新里程。兴改革之春风，浩浩荡荡；展四化之宏图，熠熠煌煌。内则活跃经济，国力昭苏，民生日臻康阜；外则实行开放，文化交流，科技载播扬。举贤任能，马空冀北；拨乱反正，立法备章。披心相付，国际地位日高；自强不已，民族精神发扬。凡我华裔，莫不谊切苔岑，同荣共辱；更应奋发蹈厉，勠力同心。或居河淮南北，或处台港五洲。举视崔嵬之黄陵，尽是轩辕子孙；仰瞻参天之黛柏，俱乃同气连根。明月尚有圆时，家国岂可久分？金瓯无缺，人同此心；振兴中华，匹夫共任。祖国昌盛，万民乐业；伯歌季舞，同庆升平。泱泱华族，永永无间；锲而不舍，信而有征！俾能上无忝于先祖，下无愧于后人。悠悠自情，敢告始尊。尚飨！

1987 年清明节公祭，祭祀的祭文为：

维公元一九八七年四月五日，风和日丽，春满神州。陕西省人民代表大会常务委员会、陕西省人民政府、中国人民政治协商会议陕西省委员会、延安行政公署、黄陵县人民代表大会常务委员会、黄陵县人民政府、中国人民政治协商会议陕西省黄陵县委员会暨各界代表、台港澳同胞、海外侨胞，谨以鲜花清醴，敬祭于轩辕黄帝之陵曰：

皇皇元祖，继武羲农。崛起神州，斩棘披荆。诸侯宾服，百姓康宁。大展鸿猷，始肇文明。功高万代，泽被后昆。绵绵瓜瓞，咸秉懿行。建功立业，虎跃龙腾。光辉历史，越五千春。引吸弥巨，凝聚日增。子子孙孙，继继绳绳。世居本土，永播清芬。流寓海外，亦皆寻根。时逢盛世，节届清明。瞻望桥山，霞蔚云蒸。心香亿方，恭献黄陵。缅怀往烈，誓振天声。共兴华夏，壮志凌云。四化宏业，鼓舞群英。双百方针，花放鸟鸣，邃密群科，勇攀高峰。开发智力，选贤任能。四美教育，蔚成新风。改革深化，除旧布新。开放收效，取精用宏。加强法制，正气愈伸。发扬民主，众志成城。艰苦创业，克俭克勤。文化昌盛，经济繁荣。“一国两制”，五洲共钦。祖国一统，华胄同心。昆仑毓秀，黄河澄清。美好现实，锦绣前程。人歌乐土，史著丰功。敬告我祖，以慰威灵。尚飨!

1988年清明节公祭，祭文为：

维公元一九八八年四月四日，民族扫墓之节，陕西省人民代表大会常务委员会、陕西省人民政府、中国人民政治协商会议陕西省委员会、延安行政公署、黄陵县人民代表大会常务委员会、黄陵县人民政府、中国人民政治协商会议陕西省黄陵县委员会暨各界代表、台港澳同胞、海外侨胞，谨以鲜花束帛之仪，致祭于我中华民族始祖轩辕黄帝之陵曰：

于赫元祖，敦敏聪明。生乃龙颜，驭龙升天。造我华族，胄衍祀绵，万代相承，龙脉永传。创我人文，备物致用，泽垂后昆，恩被瀛寰。于今赤县神州，台澎港澳，尽乃龙之传人；九垓八荒，五洲万国，咸仰龙之文明。时维龙年，节序清明，和风送暖，万户禋祀。古柏参天，虬枝蟠屈，如瞻轩辕之威仪；丝竹并陈，鼓乐斋鸣，恍闻云门之雅奏。缅怀先祖，创业维艰。今我后人，誓弘龙威。夙夜黾勉，自奋自强。改革九年，国运日昌。经济繁荣，民生康阜，地尽其利，人乐其业。政治民主，同心同德。法制日臻周备，文教益见昌隆。全面开放，取其精粹。“一国两制”，华胄归心。海峡两岸，交往渐密。统一伟业，计日程功。告慰我祖，尚其歆格!

1989年清明节公祭，祭祀的祭文为：

时维公元一九八九年四月五日，序属阳气清明之节，陕西省人民代表大会常务委员会、陕西省人民政府、陕西省政协、延安行政公署、黄陵县人大常委会、黄陵县人民政府、黄陵县政协暨各界代表、台港澳同胞、海外华侨，群贤毕至，少长咸集于沮水绕流、古柏参霄之桥山巅峰，谨以鲜花束帛之仪，祀祭我中华民族之始祖轩辕黄帝之陵。辞曰：

岁月不居，时节如流，值此己巳季春孟夏之际，望我神州大地，祁祁甘雨，膏泽流盈，紫气氤氲，祥风惠畅。凡我祖先庐墓所在之地，无不人流接踵，崇礼惟谨，缅怀如仪，至竭至诚。诗曰："清明祭扫各纷然"，即描绘此情此景。窃闻："高山仰止，景行行止"；盛德在御，四灵可畜。惟我始祖于列祖列宗中之至尊至上，耿光大烈，人神共仰。乾坤缔造，披荆拓荒。艰难玉成，文明肇创。栉风沐雨，泽被四方。启滞导生，万物滋畅。功盖日月，义满天壤。峻德弥绩，弘大无量。迨自桥山驭龙升天之后，陵寝安息于兹。亭亭物表，皎皎霞外，庙貌天下，香烟不绝，致祭之仪尔来千百载矣。凡我黄帝子孙，华夏裔胄，或置身国内，或漂泊海外，于风雨黄昏之日，抑春风得意之时，无不视黄帝陵若心中圣地。意往神驰，魂牵梦绕，日日夜夜，念兹在兹！故清明祭扫，首当拜谒者，盖我始祖黄陵之龙驭也。

兹当禀告者，我华夏自八十年代步入改革开放，已届十载。多难兴邦，政通人和。硕果累累，举世瞩目，亿万同胞，笑逐颜开。始祖欣闻，亦当颔首，英灵慰藉，是所至待。然事物发展，恰如江河奔流，有龙腾鱼跃，亦有沉渣泛起。惟改革之举，锐不可当，四化伟业，人心所向。自去岁始，治理整顿，初见成效；廉政建设，深孚众望。涤瑕荡秽，弘扬文明，深化改革，振兴经济。承我始祖之祐，十亿赤子之博，俾使我中华民族国富民强，永远屹立于东方。欲达此目的，须唤起我炎黄子孙，众志成城。所幸"一国两制"之举，已博港澳同胞之望归。为祖国统一大业早日实现之计，惟愿台湾当局当速摒弃“三不”政策，发展两岸交流，促进和平统一，共商国是。愿始祖神祐，民族和睦，华夏昌盛，势所必至，时不我待。坦诚之言，惟望思行。沮水淙淙，桥山苍苍，始祖恩泽，山高水长，遥念始祖，朝夕难忘。祭礼大成，伏维尚飨！

1990 年清明节公祭，祭祀的祭文为：

维公元一九九〇年四月五日，春满人寰，桥山翠凝。陕西省人民代表大会常务委员会、陕西省人民政府、中国人民政治协商会议陕西省委员会、延安行政公署、黄陵县人民代表大会常务委员会、黄陵县人民政府、中国人民政治协商会议陕西省黄陵县委员会暨各界代表、台港澳同胞、海外侨胞，谨以清醴芳花，敬祀于轩辕黄帝之陵曰：

惠风和畅，节届清明，怀我元祖，四海同情。艺植宫室，以利民生；舟车指南，以济不通；象形依类，厥始有文。绵绵胄裔，载恢载弘，国魂族心，叶茂根深。欲撼之者适见其形秽，赞仰之者弥睹其朗英。改革开放，博采会融；治理整顿，去芜存菁。岂无逆滥，乃导乃壅；横生枝节，斯斧斯斤。十载实践，信而有征，谁不谓自强自信，魄大力雄？康庄既辟，万众偕行，势所亟须，沉着安定。誓承摩顶放踵、先忧后乐之古训，永葆艰苦奋斗、戒骄戒躁之传统，一任宇内之风云变幻，一往无前；岂虑诤人之抵掌喧笑，志在必成。港澳台海，同胞弟兄；“一国两制”，华胄归心。驾彼四牡，翼翼同征；指扶桑以超迈，望阊阖而飞腾。弘扬我中华民族之文化，创建我炎黄子孙之伟业，造福人类，促进文明，以告慰我先祖之威灵。伏惟尚飨！

1991 年清明节公祭，祭祀的祭文为：

维协洽之岁，月在如月，日在乙巳，陕西省人民代表大会常委会、陕西省人民政府、中国人民政治协商会议陕西省委员会、延安行政公署、黄陵县人民代表大会常务委员会、黄陵县人民政府、中国人民政治协商会议黄陵县委员会暨各界代表、台港澳同胞、海外侨胞，谨以苹藻之醴、豆登之奠，恭祭于我人文始祖轩辕黄帝之陵，比合而推，实公历一千九百九十一年之四月五日也。值此清明之节，拜扫之辰，缅怀我元宗，申诚我龙祖，共修唯谨之愿，咸献至诚之心，来近来远，无不敬肃。其文曰：

我中华民族，积五千年文明史，其间建帮立业，有久有暂，国势国威，迭兴迭衰，而能屡蹶屡起者，惟我黄帝子孙团结自强有以致之。粤自伟大民主革命先行者孙中山先生，肇开历史之新篇。迨至中华人民共和国之创立，迄今又四纪有余。当今之中华民族，国力之强大，物产之富庶，文明之昌炽，人民之康宁，实数千年历史所未睹。其间虽小有蹉跌，要亦未为国家民族之大碍。我国家民族正经过颠扑、奋起，而终至于昂首阔步、骎骎而上，跻身于世界强大国家民族之林。今者，在专意经济、改革开放、方策方略之下，再展宏图，十年之远划，五年之近计，更指示出一幅无比光辉灿烂之前景。华夏民族正以空前强大之凝聚力，信心百倍地迈向小康，迈向大同。可以告慰的是：在如此煊赫伟大的事业中，我台港澳同胞、海外侨胞已经作出并且正在做出巨大的贡献。所歉疚者，祖国分离状态，至今尚未结束；海峡两岸，翘首相望。然而祖训有云："落叶归根，血浓于水。"吾辈深信：在举国一致、万众一心的精神感召之下，祖国统一大业之最后实现，已为期不远，势在必成。我元祖黄帝，文武圣神，功高万代，必能俯察子孙戒励之心，昭鉴子孙赓续之诚，洞彻幽微，协和人天，于无形无迹之际，冥冥漠漠之中，襄成建设之大计、统一之宏猷，此则吾辈怵惕小心，敢昭告于我始祖轩辕黄帝之陵前者也。赞曰：

猗欤大哉！轩辕黄帝。文武圣神，生而聪慧。诸侯不庭，彼此牵曳。黄帝躬亲，乃登大位。始制轩裳，始种五艺。乃通舟车，乃作书契。披山开道，消弭瘴疠。不遑宁居，其功匪细。铸鼎荆山，龙驭而逝。遗弓攀髯，感激零涕。威灵不住，神往形蜕。衣冠剑履，桥山是瘗。今辰奉祀，献牲与币。我诚我敬，神其来御。大哉大哉，轩辕黄帝。煌煌华夏，垂万万世。尚飨！

1992年清明节公祭，祭祀的祭文为：

维公元一九九二年四月四日，草熏风暖，时届清明。陕西省人民代表大会常务委员会、陕西省人民政府、中国人民政治协商会议陕西省委员会、延安地区行政公署、黄陵县人民代表大会常务委员会、黄陵县人民政府、中国人民政治协商会议陕西省黄陵县委员会暨各界代表、台港澳同胞、海外侨胞，谨以香花清醴、雅乐之仪，敬祭于轩辕黄帝之陵曰：

嗟我元祖，龙跃北边，冀州阪泉，宾服中原。乃畎乃亩，民居以安，化及江汉，泽被千年。瓜瓞绵绵，克承厥先，夙夜匪懈，载登载攀。椎轮大辂，冰水青蓝，华夏文明，光满人寰。炎黄子孙，东北西南，瓣香桥陵，饮流怀源。缅怀先烈，心凝力攒，誓秉懿德，日新月鲜。改革开放，厉马扬帆，足胝肩赪，一往无前。宇内阴霾，我志弥坚。经济腾飞，国阜民安。科技兴国，教育为先，世已侧目，再跻峰巅。选贤任能，廉政肃贪，协力同心，填海移山。人类成就，取其瑜璠，补我益我，与时争先。世界潮流，波滚澜翻，弄潮涛头，万人仰观。似锦前程，已见桅杆，会见伟业，如日中天。敬慰我祖，威灵在天。伏惟尚飨！

1993年清明节公祭，祭祀的祭文为：

维公元一九九三年四月五日，节届清明，序属暮春。好雨时降，万物发生。桥山凝碧，惠风徐至。咏祖德之骏烈，诵先人之清芬。陕西各界代表，国家有关部门、部分省、市（区）的代表，台湾、香港、澳门同胞，海外侨胞、华裔，谨以清醴鲜花之奠，敬祭我中华民族始祖轩辕黄帝之陵，辞曰：

赫皇我祖，生而神灵；长而敦敏，成而聪明。应天而起，以代羲农；

修仁用智，诸侯宾从。戢兵偃武，禾黍岁成；节用爱物，礼义以兴。谐调律吕，正俗移风；威加海外，泽被寰中。我祖仙逝，葬于桥山；世世代代，祭祀相仍。孝以追远，恭惟慎终；我祖隆德，乃继乃承。履故涉新，国运是弘；改革开放，富民强邦；谨以所成，告慰祖宗。实现四化，尚须奋争；炎黄子孙，定能成功；愿我中华，经济飞腾；愿我侨胞，万事兴旺；雷驱云动，海运天行。丹鱼在藻，翠凤栖桐；屹立东方，开肇文明。伏惟尚飨！

1994年清明节公祭，祭祀的祭文为：

维甲戌年二月二十五日，序属三春，节届清明，九州日丽，万物争荣。中国人民政治协商会议全国委员会主席李瑞环，中央有关部门代表，陕西各界代表，部分省、市、自治区代表，台、港、澳同胞代表，海外侨胞代表，聚首桥山，以至诚肃敬之心，鲜花苹藻之供，缅怀始祖，致祭于轩辕黄帝之陵，曰：

赫威始祖，圣德神功，创我中华民族之根基，启五千年文明之曙光。煌煌伟业，泽被遐荒。亘千秋而愈盛，历万世而弥昌。代复一代，风云激荡。不论政平讼理，国富民强；而或战火炽烈，四海苍黄；幸有轩辕子孙，自励自强。千秋功业，万人共仰。斗转星移，世道沧桑。历尽艰辛，多难兴邦。春风化雨，改革开放，赖始祖之英灵，奔四化之康庄。举国上下，慨当以慷。中华儿女，奋发图强。加快改革，扩大开放；惩治腐败，整肃纪纲；广开言路，民气畅扬。“一国两制”，大事共商；实现统一，人神共襄，同心同德，再造辉煌。中华文明，源远流长。始祖懿德，光大昭彰。中华振兴，经济腾骧，炎黄子孙，龙凤呈祥。美哉中华，如日东升。告慰始祖，伏维尚飨。

1995 年清明节公祭，祭祀的祭文为：

维公元一九九五年，岁在乙亥，时届清明，惠风甘雨，万物滋荣。全国人大常委会吴阶平副委员长，全国政协洪学智副主席，中央有关部门代表，部分省、市、区代表，台、港、澳同胞，海外侨胞代表，陕西省各界代表，谨以时羞鲜花，清醴雅乐，敬祭于我中华元祖轩辕黄帝之陵，其文曰：

赫矣我祖，开辟鸿蒙，功在宇宙，通继羲农。神矣我祖，躬治草莱。艺植百谷，生民是赖。圣矣我祖，修德振武。天下大治，万国宗主。睿矣我祖，奠基中央。表里山河，临制四方。世代延续，源远流长。自强自立，乃祭乃昌。迄今五千余载，亘世界之东方。复有子孙亿万，遍及五洲。克勤克俭，贞志不休。声明文物，并世无俦。回顾历史，沧桑屡更。百年磨难，忧患频仍。国运不兴，欧风东渐。庚子赔款，辛丑丧权。强邻伺境，社稷罹难。先吞台澎，继占辽沈。豕突狼奔，疯狂猖獗，铁蹄所至，腥风带血。山河破碎，生灵涂炭。惟我军民，奋臂而起，国共合作，誓雪国耻，惩虺豕之贪心，振中华之英气。终联合正义之力量，夺取反法西斯之胜利。胜利至今，五十周年，华夏腾飞，机遇适然。惟愿两岸，各弃前嫌。“一国两制”，携手向前。经济互惠，科技交流。英才代出，竞献新猷。弘扬文化，奕业垂光。兼容新知，再创辉煌。惟念元祖，祐我苗裔。祭神如在，百祀无违。伏维尚飨。

1996 年清明节公祭，祭祀的祭文为：

维公元一九九六年四月四日，岁在丙子，节序清明。桥山凝翠，万物发生。中华人民共和国国务委员李铁映，中国人民政治协商会议全国委员会副主席万国权，中央有关部门代表，陕西省各界代表，部分省、市、自治区代表，台、港、澳同胞代表，海外侨胞代表，心怀至诚，聚首桥山，谨以鲜花雅乐素果敬祭于始祖轩辕黄帝之陵曰：

夫天下之大，华夏之广，皆立于人。天下之人皆有本源，世人未可不思其本而忘其祖也。我中华民族，天宝物华，地灵人杰，根深叶茂，源远流长。或招之聚于华夏，或去之散于五洲，天水一方，其源盖皆出于始祖轩辕也。

恭思我祖，肇创维艰，艺种抚民，诸侯咸来。修德振兵，三战阪泉，平逆诛乱，通道披山。淳化万物，举贤以治，劳神苦思，未尝宁安。百流同汇，万国以和，中华一统，带砺河山。世界文明，唯有我先，泽及子孙，日月经天。承继我祖，百世绵延，勃兴伟烈，代有英贤。秦皇奋威，混一四海，汉武雄图，万里筹边。唐宗宋祖，臻于至治；东方文明，万邦艳羡。翻思其间，几经兵燹；降及近世，尤足深叹：列强肆虐，仗其利坚，山河破碎，生灵涂炭。百年磨难，神州血染，赖有英杰，先行逸仙。砥柱泽东，独迈前贤，唤起民众，推倒三山。今日神州，国泰民安，改革开放，肇开新元。五洲华裔，同宗同源，今古一脉，根系轩辕。惟念台岛，祖宗所传，挟外分裂，不共戴天！一国两制，捐弃前嫌，八项主张，携手并肩。纵观全球，和平发展，强权称霸，虎视眈眈。世纪之交，机遇挑战，乃子乃孙，切莫等闲。继往开来，厉马扬鞭，精诚团结，续写新篇。夫今日之祭，天涯共此时，意在亲睦九族，和合万邦，育天地之正气，扬始祖之神威，再造中华之辉煌。尚飨。

1997年清明节公祭，祭祀的祭文为：

伏惟一千九百九十七年，丁丑清明时节，中华人民共和国国务委员宋健，中国人民政治协商会议全国委员会副主席王兆国，中央有关部门代表，部分省、市、自治区代表，台港澳同胞、海外侨胞、华裔代表，与陕西各界代表，发诚敬之心，依恋之情，敬备鲜花雅乐，恭祭我中华民族始祖轩辕黄帝之陵。辞曰：

轩辕黄帝，睿智神明。救民水火，振德修兵。河清海晏，山河垂统。

养蚕桑、造舟车，协音律、制衣裳。推演历法，以利农时。始制文字，风行教化。举贤荐能，激励民众。通达变革，整纪肃纲。上溯千年，草昧洪荒。赖有我祖，文明肇创，礼仪之邦，赫赫扬扬。如江河行地，与日月同光。斗转星移，岁月沧桑。黄帝子孙，弥繁弥昌。秉承先祖之遗风，弘扬华夏之美德。遵伦理，重名节，勤劳勇敢，奋发图强，前赴后继，可歌可泣。当今华夏，改革开放。科学昌明，百业兴旺。山川愈加壮美，人物尽显风流。跨世纪，继往开来。迎挑战，时不我待。使命在心，重任在肩。百折不挠，埋头苦干。上无愧于祖先，下功业于子孙。再造东方文明之国，屹立世界民族之林。中华文明，源远流长。华夏龙脉，在此一方。凡我华裔，黄帝子孙。血浓于水，手足情深。一国两制，英明壮举。告慰始祖，香港即归。两岸统一，历史趋势。振兴中华，四海一心。黄帝子孙，景慕祖先，谒陵祭扫，千年不辍。今又清明，好雨纷纷。桥山圣地，五千年古柏参天绿，神州赤县，九万里春潮动地来。伫立其间，望风怀想，心驰神往，而歌以颂之：

吾祖轩辕，人神共仰。德泽广被，惠我八方。

千秋万代，地久天长。祭祀大成，伏维尚飨。

1998年清明节公祭，祭祀的祭文为：

巍巍桥陵，霞蔚云凝。苍松翠柏，万古常青。陵貌一新，子孙孝敬。维吾始祖，昭明方融。惟文之德，惟武之方。缅怀吾祖，睿智天纵。生当炎帝之季，适逢天下纷争。乃运神道以载德，扬威武而乘风，驰飞盖于河曲。指涿鹿而扫奸雄；挥宝剑以临九州；回雕戈而定八纮。于是四海咸服，华戎一统。艺谷树禾，物阜民丰，广被教化，书轨混同，泱泱华夏，文明肇兴。伟哉中华，福祚昌隆。粤自始祖轩辕，万姓同宗，历周秦汉唐，迄宋元明清，炎黄子孙，斩棘披荆。创造五千年之灿烂文化，仰赖吾祖之德威神灵。人类文明之历史，唯我中华行。播声威兮天下；

致万邦兮斯崇。壮哉中华，河清海晏，改革开放，国运是兴，香港回归，普天同庆，华夏大地，虎跃龙腾。继先辈之伟业宏愿，创中华之锦绣前程。一国两制，全金瓯以告英灵，台胞华侨，俱怀斯衷。观世界之多极，思中华之振兴，兄弟携手，再展雄风，惟祈吾祖：精诚是通，永惟庥祐，是赐和平，天下康泰，兆民阜成，伏惟尚飨。

1999年清明节公祭，祭祀的祭文为：

维公元一九九九年四月五日，岁在己卯，节届清明，神州日暖，桥山春浓。谨以芳花清醴，雅乐正声，恭祀于我人文始祖轩辕黄帝，且告曰：

始祖赫赫，勋业煌煌。仁刑武烈，抚度四方。制创文谟，百物明彰。道洽九垓，泽被八荒。天下咸宁，华夏兴邦。呜呼！五千年历史，永志吾祖之圣德，十二亿神州，长荐子孙之心香。

吾祖峻德，万古垂光；神州华胄，载沐祯祥。经难历劫，弥盛愈强。今朝奋起，再创辉煌！五十华诞，文明故土万千气象；二十春秋，改革大业亿兆隆昌。四项原则，立国维纲。多党合作，政治协商。科教兴国，依法治邦。反腐倡廉，正气畅扬，政通人和，国运日昌。且看巍巍中华，雄踞东方。商贸四海，货通五洋。更有金融稳定，砥柱东亚危机；众志成城，战胜洪灾巨浪。丰功伟绩，举世敬仰。香港已归，紫荆溢彩；澳门复还，金瓯重光。统一大业，人心所向。正维两岸一根，协力共襄。“一国两制”，九州同芳。

世纪交替，天下腾骧。知识经济，弘扩无量。面临挑战，更须深化改革；抓紧机遇，尤宜扩大开放。跨世纪蓝图绘就，促四化志向高昂。一任世界之多极动荡，坚持独立自主；何惧改革之任重道远，继续直前勇往。锐意进取，迎难而上；艰苦奋斗，勇于开创。巍巍中华，日新月强！

华夏泱泱，神州苍苍。桥柏森森，沮水汤汤。吾祖恺泽，德惠修长。

祭礼告成，伏维尚飨。

2000年清明节，祭祀的祭文为：

维公元二〇〇〇年四月四日，序属三春，节届清明。东风浩荡，万物滋荣。谨以束帛雅乐，鲜花芳醴之仪，恭祀我人文始祖轩辕黄帝曰：

懿惟我祖，功德无量。开辟草莱，泽被遐荒。肇启文明，源远流长。至善至美，日月同光。

抚今追昔，思绪浩茫。一百年浴血御侮，五十春建国图强。改革花繁，开放果香。大道连天，国力鼎昌。安定团结，世运呈祥。更有香港珠还，紫荆溢彩；澳门璧返，荷蕊流芳。一国两制，普天赞襄。山河气吐，九州眉扬！

世纪之交，四海腾骧。处多极之世界，复兴之任尚重。建一统之伟业，拓千年之新章。发扬民主，严肃纪纲。锐意创新，科教兴邦。西部开发之战略既定，山川秀美之宏图恢张。惟我炎黄子孙，更当励精自强。凝聚民族之力量，再创华夏之辉煌！

桥山苍苍，沮水洋洋。大哉皇祖，赫奕昭彰。祐我中华，巨龙腾翔。

祭礼告成，伏维尚飨！

2001年清明节公祭，祭祀的祭文为：

维公元二〇〇一年四月五日，岁在辛巳，时值清明，尔华夏众子孙，谨以鲜花雅乐之仪，恭祭于我始祖轩辕黄帝之陵，曰.

桥山灵秀，沮水汤汤。懿维我祖，勋业辉煌。一统九州，文明兴邦。万代千秋，惟宗是仰。泽被后世，日月同光。制礼定乐，历五千年而流芳。欣逢新千年之首岁，益缅怀吾祖之功德无量。

我中华文化，源远流长。周秦汉唐，万世景仰。虽近代之磨难频仍，岁月沧桑。幸赖我华夏英才辈出，为民族自立奋发图强。终不坠吾祖之伟业，使我中华重新崛起，屹立于世纪之东方。科教兴国，改革开放，复为我华夏增光。展望未来，前程似锦，更加灿烂辉煌。华夏儿女，兄弟情长。桥山龙脉，神系八方。回首一顾兮，港澳既归。隔海相望兮，宝岛盼回。同文同种兮，何忍匡世分离！

惟我中华，德治国昌。西部开发，再绘历史华章。愿我炎黄子孙，携手共襄。惟祈我祖庥祐，是锡国泰民康。

祭礼告成，伏维尚飨。

2002年清明节公祭，祭祀的祭文为：

唯公元二〇〇二年四月五日，节届清明，载春载阳；桥山凝翠，神州腾骧。谨以鲜花雅乐、素果醪浆之仪，恭祀于我人文始祖轩辕黄帝之陵曰：

赫赫始祖，文圣武煌。造舟车，创文字，为天地立心，启文明于草昧；伐蚩尤，定一统，为生民立命，开太平于洪荒。惠贻万代，泽沐八方。天下华胄，是景是仰。

吾祖洪德，庥荫赐祥，华夏经千载而弥盛，历万险而益强。爰及当代，经济建设，纲举目张。深化改革，扩大开放；坚持法制，民主兴邦；以德治国，刑仁俭让；中华振兴，蒸蒸日上。旋看花开南国，特区建设硕果累累；更听浪激北疆，西部开发众志昂昂。举国安定，尧天溢采；山川秀美，舜地流芳。国逢盛世，民富小康；中国特色，伟业辉煌。成功申奥，神州九万里气吐眉扬；加入世贸，华夏十二亿励精图强。且喜港澳回归，一国两制携手并航；惟盼金瓯无缺，海峡子孙一脉炎黄。

展望全球，风云激荡，和平发展乃时代主流，富民强国系民族希望。强国为本，仍当抓紧机遇，实施科教兴国战略；富民为先，尤须面对挑战。冀我全民，愿我全党，唯法是依，唯德是昌，反贪拒腐，清正贞刚，与时俱进，求新开创，五星红旗，万世永扬！

桥山苍苍，沮水泱泱，大哉始祖，圣德无量。祭礼告成，伏维尚飨。

2003年清明节公祭，祭祀的祭文为：

维公元二〇〇三年四月五日，节届清明，序属三春。神州日丽，万象更新。沮水扬波，桥山凝芬。谨以鲜花素果之仪，恭祭于我始祖轩辕黄帝之陵曰：

大哉吾祖，德惠修长！植五谷，艺蚕桑，创物质文明，开万世太平之基；兴礼乐，倡教化，导精神文明，启千秋礼仪之邦。造舟车，辑睦九州；具指南，经营殊方。百族协和，四海鹰扬。伟矣奇矣，功被遐荒！

伟哉中华，雄立东方！艰苦创业，慨当以慷。惩恶扬善，团结自强。五千余年，正道沧桑。欣逢盛世，东方巨龙腾骧。改革开放，神州国运大昌。港澳回归兮，“一国两制”导航。台澎月圆兮，渴盼金瓯重光。加入世贸，经济繁荣；西部开发，民气激昂。更兼“神舟”探月，三峡截江，以德治国，科教兴邦，与时俱进，建设小康。奇矣伟矣，再造辉煌！

春风骀荡，春花吐芳。古柏云屯，雅乐声扬。大礼告成，伏维尚飨！

2004年清明节，祭祀的祭文为：

维公元二〇〇四年四月四日，岁在甲申，节届清明。丽日中天，惠风融融。中华儿女，炎黄子孙，会聚桥山之麓，沮水之滨，谨以鲜花雅乐，聊表至诚之心。公祭我人文初祖轩辕黄帝曰：

赫赫吾祖，功德何隆！建造宫室，福我百姓。树艺五谷，济我苍生。服牛乘马，披山道通。法乾坤以正衣裳，造书契而立五行。宾服诸侯，九州一统。广施教化，四海同宗。创千秋之伟业，启万世之文明。周秦以降，爰至近世。仁人志士，民族精英，惟大业是勤，惟祖德是崇。为国家康泰，为民族振兴，秉承祖训，至诚至忠。凝聚民族智慧，屡建旷世丰功。巍巍中华，龙脉永承！

世纪更新，中华振兴。坚持改革，五千年辉煌史册，谱写新声。对外开放，九万里锦绣江山，再振雄风。发展经济，东南鹏举；再造秀美，西部凤鸣；焕发生机，东北龙腾。以德治国，民安国宁；以人为本，人和政通。科教兴国，“神舟”遨游太空。且喜港澳珠还，紫荆莲花并荣；方期宝岛璧合，一统福祚永宁。

煌煌中华，自立自强。民族复兴，神人共襄。仰吾祖之英灵，致兆民于阜康。

大礼告成，伏惟尚飨。

2005年祭祀的祭文为：

维公元二〇〇五年四月五日，序属三春，节届清明。八方辐辏，四海同风。华夏儿女，谨以俎馐醪浆之荐，时花雅乐之隆，致祭于我人文始祖轩辕黄帝之陵。属辞以闻，情动于衷。辞曰：

夫业伟则永，德盛则昌。赫赫始祖，德业辉煌。涿鹿绝辔，天下宾从四野；宫室既筑，文明肇始八荒。造舟车而九垓同轨，作仪礼则谐和万邦。莳播百谷，顺应天地之际；淳化鸟兽，节用山川之享。是以咸慕仁泽，而山海献珍，广被盛德，仰日月重光。

喜看华夏今朝，再造辉煌。承传五千年文明之薪火，谱写与时俱进之华章。改革开放，破冰激浊扬清波；宏观调控，保压并举防起落；免除粮税，惠泽南北万户农；发展教育，科技进步民族兴。西部开发，东北振兴，中部崛起，东部腾飞，九州互动互补共繁荣。神州朔漠凌空，铁龙雪域驰骋；血比水浓反分裂，手足同心保金瓯；紫荆献瑞，送上千载祝福；白莲呈香，载来万世吉祥。

今兹迎来机遇，华夏儿女，奋发图强。高瞻远瞩，洞察四海风云；审时度势，把握时代航向。以人为本，谋万民之福祉；强国为先，致民族之复兴。唯法是依，务必除恶扬善；求真务实，更须清正廉洁。科学发展，构筑和谐社会；万众一心，实现小康理想。惟愿域中同根，早成一统，携手并航，仰绍先圣垂光。

桥山苍苍，沮水泱泱；始祖恩化，无疆无量。景仰前徽之忱，崇德报功之章，虔申昭告，伏惟尚飨。

2006年清明节公祭，祭文为：

公元二〇〇六年四月五日，岁在丙戌，节届清明。值此万物复荣之时，汇聚桥山之麓，高奏钟鼓雅乐，敬奉鲜花素果，公祭我人文初祖轩辕黄帝之陵，曰：

桥山苍苍，沮水泱泱，始祖肇启五千年文明曙光。纬天经地，日明月朗，华夏十三亿儿女源远流长。务农桑，筑城室，初定家邦；创文字，造舟车，走出洪荒；定算数，问医药，教化万民；设官制，举贤能，义服天下。巍巍先祖功德，绵绵万世流芳。

斗转星移，国运恒昌。继往开来，十一五再铸辉煌。以人为本，九州共建和谐社会；以俭养德，节用山川江海之享；以工哺农，城乡携手齐奔小康。天人合一，修复生态；坚定改革，鼎新图强；自主创新，引领未来。港澳既归，台澎难分，两岸同胞翘首盼国统；同心协力，和平崛起，全球华人指日望龙腾！

告慰先祖，永赐吉祥。祭礼告成，伏惟尚飨！

2007年清明节公祭，祭祀的祭文为：

惟公元二〇〇七年四月五日，岁逢丁亥，大地回春；节届清明，万象更新。中华儿女，高奏钟鼓雅乐，敬献醴酒清醇，抒爱国之情，壮民族之魂。谨致祭于我人文初祖轩辕黄帝之陵，曰：

夫仁民则昌，德盛则兴。煌煌我祖，万世垂功；开先立极，泽被寰瀛。播谷艺桑，肇启畜牧农耕；制礼作乐，创立制度文明。足历海岱，亲政以建伟业；心劳崆峒，爱民而效圣能。舟车指南，八荒交通；州土市朝，宇内绥宁。抚度四方，万国和融。奠基华夏，百族盛兴。唯力是奉，唯德是行。懿德仁勋，世代相颂。

神州绵绵，日升月恒；中华巍巍，万里鹏程。大江南北，开放之花竞艳；长城内外，改革之果映红。国泰民安，伟业兴隆，欣逢盛世，告慰圣灵：炎黄儿女，开启新程，高举旗帜，更创新功。科学发展，务实求真；惟人为本，本固邦宁；关注民生，情倾百姓；构建和谐，社会鼎兴。励志守节，树立荣辱新风；协调统筹，发展全面推进；昌盛经济，共绘小康美景。看紫荆怒放十载，白莲八度春风。愿宝岛统一，两岸携手，秉承先祖绪业，共图民族复兴；和平发展，致力和谐世界，促进五洲大同。沮水盈盈，桥山苍苍；古柏凝翠，春花吐芳。告慰我祖，敬献心香。大礼告成，伏维尚飨！

2008年清明节公祭，祭祀的祭文为：

惟公元二〇〇八年四月四日，岁次戊子，序属阳春，乾朗坤明，万象更新。谨备鲜花清醴，恭祭于我人文始祖轩辕黄帝。辞曰：

赫赫我祖，万古元宗，下启五千年以引其远，广昭九万里以领其重。教化万民，福祐百姓，积善广被，昭示源远之正；筑城定邦，社稷肇兴，平一宇内，彰显流长之统。披艰履险，鼎新图强，前仆后继，弘扬我祖开天之功！

世纪更新，国运一派昌隆。开拓进取，民族尽显兴盛。经济繁荣，综合国力剧增。科学发展，创新观念日融。民主政治大昌，和谐社会大兴。雪域高原，天路开通。嫦娥奔月，万众欢腾。躬逢奥运盛典，扬我华夏精神。惟我国人，唯祖功是崇，唯大业为勤。以人为本，国运隆兴。改革开放，伟业常新。兆民殷富，龙脉永恒。殷殷期盼，两岸一统。协和万国，互补共赢。一樽还酹我祖，苍昊菁魂垂丰。

煌煌丽日，浩浩春风。桥山毓秀，沮水钟灵。惟布虔敬，大礼告成。伏惟尚飨！

2018年4月5日，来自全世界的华人汇聚陕西黄陵桥山举行隆重的大典，共祭中华民族人文初祖。

此次公祭活动以溯源、寻根、凝心、铸魂为主旨，通过阐释、挖掘中华优秀传统文化，坚定文化自信，强化文化担当，赓续中华文明之“脉”，筑牢文化自信之“基”，构筑中华民族共同精神家园。这次祭祀的祭文为：

岁在戊戌，节届清明，桥山之阳，春和景明。华夏儿女以笃恭笃敬之心、八佾雅乐之仪，祭告轩辕黄帝曰：

吾祖赫赫，伟业煌煌，肇始文明，光被遐荒。制礼作乐，教民德尚，行造舟车，医重岐黄。青史源悠悠兮瓜瓞芃芃，斯民亿万万兮社稷泱泱。世代传薪，余烈久长，俎豆千秋，礼乐馨香。

壮哉中华，乾坤朗朗；自信在胸，正道康庄。国力宏勃兮光灿寰宇，民心齐荟兮奋发图强。盛会十九大，砥砺前行初心不忘；开启新时代，思想引领伟业恒昌。宪法修立兮万众尊崇，纲纪整饬兮政风和畅。一带一路连五洲命运，精准脱贫惠华夏山乡。翱空潜海创新加速，扩绿治污沃野新妆。“一国两制”，紫荆白莲繁花并蒂；两岸一家，四海宇内祈合共襄。万山磅礴，主峰雄踞；千帆竞发，舵手领航。励精图治，奋楫劈波斩浪；伟大复兴，圆梦百年沧桑。

三秦故地，再谱华章。追赶超越，其时正当。五个扎实并举，一幅蓝图宏昶。百姓广增福祉，经济新阶再上。高质量发展聚能增效；自贸区运转达海通江。牢记嘱托，埋头苦干开来继往；情系人民，上下同心共筑辉煌。

桥山巍巍，古柏苍苍，人文初祖，勋耀洪荒。冀祐中华祥瑞，福泽天下安康。大礼告成，伏惟尚飨！

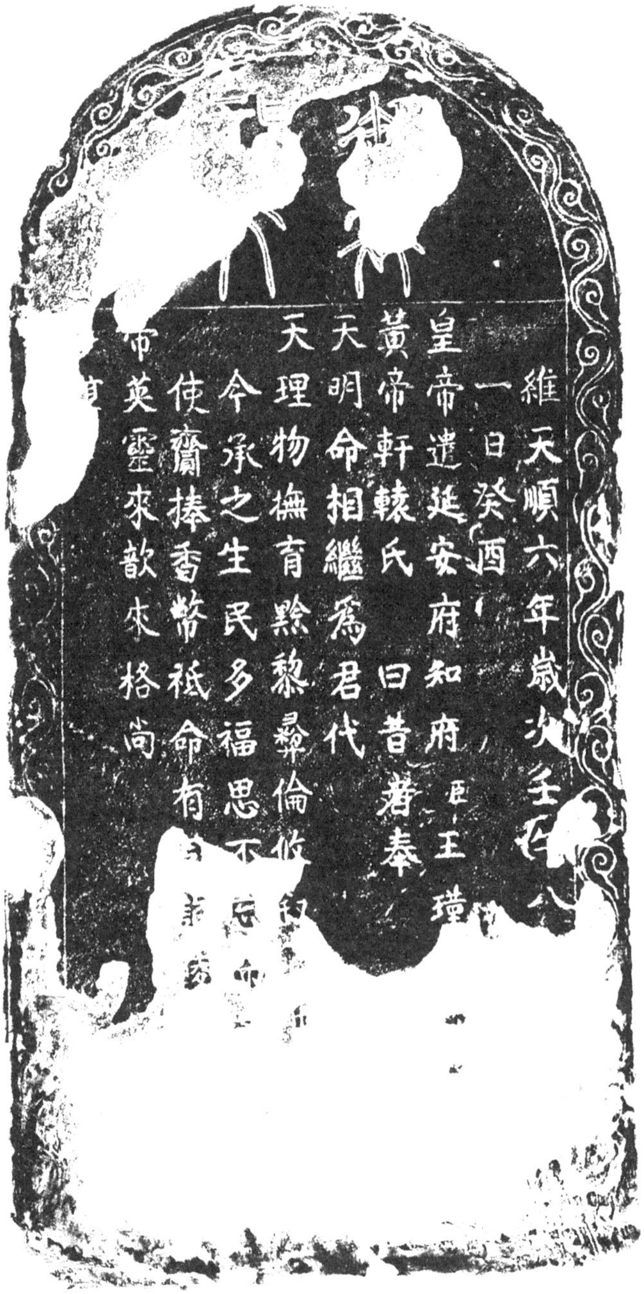

◎明天顺六年御制祝文碑

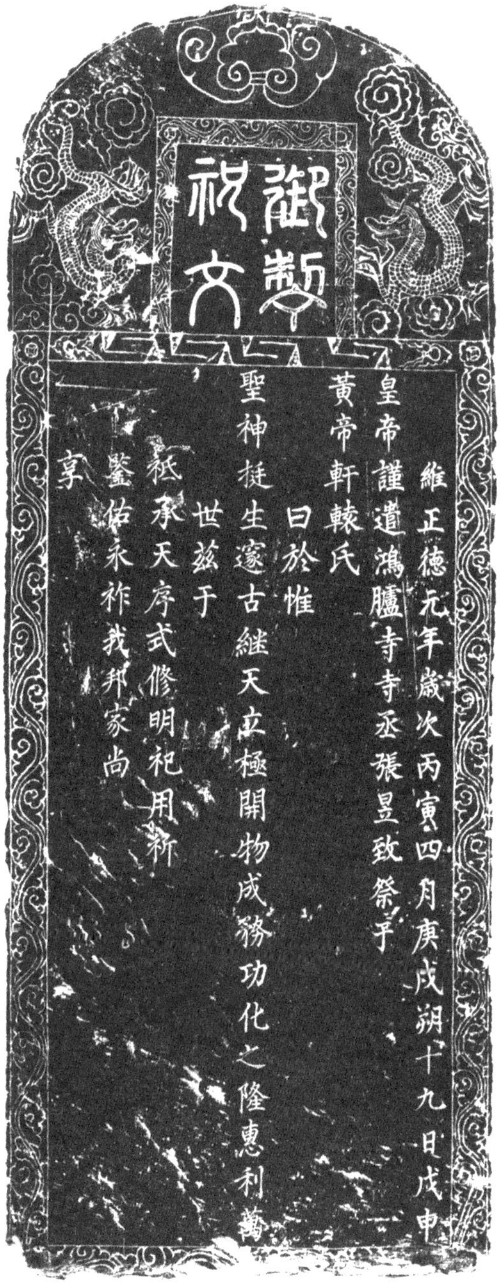
御製祝文
維正德元年歲次丙寅四月庚戌朔十九日戊申
皇帝謹遣鴻臚寺寺丞張昱致祭于
黃帝軒轅氏
曰於惟
聖神挺生邃古繼天立極開物成務功化之隆惠利萬
世玆于
祇承天序式修明祀用祈
鑒佑永祚我邦家尚
享

◎明正德元年御制祭文碑

◎清康熙二十七年御制祝文碑

◎清乾隆四十一年御制祝文碑

民 祭

轩辕黄帝是中华民族的人文始祖。五千年前的黄帝时代，黄帝部族在黄土地上生息繁衍、艰苦奋斗。他们计亩设井，划野分州，营建宫室，制作舟车，养蚕缫丝，测定音律，创造文字，开启了中华文明。黄帝大智大勇、宽厚仁慈、团结大众，是当时人们最崇敬和最爱戴的领袖人物，在后世子孙心目中也有着无比崇高的威望。黄帝已成为中华民族凝聚、振兴和发展的象征，黄帝的精神以及黄帝所开创的灿烂文化已深深植根于中华民族历史文化的沃土之中。历朝历代公祭与民祭活动延续不绝。祭祀黄帝，拜谒黄帝陵，缅怀黄帝的丰功伟绩成为中华民族子子孙孙弥久不衰的传统。

黄帝仙世后，当时的人们就设立神庙、祭坛，用各种精美的器物祭祀黄帝。古本《竹书纪年》载：黄帝仙去，其臣有左彻者，削木做黄帝之像，帅诸侯奉之。《绎史》卷五引《纪年》载：黄帝崩，其臣左彻取衣冠几杖而庙祀之。

由此可知，黄帝祭祀的历史可以追溯到五千多年前。新石器时代的考古成果业已表明，黄帝时代出现了大型神庙和祭坛，这是黄帝祭祀的重要佐证。

据《大戴礼记·五帝德》载，宰我问于孔子曰："昔者予闻诸荣伊令，言黄帝三百年。请问黄帝者，人邪，抑非人邪？何以至于三百年乎？"孔子回答说："（黄帝）生而民得其利百年，死而民畏其神百年，亡而民用其教百年，故曰三百年。"从上述记载中，我们不难想象，黄帝仙逝后人们对他深切而真挚的怀念之情，也不难想象黄帝祭祀的虔诚和隆重。

此后，各个时代的中国人都祭祀黄帝。

尧舜禹时代和夏代，黄帝被人们作为始祖祭祀。《国语·鲁语上》：有虞氏禘黄帝而祖颛顼，郊尧而宗舜。夏后氏禘黄帝而祖颛顼，郊鲧而宗禹。《礼记·祭法》：有虞氏禘黄帝而郊喾，祖颛顼而宗禹。

商周两代，以祭祀远祖之礼祭祀黄帝。

春秋战国时期，黄帝后裔继续祭祀黄帝。陈侯因敦铭文中明确记载，齐田氏以黄帝后裔身份祭祀黄帝。同时，春秋战国时期的黄帝祭祀具有了新的意义。黄帝不仅是华夏族的血缘祖先，也被作为天帝加以祭祀。

汉承秦制，尤重黄帝祭祀，早在刘邦举兵之时就有“祠黄帝”之举。最初以天神祭祀黄帝，王莽代汉后以始祖之礼祭祀黄帝。

魏晋南北朝时期，有郊祭时设黄帝神位的祭祀和专门祭祀黄帝的“黄郊”，有在明堂（太庙）中对黄帝的祭祀，还有帝王在传说有黄帝遗迹的地方举行的祭祀。

隋唐两代对黄帝的祭祀进一步制度化、规范化。黄帝作为三皇之一在中央的三皇五帝庙得到祭祀，同时，也开始在黄帝肇迹之处建庙立祠加以祭祀。唐代宗大历五年，在陕西桥山西麓建黄帝庙并规定按时祭典，奠定了桥山黄帝陵的祭祀地位。

宋代沿袭了郊祭时陪祭黄帝的传统，又极为重视黄帝陵庙的致祭。宋太祖开宝年间，桥山黄帝庙移建今址，规定中央政府每三年祭祀一次。元代，黄帝被奉祀为医药之神加以祭祀，各郡县兴建三皇庙，以民间祭祀为主。

明清两代都非常重视黄帝陵庙致祭。明太祖朱元璋将桥山黄帝陵列为国家祭祀的圣地，由皇帝亲祭或派遣大臣祭祀，每次祭陵的祭文、祭品等都要刻石立碑。清代的黄帝陵庙祭祀，也多由皇帝派遣专员致祭，见于记载的有 30 次。

清代晚期，为了御侮图强，反对封建专制，中国资产阶级民主革命派把黄帝作为中华民族的象征，宣扬黄帝精神以增强中华民族自立于世界民族之林的信念，祭祀黄帝成为表达救亡图存的方式，祭祀活动多由爱国志士们自发举行。

中华民国时期，外侮日亟、国难方殷，黄帝成为团结国内各族人民共同抵抗外来侵略的旗帜。民国元年（1912），中华民国临时大总统孙中山先生委派要员 15 人组成代表团，专程赴桥山祭祀轩辕黄帝陵。民国二十四年（1935）清明节，国民党中央执行委员会、国民党政府和陕西省政府派员致祭黄帝陵，并确立清明节为民族扫墓节，每岁举行仪式。1935 年到 1943 年，国民政府多次派遣官员在黄帝陵祭祀黄帝。特别是 1937 年清明节，国共两党在桥山黄帝陵共祭黄帝，对唤起中华儿女共同抗日作用巨大，具有现代民族意识觉醒的重大意义。

中华人民共和国成立后，国务院公布的第一批全国重点文物保护单位中，陕西省黄陵县桥山黄帝陵被列为古墓葬第一号。黄帝陵祭祀轩辕黄帝的规模不断扩大，形成清明节公祭、重阳节民祭的传统。同时，在传说黄帝史迹的地方也兴起对黄帝的祭祀，并且受到越来越多的重视。

黄帝祭祀的传统，延续至今五千年，这在人类历史上是独一无二的。黄帝祭祀超越血缘、种族、宗教、党派、制度甚至国界，获得了炎黄子孙和全世界华人的广泛认同，其号召力和影响力之大也是绝无仅有的。黄帝祭祀，突出的是积淀深厚的中华人文精神，树立的是一座华夏精神的丰碑。

民祭即民间祭祀。与公祭不同，是民间自发的黄帝祭祀，多由当地的祖先祭祀习俗演化而来。当今海内外的炎黄子孙，有的奔行千里，有的远涉重洋，怀着一腔同样赤诚的心，都以自己最虔诚的礼节祭拜共同的祖先。重阳节的黄帝陵大型民祭已有固定礼仪程序，但没有日常民祭的礼仪。重阳节之外，前来拜谒的众多的海内外炎黄子孙，没有一个表达崇敬民族始祖的礼仪形式。制定黄帝陵日常

◎ 20 世纪 80 年代民祭

民祭礼仪已经成为迫切需要。我们要继续弘扬黄帝精神，就必须重视祭祀礼仪文化的研究，制定出形式与内容并重，既具传统文化底蕴，又有地域文化特色的民间日常祭祀轩辕黄帝礼仪。民间自发的黄帝祭祀活动，对加强社会主义精神文明建设、弘扬社会主义核心价值观、建设和谐社会等都具有非常重要的现实意义。

自 1988 年起，每年农历九月九日重阳节，在黄陵县桥山黄帝陵都有民间祭祀活动（个别年份还在其他日期举行民祭）。重阳节民祭活动以黄陵县民众为主体，也有多方面人士参加，重阳节民祭活动参与人数一般超过万人，群众参与程度更为广泛。重阳节民祭活动由黄陵县有关方面组织。黄陵县文化局、黄陵县文管所、黄陵县谒陵祭祖委员会、黄陵县人大、黄陵县政府、黄陵县政协等都承担过重阳节民祭的组织工作。历年重阳节民祭的主持人身份也不完全相同，黄陵县人大、政府、政协及黄陵县文化局的负责人都主持过民祭仪式，有的年份的民祭活动还是由海外华人组织代表主持的。从总体看，重阳节民祭活动规模大，形式多样，民众参与程度高，社会影响越来越大。

1988 年重阳节民祭祭文：

轩辕黄帝在五千年前，战败了蚩尤，平息了战争，统一了三大部落，结束了野蛮时代，人类文明从此开始了。他建立了世界上第一个有共产的国家，他教民造舟车，养蚕桑，造文字，创医学，分男女，别雌雄，等贵贱，分上下，结束了群婚。人类的一切饮食住行，都是从黄帝时代开始的，后世人尊称黄帝是“人文初祖”“文明之祖”“无愧始祖”。

从秦皇汉武，到唐宗宋祖，历朝历代，不论蒙古族执政的元朝，满族人执政的清朝，汉族人做皇帝的明王朝，以及近代的孙中山、蒋中正、毛泽东、朱德、程潜、蒋鼎文等，都拜谒和祭奠过自己的始祖——轩辕黄帝。所以黄帝是我们全国五十六个民族，十亿人口的共同祖先。

黄帝活到一百一十岁，因在荆山铸鼎，劳累成疾，他自知身体不行，急速返回桥国，与世长辞了。他死后，群民不愿听到黄帝埋在土中，因此，一个优美动人的传说就出现了。言说，黄帝在病中，天宫派了一条巨龙，迎接黄帝回天宫，巨龙来到桥山之巅，黄帝和群臣告别，群臣不舍，难分难离，时辰一到，巨龙腾空而起，群臣扯下了黄帝衣冠、宝剑、靴子，葬埋在桥山之巅。这一天，就是农历九月初九重阳节，后世人称这天为“登高会”。这个节日，在明朝末年，因战乱被中止了。今天，海峡两岸炎黄子孙在桥山之巅发起恢复这个节日是件非常有意义的事情。它可以团结散布在世界各个角落的中国人，来在黄帝陵前，化解两岸中国人的心结。同时通过今天的纪念盛会，迎接一九八九年九月九日，台湾佛教人士发起的“黄陵祭祖千年盛会”。

1989年重阳节民祭祭文：

公元一九八九年十月八日，序属三秋，节届重阳；黄帝仙逸，万众共仰；钟鼓铿尔和鸣，黄花灿矣吐芳。黄陵县中华民族子孙祭祖谒陵接待委员会邀请海峡两岸学者、企业界、新闻界人士及当地民众万余人，齐集桥山之巅，黄帝陵前，敬备雅乐，高举霞觞，追远思亲，表我衷肠：

大哉元祖，德惠修长！草创文明，泽被遐荒。以师兵为营卫，顺天地之纪纲。淳化鸟兽虫蛾，时播百谷蚕桑。天下咸服，景从赢粮。奠中华民族之初基，启华夏文明之晓光。亘千秋而愈烈，历万世而益昌。荡荡乎德似江河行地以普施，泱泱乎功如日月经天而辉煌！壮哉帝陵，器宇轩昂！桥山拱卫，山色苍苍；沮水环绕，水流汤汤。翠柏凝春，万古流芳。年年清明，瑞霭轻飏；岁岁重阳，祥云辉映。炎黄苗裔，翘首而望；华夏子孙，慨当以慷。抒爱国情志依依，鼓民族正气堂堂！伟哉中华，雄踞东方！黄帝之风，山高水长。上下五千年，炎黄苗裔巍巍乎奋发向上；纵横三万里，东方巨龙翼翼兮九霄翱翔！长江黄河，奔腾不息；万里长城，固若金汤。五洲风雨疾，华夏有炎黄。人心渴望统一，民族日益富强。

凡我华裔，黄帝子孙，存枝萼之小异，建一体之大邦。谨以告慰，尚飨！

1990年重阳节民祭祭文：

维公元一九九〇年农历庚午年九月九日，碧天如水，秋高气爽，节属重阳，金菊绽香。中国人民政治协商会议陕西省黄陵县委员会暨各界人民谨以鲜果清醴，致祭于中华始祖轩辕黄帝陵曰：

威威赫赫，元祖轩黄。中华肇造，功德无量。继武炎帝，首重农桑。元配嫘祖，嫫母淑良。风范天下，内外有常。选贤任智，协理阴阳。四岳有德，帝总中央。开创百物，兆民乐康。仓颉造字，粟雨天堂。雷公岐伯，炮制药浆。指南车有，蚩尤败亡。五十二战，横扫强梁。大宇一统，传位青阳。寿逾百岁，巨龙高翔。万姓追忆，泪满河江。二十五子，分姓六双。列国七十，四海传扬。代代有继，尧舜禹汤。曰文曰武，乃至今昌。四十二载，力求富强。虽有曲折，成就辉煌。改革开放，人神共襄。多党合作，大政共商。“一国两制”，统一良方。召开亚运，民气高昂。中华儿女，又谱新章。发扬蹈厉，中兴有望。雄伟祖国，必立东方。昭告我祖，慨当以慷。魂兮来降，尚飨尚飨！

1991年重阳节民祭祭文：

维公元一九九一年十月十六日，秋高气爽，节届重阳，黄陵县各界代表及台湾同胞，谨以清醴芳花，敬祀于轩辕黄帝之陵曰：

沮水汤汤，桥山苍苍。巍巍祖陵，源远流长。轩辕黄帝，青史垂芳。中华文化，自此方张。甲子算数，律吕岐黄。六书制作，文字辉煌。舟车指南，五谷蚕桑。典章文物，功盈天壤。驭龙升天，泽被四方。星移斗转，历尽沧桑。唯我元祖，子孙共仰。域外寰内，无分派党。华夏苗裔，神驰意往。金菊开蕊，赤县重阳。海峡两岸，诚聚一堂。同胞同根，一脉继昌。捐弃前嫌，开来继往。“三通”慰民，“两制”兴邦。祖国一统，人心所向。时不我待，业当共创。弥隙携手，图盛图强。追古述今，矢志不忘。千秋万世，心祭炎黄。谨告我祖，伏惟尚飨！

1992年重阳节民祭祭文：

维公元一九九二年十月四日，岁次壬申，节在重阳，延安地区行政公署、黄陵县人民代表大会常务委员会、黄陵县政府、中国人民政治协商会议黄陵县委员会暨各界代表、台港澳同胞，海外侨胞，敬祀于元祖轩辕黄帝陵曰：

吾祖垂德，肇造中华，地大物博，矗立东亚。悠悠春秋，绵绵冬夏，子孙繁衍，万姓一家，载驰载驱，共筑广厦。开文明之先河，功在吾祖；垂万世之基业，兴旺发达。清正为公，廉洁去奢，改革开放，政绩尤嘉，乃慰乃止，厥途康达，中国特色，举世咸夸。兴我邦族，机遇最佳，勿失勿弃，勠力。昔之四大发明，享誉环宇；今之四化建设，重振华夏。呜呼！元祖龙登，犹存教化，瓜瓞黾勉，谅可俯察。无论海外，即或天涯，同根一体，能不崇赖。高天厚土，无须劳马，心香一瓣，克企笑纳。彼昭告者宏猷，至远至大；盼吾祖之余荫，神州普洒。伏惟尚飨！

1993年重阳节民祭祭文：

维公元一九九三年十月廿三日，岁次癸酉，节在重阳，黄陵县中华民族祭祖谒陵接待委员会暨各界代表，台港澳同胞、敬祀于吾祖轩辕黄帝陵前曰：

皇皇元祖，肇造中华，地大物博，矗立东亚，悠悠春秋，绵绵冬夏，期期以艾，勃勃劲发。清正为公，廉洁去奢，改革开放，兴旺发达。中国特色，举世咸夸，市场经济，引发百家。元祖龙登，图强兴华，法治民本，言路广发，改革开放，政绩尤佳，再接再厉，至远至大，尚飨尚飨！

1994年重阳节民祭祭文：

维甲戌年九月九日，秋高气爽，节届重阳。黄陵县中华民族子孙祭祖谒陵接待委员会，诚邀海内外学者、专家和各界人士及当地民众万余人，同聚于桥山之巅，敬备雅乐芳花时果，恭祭于吾中华民族开山元祖轩辕黄帝陵前而告慰曰：伟矣轩辕祖，圣名耀人寰，创文醒愚民，止戈定指南。始祖奠初基，弘恩惠大千。治水播五谷，垦田养桑蚕。律吕岐黄妙，男耕女织甜。祖德千秋仰，功盈龙驭天。重九逸仙界，龙脉永续延。

伟矣中华国，春秋五千年。民族立东土，支柱赖轩辕。广袤幅员三万里，青出于蓝胜于蓝。尧天舜日朗，老子孔子贤。秦皇树大业，汉武威振天。唐宗宋祖耀，孙文转坤乾，更喜毛公挥巨手，开创共和新纪元。历代伟人尊始祖，黄帝精神千古传。

我辈皆龙子，赤心向桥山，身流炎黄血，同根心相连。月是故乡明，饮水当思源。开来又继往，启后还承先。值此改革开放日，施才报国慰祖颜。祖国期一统，人民盼团圆。高举炎黄赤帜，同扬爱国主旋。爱国何分在朝在野，兴邦莫论谁后谁先。国家兴亡事，匹夫有责肩。九州斋奋起，“小康”做标杆。图强图盛兴伟业，心香炷炷祭轩辕。尚飨！

1995重阳节民祭祭文：

维公元一千九百九十五年十一月一日，天吐瑞气，地呈祥风，金菊绽蕊，节届九重。海内外炎黄子孙及黄陵守陵儿女，谨以时果鲜花之仪，致祭于我华夏始祖之陵曰：

天地玄黄，宇宙朦胧。天生轩辕，文武圣明。平妖制逆，玉宇澄清。开山治水，女织男耕。创文醒人，泽被民生。奠基华夏，日月升平。六畜兴旺，民富国荣。江山毓秀，人杰地灵。一脉继昌，叶茂根深。赫赫始祖，天壤功盈。重九逸仙，万代尊崇。五千年历史辉世界，亿万众华胄腾巨龙！桥山凝翠，沮水欢腾。秋高气爽，民贺九重。凡我中华民族，何分南北西东，赖今经济发展，可谓众志成城。放眼未来，满怀豪情。陆台港澳，同脉同宗。述今追古，上启下承。继往开来创新业，落叶恋本谒祖陵。奠一姓之根基，期万世之大同。始祖精神永在，龙国龙人长兴。造福人类，促进文明，责无旁贷，任当力行。诚以心香万炷，敬祀我祖圣陵。伏维尚飨！

1996年重阳节民祭祭文：

维公元一九九六年十月二十日，岁次丙子，节序重阳。黄陵县守陵儿女代表、驻黄各界代表、特邀省内外代表及当地群众两千余人，同聚于桥山之巅。敬备雅乐芳花、时果水酒、三牲五谷，致祭于吾中华民族始祖轩辕黄帝圣陵而祝文曰：

人谁无祖，吾祖轩辕。奠基华夏，春秋五千。施恩播慧，德被宇寰。鼎成龙驭，重九逸仙。始祖精神，代代颂传。桥山毓秀，古柏参天。黄帝子孙，一脉续延。守陵儿女，壮志弥坚，同心勠力，携手并肩。祖国一统，人民切盼。鼎新革故，启后承先。兴邦业伟，小康路宽。时不我待，催马扬鞭。一代龙子，弄潮鼓帆。崇祖爱国，正气凛然。先祖圣明，后土皇天。祖陵巍巍，赤心绵绵。无限敬意，永祀圣颜。尚飨。

1997年7月1日，祭祀的祭文为：

维公元一九九七年七月一日凌晨，岁次丁丑，节序赤夏，香港回归祖国怀抱，黄陵县各界代表集会桥山之巅，敬备饼羹时果，致祭于我中华民族人文初祖轩辕黄帝陵前，而告慰曰：

中华开国，黄帝奠基。龙的传人，世界屹立。叹我中华，屡遭烽烟，赞我人民，斗志弥坚。香港回归，历史必然，一国两制，五星招展。洗雪国耻，同胞团圆。九州高歌，万众扬眉。民族强盛，巨龙腾飞。中华儿女，黄帝子孙。崇祖爱国，壮志凌云。守陵儿女，心潮荡漾。陵前叩拜，点燃心香。告慰先祖，永祐龙邦。尚飨！

1997年重阳节民祭祭文：

维公元一九九七年十月十日，碧天如水，古柏凝香，黄陵县民间祭拜轩辕黄帝陵协会领导、政协黄陵县委员会副主席段育清、黄陵县祭陵办、黄陵县文物管理所、黄陵县轩辕黄帝研究会、黄陵县桥山镇及工、农、兵、学、商、妇女等各界代表和当地民众千余人，斋聚于桥山之巅，敬备鲜花雅乐、饼羹时果，致祭于吾中华民族元祖之仙陵曰：

金菊开蕊，节届重九；守陵儿女，缅怀始祖。伟矣轩辕，中华肇造；应天而起，桥国始号。教民种黍，挈妇养蚕；服牛乘马，舟车指南。五十二战，诸侯宾咸；文字礼乐，医药俱全。昭如日月，光泽宇寰；四海归黄，龙脉续延。神州莽莽，华夏悠悠；江山俊秀，人才辈出。小平理论，指引航程；改革开放，经济繁荣。五星招展，紫荆怒放；香港归宗，两制兴邦。政治民主，民康国泰；十五大会，大放异彩。中华文明，源远流长；始祖懿德，光大昭彰。龙乡儿女，豪情满怀；鼎新革故，继往开来。今辰奉祀，朝夕难忘，愿我先祖，永祐龙邦。尚飨！

1998年重阳节祭文：

维公元一九九八年十月二十八日，金菊开蕊，节届重阳，碧天如水，古柏凝香。政协黄陵县委员会、黄陵县民间祭拜轩辕黄帝陵协会、黄陵县祭陵办、黄陵县文物管理所、黄陵县轩辕黄帝研究会、黄陵县桥山镇及工、农、兵、学、商、妇女等各界代表和当地民众千余人，斋聚于桥山之巅，敬备鲜花雅乐、饼羹时果，致祭于吾中华民族元祖仙陵曰：

伟矣轩辕，中华肇造；应天而起，桥国始号。教民种黍，挈妇养蚕；服牛乘马，舟车指南。五十二战，百族共天；文字礼乐，医药俱全。始祖恩德，光耀宇寰；四海归黄，龙脉续延。神州莽莽，华夏悠悠；江山俊秀，人才辈出。小平理论，指引航程；改革开放，经济繁荣。黄帝子孙，同胞同根。一国两制，港澳归宗；两岸一统，顺乎民心。龙乡儿女，崇祖思强，鼎新革故，志奔小康。今晨奉祀，心祭吾黄，祈我先祖，永祐龙邦。尚飨！

1999年重阳节民祭祭文：

年逢千禧，节届重阳，时维世纪之交公元一九九九年岁次己卯九月九日九时九分，黄陵县守陵儿女及华夏文化促进会、中华九九大祭祖组织委员会、港澳台同胞、海外侨胞、群贤毕至，少长咸集于沮水绕流古柏参霄之桥山巅峰，谨致香花鲜果清醴雅乐之仪，以虔诚恭敬仰慕报恩之心，恭祭我中华民族始祖轩辕黄帝之陵，同颂炎黄而以千字敬白曰：

伟哉中华，伟哉炎黄，炎黄中华，中华炎黄。伟哉中华，黄河长江，伟哉炎黄，神农轩皇。黄河长江，浩浩洋洋，黄帝炎帝，赫赫荡荡。维我始祖，文明开创，教民稼穑，五谷蚕桑。农田耒耜，服牛牧羊，甑食壶浆，布帛衣裳。陶木工艺，宫室炕床，舟车指南，弧矢罟网。炼铜铸鼎，冶金采矿，货殖商贾，刀币市场。药尝百草，救死扶伤，雷岐问难，医病治。道传四经，五行阴阳，兵法历数，连山归藏。龙图龟书，琴瑟磬篁，凤凰来仪，麒麟呈祥。衣食住行，生养死葬，民生民用，靡不周详。制礼作乐，冠婚祭丧，八音和谐，律吕调阳。武烈文谟，峻极莫尚，开拓发明，人文元王。经纶草昧，教化洪荒，中华奠基，功德辉煌。胄衍祀绵，岳峨河汪，团结纽带，民族征象。连绵瓜瓞，凝聚磁场，垂数千载，遗泽流芳。衣被华夏，普天同仰，中华儿女，纪念心房。一脉万系，同祖同堂，赤县青史，共造共彰。秦岭苍苍，湘水汤汤，黄陵炎陵，桥山茶乡。昆仑土黔，祝融火火党，龙腾虎踞，禽鹿和腔。翠柏凝轩，青流毓姜，巍巍穆穆，万世景行。历代朝宗，祀典有常，天涯海角，同祭祖飨。祐我后昆，山高水兼，庇我族邦，铁壁铜墙。一统祖国，烝畀祖姜，复兴中华，告慰轩皇。伟哉中华，伟哉炎黄，伟哉中华，锦绣河江。伟哉炎黄，兄弟无双，开发河江，苗裔繁昌。炎黄子孙，枝连本萌，根深叶茂，源远流长。汉唐宋明，传继羹墙，外御其侮，棠棣馨香。清末失纲，列寇强梁，民生糟糠，国难频降。辛亥鼎新，求索昧爽，十月炮响，马列建党。遵义转晟，曙光始昉，七大成壮，移山鼎杠。反帝反封，道阻冰霜，万水千山，意志如钢。特色革命，党善引氓，以村围城，镰斧武装。小米步枪，党建新邦，独立自主，屹立东方。魑魅魍魉，“文革”祸殃。三中全会，力挽澜狂，拨乱反正，休息生养。长治久安，固若金汤，社会主义，前程远庞。特色建设，党善导航，初级阶段，不可逾抗。实事求是，解放思想，安定团结，朝前看坊。一心两点，基本路向，坚持原则，改革开放。洋为中用，取精吸良，加速加深，防右防僵。人民民主，政治协商，集中领导，服从中央。走自己路，产力发扬，共同富裕，纪末小康。三代接轨，邓旗高张，发展经济，经纶市场。依法治国，明载宪章，三讲正气，严肃纪纲。歪理邪说，曝光涤荡，四有教化，文明风尚。弹星精神，创新昭彰，科教兴国，大道康庄。一国两制，伟大构想，港澳回归，顺理成章。和平统一，人心所向，一个中国，原则立场。两国谬论，妄图分疆，文挞武备，岂容嚣张。统一祖国，民族愿望，振兴中华，全民图强。任重道远，迎难而上，缅怀元祖，宁不激昂。千禧兆瑞，纪交呈祥，五十华诞，普天庆唱。五星旗飘，晔晔其晃，进行曲亢，铿锵其锵。天门国徽，庄严亮堂，凡我华胄，爱莫能忘。阅兵游行，气势雄壮，解放军将，长城国防。工农智囊，国家栋梁，民伟军威，大好形象。开国创业，改革辉煌，世纪腾飞，势不可挡。泱泱大国，日丽月晃，炎炎众族，地久天长。十亿神州，无穷力量，生动活泼，何用不臧。天下为公，先哲提倡，世界大同，秧歌继响。人间净土，万丈光芒，新纪新篇，再奏炎黄。祭颂大成，伏维尚飨。

2000年重阳节民祭祭文：

维公元二〇〇〇年十月六日，岁序庚辰，节在重阳，黄陵县守陵儿女代表及海内外各界人士，斋聚于桥山之巅，谨以五谷、水酒、时果、芳花之仪，致祭于吾中华民族始祖轩辕黄帝陵前曰：

赫赫始祖，寰宇流芳。开辟鸿蒙，日月同光。肇作甲子，始制衣裳。内经宝典，总成岐黄。发明舟车，乐造宫商。倡创礼仪，淳化万象。采铜铸鼎，福泽八方。驭龙升天，九九重阳。

斗转星移，世道沧桑。历尽艰辛，多难兴邦。春风化雨，改革开放。炎黄子孙，奋发图强。惩治腐败，整肃纪纲。广开言路，民气畅扬。港回澳归，两制辉煌。陆台一统，人神共襄。

桥山巍巍，沮水汤汤。中华文明，源远流长。民族圣地，龙的故乡。始祖懿德，光大昭彰。守陵儿女，龙凤呈祥。昂首新纪，再造辉煌。根在黄陵，千秋景仰。告慰始祖，伏维尚飨。

2001年重阳节民祭祭文：

维公元二〇〇一年十月二十五日，岁序辛巳，节在重阳，黄陵县守陵儿女代表及海内外客家人代表和各界人士，斋聚于桥山之巅，谨以五谷、水酒、时果、芳花之仪，致祭于吾中华民族始祖轩辕黄帝陵前曰：

赫赫始祖，寰宇流芳。开辟鸿蒙，日月同光。肇作甲子，始制衣裳。内经宝典，总成岐黄。发明舟车，乐造宫商。倡创礼仪，淳化万象。采铜铸鼎，福泽八方。驭龙升天，九九重阳。

斗转星移，世道沧桑。历尽艰辛，多难兴邦。春风化雨，改革开放，炎黄子孙，奋发图强。惩治腐败，整肃纪纲。广开言路，民气畅扬。港回澳归，两制辉煌。陆台一统，人神共襄。

桥山巍巍，沮水汤汤。中华文明，源远流长。民族圣地，龙的故乡。始祖懿德，光大昭彰。守陵儿女，龙凤呈祥。昂首新纪，再造辉煌。根在黄陵，千秋景仰。告慰始祖，伏维尚飨。

2002年重阳节民祭，参加的有延安市十三县区政协工作联合会议第二次会议参与代表、黄陵县和海内外各界人士。这次祭祀的祭文为：

维公元二〇〇二年十月十四日，岁序壬午，节届重阳，延安市十三县区政协工作联席会议第二次会议参会代表，黄陵县守陵儿女代表及海内外各界人士，斋聚于桥山之巅，谨以三牲、五谷、时果、芳花之仪，致祭于吾中华民族始祖轩辕黄帝陵前曰：

赫赫始祖，寰宇流芳。开辟鸿蒙，日月同光。肇作甲子，始制衣裳。内经宝典，总成岐黄。发明舟车，乐造宫商。倡创礼仪，淳化万方。采铜铸鼎，福泽八荒。驭龙升天，九九重阳。

斗转星移，世道沧桑。历尽艰辛，多难兴邦。春风化雨，改革开放。国臻大治，民殷小康。以德治国，整肃纪纲。三个代表，励精图强。一国两制，携手并航。和平统一，人神共襄。

桥山巍巍，沮水汤汤。华夏文明，源远流长。民族圣地，龙的故乡。始祖懿德，光大昭彰。中华儿女，龙凤呈祥。与时俱进，再造辉煌。根在黄陵，千秋景仰。告慰始祖，伏维尚飨。

2003年重阳节民祭活动，增加了“追远迎祖”仪式。同日，黄陵县举办了民间文艺表演、“黄帝陵颂祖碑林”奠基仪式、“炎黄子孙墓园”开工仪式。10月2日至4日，陕西省轩辕黄帝研究会和黄陵县还主办了“黄帝与民族复兴研讨会”。这次祭祀的祭文为：

维公元二〇〇三年十月四日，岁序癸未，节届重阳。金菊吐蕊，秋高气爽。海内外中华儿女千余人斋聚于圣地桥山，谨以芳花素果之仪，恭祭于吾中华民族始祖轩辕黄帝之灵位曰：

赫赫始祖，寰宇流芳。开辟鸿蒙，福泽八荒。肇作甲子，始制衣裳。

内经宝典，总成岐黄。发明舟车，除暴安邦。倡创礼仪，淳化万方。服牛乘马，选贤纳良。采铜铸鼎，龙驭重阳。

斗转星移，正道沧桑。历尽艰辛，多难兴邦。春风化雨，改革开放。国臻大治，民奔小康。民主法制，整肃纪纲。三个代表，励精图强。一国两制，携手并航。和平统一，人神共襄。

桥山巍巍，沮水汤汤。华夏文明，源远流长。民族圣地，龙的故乡。始祖懿德，光大昭彰。中华儿女，龙凤呈祥。与时俱进，再铸辉煌。根在黄陵，千秋景仰。祭礼告成，伏维尚飨。

2004年的重阳节祭文：

维公元二〇〇四年十月二十二日，岁序甲申，节届重阳。金风送爽，圣地生辉。海内外中华儿女万余人斋聚桥山轩辕大殿，谨以芳花素果之仪，恭祭于吾中华民族始祖轩辕黄帝之陵曰：

赫赫始祖，寰宇流芳。开辟鸿蒙，日月重光。肇作甲子，始制衣裳。内经宝典，总成岐黄。发明舟车，除暴安邦。倡创礼仪，淳化万方。服牛乘马，选贤纳良。采铜铸鼎，福泽八荒。

斗转星移，正道沧桑。历尽艰辛，克难兴邦。春风化雨，改革开放。国臻大治，民奔小康。民主法制，整肃纪纲。求真务实，励精图强。一国两制，携手并航。和平统一，人神共襄。

桥山巍巍，沮水汤汤。华夏文明，源远流长。民族圣地，龙的故乡。始祖懿德，光大昭彰。中华儿女，龙凤呈祥。与时俱进，再铸辉煌。根在黄陵，千秋景仰。祭礼告成，伏维尚飨。

2005年重阳节民祭祭文：

维公元二〇〇五年十月十一日，乙酉年九月初九，岁次重阳，秋高气爽，金风骀荡，花萼相辉，中华儿女相聚于黄陵，谨以数千年之文明礼仪，恭祭吾中华民族人文始祖黄帝，祭文曰：

赫赫始祖，华诞龙昂。草创文明，泽被遐荒。三战阪泉，奠兹宇疆。徇齐敦敏，抚民度方。民族成基，华夏曦光。中华肇造，功德无量。历史长河，风激云荡。星移斗转，世道沧桑。夏商周秦，汉晋隋唐。宋元明清，汗青流长。忧患频仍，多难兴邦。厚德载物，乃祭乃昌。矢勤矢勇，不息自强。必信必忠，光大照彰。光风霁月，天神共襄，血浓于水，国运和祥。领土统一，不容更张。众志成城，蹈厉发扬，亿万斯年，日月同煌。鸦片战争，赤县悲怆。列强侵华，突豸奔狼。山河破碎，日寇猖獗。国共合作，外御强梁。抗战胜利，国威奋昂。再塑金瓯，全民力量。今日神州，改革开放。新元肇启，慨当以慷。两岸四地，同胞一堂。同祖同根，一脉继昌。度尽劫波，开来继往。光前裕后，伟业共创。祖国一统，人心所向。同室织锦，图盛图强。以德治国，奕业垂光。科学发展，再铸辉煌。春风化雨，大路康庄。始祖后胄，意气畅扬。民族复兴，和谐相商。两岸携手，经济腾骧。华夏归一，龙凤呈祥。美哉中华，吾辈原乡。壮哉中华，万古传芳。伟哉中华，世人共仰。追古述今，永志不忘。黄帝子孙，神驰心往。

告慰始祖，万炷心香。以祷以祝，祐我龙邦。千秋万代，国固金汤。祭礼大成，伏惟尚飨。

2006年重阳节民祭祭文：

维公元二〇〇六年十月三十日，岁序丙戌，节在重阳。圣地生辉，金风送爽。海内外中华儿女各方、各界代表及当地群众万余人齐聚于桥山轩辕殿前，谨以芳花素果之仪，恭祭于吾中华民族始祖轩辕黄帝之灵曰：

赫赫始祖，寰宇流芳。经天纬地，日明月朗。肇作甲子，始制衣裳。算数医药，淳化万方。发明舟车，除暴安良。倡创礼仪，初定家邦。服牛乘马，四海吉祥。采铜铸鼎，泽被八荒。

斗转星移，国运恒昌。历尽艰辛，克难兴邦。春风化雨，改革开放。国臻大治，民奔小康。和谐社会，百业兴旺。求真务实，鼎新图强。一国两制，携手并航。两岸一统，人神共襄。

桥山巍巍，沮水泱泱。华夏文明，源远流长。民族圣地，龙之故乡。始祖懿德，光大昭彰。中华儿女，开来继往。与时俱进，再铸辉煌。伟哉黄陵，千秋景仰。祭礼告成，伏维尚飨。

2007年重阳节民祭祭文：

维公元二〇〇七年十月十九日，岁次丁亥，节届重阳；躬逢盛世，国运恒昌。中国民间文艺家协会、全国政协文史和学习委员会办公室、黄陵县人民政府、并湖北长阳、广西东兰、贵州黎平、云南石林、玉龙、宁洱、孟连、西藏林周、甘肃肃南、青海互助十个民族县各族同胞，以及海内外各界代表和当地群众万余人，齐聚于圣地桥山，以各民族特有的祭祀礼仪，高奏雅乐，敬献甘醴，恭祭吾中华人文始祖轩辕黄帝之陵曰：

伏惟吾祖，肇启祥光。垂衣裳而治天下，造舟车以启八荒；奏黄钟以惊鬼神，明历数而惠万苍。允当人文始祖，领受万世敬仰。足迹仍在，圣训犹响；翠柏如昨，手泽绵长。抚今追昔，心事浩茫。伟矣吾祖！筑宫室，奠定五千年之宏业浩荡；壮哉吾祖！创文字，抒写各苗裔云锦天章。桥山旷远，领五岳以气宇轩昂；沮水悠渺，襟四水而源远流长。

春秋代序，惠风和畅。党会十七，霓彩霞光；奥运在即，意气洋洋。道德建设，精魂激扬；文化复兴，再照泰康。一脉炎黄，八方敬香。中华遗产，伏藏殿堂；世界和平，绵延无疆。以人为本，促进和谐社会成长；友善环境，永葆秀美家邦。五十六族，兄弟意深情长；一国两制，港澳繁荣富强。望宝岛归来，日月蕴团圆之灵光；祈神州振兴，山河展腾飞之翅膀。皇天后土，永祐我邦！大礼告成，伏惟尚飨！

2008年10月7日上午，以“同享奥运，共祭始祖”为主题的戊子年重阳节恭祭轩辕黄帝典礼在陕西省黄陵县的黄帝陵轩辕大殿前隆重举行。这次祭祀的祭文为：

维公元二〇〇八年十月七日，岁序戊子，节在重阳，圣地生辉，金风送爽。中华奥运健儿、奥运火炬手、奥运志愿者和海内外各方、各界代表及当地群众万余人齐聚于桥山轩辕殿前，谨以芳花素果之仪，恭祭于吾中华民族始祖轩辕黄帝之灵曰：

伟矣轩辕，功贯坤乾。肇启鸿蒙，纬地经天。
创文醒民，植桑养蚕。医药济世，舟车指南。
服牛乘马，举能荐贤。首创礼仪，始制法典。
采铜铸鼎，恩泽无边。始祖懿德，万代颂传。
星移斗转，地覆天翻。春风化雨，改革路宽。
雪灾地震，中华巍然。众志成城，捷报频传。
祥云缭绕，奥运梦圆。嫦娥奔月，神七问天。
和平统一，两岸期盼。构建和谐，共谱新篇。
桥山巍巍，沮水潺潺。华夏文明，流长源远。
中华儿女，携手并肩。兴邦治世，启后承先。
与时俱进，科学发展。民族复兴，我辈勇担。
根在黄陵，千秋祀奠。告慰始祖，国泰民安。
尚飨。

20世纪80年代以来，爱国团体到黄陵祭祀的主要有：

1988年1月18日，以何文德先生为团长的“台湾老兵返乡探亲团”来到黄帝陵前庄严祭告轩辕黄帝，其祭文为：

时维黄帝纪元四千六百八十五年（公元一九八八年），岁在丁卯，公历元月十七日，台湾返乡探亲团团长何文德，率团员二十四名于海峡两岸分离三十八年之后，同胞得以探亲，骨肉得以团圆。特从万里之外，前往中华民族发祥之地，于秦陇之郊，趋黄帝陵。以鲜花牲果，告祭我民族始祖轩辕氏灵前曰：

缅我民族，轩辕肇始；唐尧虞舜，三代之君；胄裔绵衍，四方流布；历经变乱，终克复兴；五千岁载，东亚雄踞；声威天下，木本水源；唯我始祖，黄帝轩辕。台湾同胞，闽粤汉裔；逐荷东来，洪荒山川；秉承遗训，敦睦土著；共启山林，营建家园；拓土开疆，是作屏藩；婆娑之洋，美丽之岛；教化广被，海上中华。近世悲运，列强陵夷；甲午一战，乃沦日寇；首唱民主，义军奋起；浴血卫士，援绝弹尽；殖民含垢，犹持汉节；文化协会，民众之党；迭仆迭起，忍辱不屈。抗战胜利，内战继起；国共阋墙，神州燎原。台湾光复，举岛欢腾；二八事件，同胞相残。一九四九，国土分裂；海峡天堑，骨肉离散；天地不仁，我为刍狗；天旋地转，万劫归来；今遂夙愿，探亲返乡；鬓毛虽衰，乡音未改；滚滚黄河，悠悠江水；巍巍五岳，大地苍茫；泰山昆仑，黑水白山；土泥芬芳，乃我原乡。徘徊陵前，心结萦绕；仍有同胞，难谒故土；大劫未了，太平难期；愿我先祖，　我华胄；同室止戈，永弃相残；再结同心，光大中华；千秋始祖，其来尚飨。

1995年8月24日，台湾和平小天使访问团一行74人来到中华儿女心驰神往的圣地——黄帝陵园，谒拜中华民族的人文始祖轩辕黄帝。他们身穿印有“和平鸽”图案的特制服装，佩戴“古老中国一条龙，龙的故乡在黄陵”绶带，向轩辕黄帝告祭：愿做团结与繁荣的种子，促进中华民族早日统一，共同迈向和平、繁荣、希望的21世纪。其祭文为：

我们背负着历史的承诺及跨世纪的荣耀，带领51位天真无邪的和平小天使来到这里，虔诚地向孕育我们中华儿女的轩辕黄帝灵前告祭：

我们深深期盼两岸晦暗、紧张、不安的关系能尽速挥去，并期望藉由两岸和平小天使青少年朋友的交流，能多一些了解，少一些误解；多一份扶持，少一份责难。让我们一同放下历史不幸所造成的成见，培养下一代中华儿女都能礼让互助，相互尊重，一同携手同行迈向和平、共生、繁荣、希望的二十一世纪。

全国小天使们诚挚地祈求、祝祷，因历史因素而分裂的中华民族能早日统一，共促发展与繁荣。

2000年，凤凰卫视千禧之旅的摄制队伍，由中东返回国内路过陕西时，特意到黄帝陵前来参拜，以感激始祖保祐这次文化传播旅程顺利进行。给海内外关注中华传统文明的人们留下深刻的印象。其祭文为：

公元二〇〇〇年一月三十一日，香港凤凰卫视千禧之旅一行，前来祭扫中华民族始祖轩辕黄帝之陵。千禧之旅出发之时，全队曾在香港海湾燃香洒酒，面北遥拜；今百日方过，万里来归，乃急赴沮水之滨，桥山之巅，列队叩首，虔恭禀报：托始祖洪福，此行成矣！

此行横贯三洲，直穿十国，轮流拜谒诸文明遗址，始于希腊埃及，继以希伯来两河，再而阿拉伯波斯，转至印度河恒河，直至中华边陲，跨越世界屋脊，经藏青甘川而入陕，共三万千米而有余，千年一回，前无古人，沿途艰险，无可言喻，蒙祖保祐，全体平安。今凤凰卫视刘长乐主席率全体队员，以鲜花素果之仪，专诚祭拜。词曰：

黄河滔滔，秦岭苍苍，中华文明，山高水长。创始之初，尚有远邻，历数千年，逐一败忘。铁蹄废墟，衰草斜阳，此行考察，满目沧桑。唯我中华，巍然自立，历尽灾劫，多难兴邦。终逢盛世，百业俱兴，炎黄子孙，重铸辉煌。千载雄魂，再翔东方，告慰始祖，伏惟尚飨！

2005年5月6日，台湾亲民党主席宋楚瑜率大陆访问团祭拜黄帝陵，宣读祭文，敬献花篮，并发表感言：“炎黄子孙不忘本，两岸兄弟一家亲。”强调中国人有能力、有智慧解决彼此的矛盾和问题。其祭文为：

吾祖峻德，万古流芳；平定荒漠，举世称殇。订律设制，立五千年不拔之根基。造车指南，辨兆万民不易之方向。功垂千古，名扬万邦；造福生民，益发其祥。今值两岸，协力互惠之际；仰祈灵祐，天道酬谢之德。赐福策勉：兄弟扶持成大业，二十一世纪振八荒；益兹激励：炎黄子孙不忘本，两岸和平一家亲。山岳巍巍，河海荡荡，缅怀祖德，永矢弗忘！掬诚告奠，伏祈灵鉴！

中华人民共和国时期的黄帝祭祀礼仪

中华人民共和国时期，历年清明节在陕西省黄陵县桥山黄帝陵举行的公祭典礼，由陕西省领导人主持，在陵前举行，遇雨时在轩辕庙举行。祭典的程序一般是：（1）全体肃立；（2）主祭人、陪祭人就位；（3）奏古乐；（4）敬献花篮、花圈；（5）行三鞠躬礼；（6）恭读祭文；（7）讲话；（8）鸣放鞭炮、绕陵一周；（9）留影；（10）植纪念树。

2004年清明节前，祭祀大殿竣工，祭祀活动首次启用“天子祭器”，祭器中包括斥400万巨资复制的曾侯乙墓编钟、磬和九鼎八簋等，此次公祭活动还首次增加了大型乐舞《轩辕黄帝颂》，与往年相比祭祀礼仪有所变化。

典礼会场布置为：主祭台上方悬挂“甲申年清明公祭轩辕黄帝典礼”，主祭台铺黄色地毯，台上放置两组话筒，供主持人和恭读祭文人使用，祭台西侧放置两组话筒，供总指挥和播音员使用。台下共分10个区：第一方阵、海外侨胞区、港澳同胞区、台湾同胞区、民间主祭人单位代表区、黄帝陵基金会代表区、陕西各界代表区（西安）、陕西各界代表区（延安、黄陵）、表演区、记者区。

9时50分，主持人宣布甲申年清明公祭轩辕黄帝典礼开始。祭典礼程序为：（1）全体肃立。（2）击鼓鸣钟（击鼓34咚，鸣钟9响）。（3）敬献花篮。（4）恭读祭文。（5）向黄帝像行三鞠躬礼。（6）乐舞告祭，共分四个乐章：

第一乐章是祥云吉雨，歌颂黄帝功德；第二乐章是百兽率舞，表现部落间的和谐生活；第三乐章是中华鼓魂，用陕西洛川鳌鼓、韩城行鼓等鼓乐，表现昂扬向上的民族精神；第四乐章是驭龙飞天，象征中华民族的崛起和昌盛。（7）瞻仰祭祀大殿，拜谒黄帝陵。

民间祭祀原无固定时间和仪式。1980 年恢复祭陵活动以后，民祭的时间和仪式仍未统一，前来谒陵拜祖的海内外炎黄子孙，用各自的风俗祭奠中华民族的人文初祖——轩辕黄帝。

1988 年开始，黄陵县举行一年一度的重阳节民祭轩辕黄帝逸仙盛会。程序是：（1）全体肃立。（2）各界代表就位。（3）击鼓鸣钟。（4）奏古乐。（5）祭奠（敬献花篮、花圈，群众代表敬献三牲祭品，上香，烧纸，奠酒等）。（6）行三鞠躬礼。

◎龙旗 鼎

（7）恭读祭文。（8）鸣放鞭炮、绕陵一周（由鼓乐队前导，主祭、陪祭人依次绕行）。（9）留影。（10）植纪念树。

民祭活动保留了公祭活动中的一些内容，增加了鼓乐队、唢呐队和56人组成的仪仗队，12人组成的三牲队。主、陪祭人穿印有巨龙腾飞的黄马夹，肩披绣有“古老中国一条龙，龙的故乡在黄陵”大字的佩带。除此之外，在祭陵仪式里还增加了击鼓、鸣钟、植纪念树等仪式。

1996年重阳节民祭轩辕黄帝陵仪式为：1. 执事者各就各位。2. 祭典子孙肃立就位。3. 奏乐：（1）击鼓鸣钟；（2）金号三匝（长号对空转圈吹三次）；（3）大乐三吹（长唢呐吹三响）；（4）大铜三发（大铜锣敲三响）；（5）细乐三奏（小唢呐吹三响）；（6）鼓乐齐鸣（所有长号、唢呐、锣、鼓齐奏）。4. 扫尘挂影（由一名执事清扫祭亭，悬挂黄帝像）。5. 祭祀乐舞：（1）先民祭祀乐舞；（2）汉武帝祭礼乐舞；（3）元泰定帝遣官祭祀乐舞；（4）清康熙帝遣官祭祀乐舞。6. 敬献祭品：（1）敬献鲜花、花篮、松柏；（2）上香；（3）奠酒；（4）敬献饼羹时果；（5）敬献金斗、银斗。7. 行高奠礼，恭读祭文：（1）行三拜九叩礼；（2）由主祭人恭读祭文；（3）焚烧纸钱、香表。8. 扫墓。9. 植纪念树。

四海同钦

《史记·五帝本纪》记载：黄帝“东至于海，登丸山，及岱宗，西至于崆峒，登鸡头。南至于江，登熊、湘。北逐荤粥，合符釜山。”《轩辕黄帝传》也有记载：“帝所理天下，南及交趾，北至幽陵，西至流沙，东及蟠木。”很多有黄帝事迹传说的地方建立祠庙祭祀黄帝，中华大地上有许多祭祀轩辕黄帝的祠庙，有20多处。我们择要述之。

2003年10月26至28日，在新郑市黄帝纪念馆举行了“癸未年世界客属第十八届恳亲大会‘根在中原’拜祖大典”。

2006年3月31日，在新郑市黄帝故里景区举行了“丙戌年黄帝故里拜祖大典”。祭祀的祭文为：

春风荡漾，万象更新。维公元二〇〇六年三月三十一日，农历丙戌年三月初三，中共河南省委书记、河南省人大常委会主任徐光春谨代表河南九千七百万人民，在中华人文始祖轩辕黄帝的故里、故都——新郑市，拜祀始祖轩辕黄帝曰：

具茨巍巍，溱洧泱泱。轩辕之丘，天降轩皇。圣明睿智，光耀朝阳。赫赫伟绩，惠泽八方。先民之世，天蛮地荒。继炎而起，肇造华章。甲子算数，律吕岐黄。六书制作，文字辉煌。舟车指南，五谷蚕桑。修德振兵，铸鼎开疆。设官司职，政体滥觞。宇内一统，万民景仰。二十五子，分姓六双。代代有继，尧舜禹汤。龙脉赓续，乃至今昌。世界文明，彰显华邦。三个代表，指明方向。立党为公，民本至上。改革开放，人神共襄。多党合作，国是共商。发展经济，民富国强。先进文化，人人分享。神六飞天，民气高昂。中华儿女，再谱新章。炎黄子孙，五洲六洋。海外同胞，念祖思乡。海峡两岸，骨肉情长。统一复兴，义不容让。科学发展，振兴总纲。中华民族，雄立东方。中原儿女，奋发向上。农业先进，工业兴旺。科教发达，环境优良。社会和谐，人民安康。英才辈出，自强争光。中部崛起，指日可望。黄河滔滔，嵩岳茫茫。缅怀祖德，光大发扬。谨告我祖，伏惟尚飨！

河南灵宝市西20千米处阳平镇东北5千米黄帝岭西端有黄帝庙，据史籍记载，它最初由汉武帝建宫，唐刺史王颜为铭。历经战火乱世，庙时圮时建。明朝县令黄方见庙破败不堪，遂加以整修，并于庙后建奎阁一座。后庙复毁，明崇祯二年县令李服义重建。今天所见的黄帝庙，是在原旧有庙址的基础上重建的，呈南北坐向。在此建庙渊源于历史传说，据《史记·封禅书》记载，古时这里荆山一带灾情严重，轩辕黄帝从昆仑山来到荆山查看。为炼仙丹给百姓治病，黄帝采首山之铜，汲湖中之水，铸鼎于山下。“黄帝采首山铜，铸鼎于荆山下。鼎既成，有龙垂胡髯下迎黄帝。黄帝上骑，群臣后宫从上者七十余人，龙乃上去。余小臣不得上，乃悉持龙髯，龙髯拔堕，堕黄帝之弓。百姓仰望黄帝既上天，乃抱其弓与胡髯号。”人们把黄帝的靴子埋在铸鼎塬上，在此地建立黄帝衣冠冢，并建庙祭祀。后人到此祭祀拜祖，络绎不绝。李白、杜甫、白居易、刘禹锡等著名诗人都曾到此拜谒，题诗作赋，发出过“樊萝来绝顶，瞻拜意何胜”的慨叹！著名诗人贺敬之在铸原也曾留诗一首：“中华五千年，史证灵宝见。荆山登高望，古今两惊叹。”1992年8月，地方政府投资600万元在原址上建设成了陵墓（衣冠冢）、阁楼、大殿、山门、碑廊、亭台等景点，并修复了象征天神、地神和祖宗的三尊大铜鼎。每年农历二月初九前后前往此地祭祀瞻拜黄帝的人们络绎不绝。

浙江缙云地区的祭祀黄帝活动历时已久，唐朝时在缙云仙都山建起黄帝祠宇，以供祭祀黄帝。1998年，缙云县重建黄帝祠宇，使它成为中国南方寻根问祖、拜谒黄帝的场所。

1998年10月10日缙云县黄帝公祭黄帝典礼。其祭文为：

维公元一千九百九十八年，岁次戊寅，时在孟冬，阳月吉日，缙云县县长吕军民谨代表全县四十三万人民，敬具香花醴酒，恭诚奉祭于黄帝祠宇之前，曰：

巍峨中华民族，辉煌肇创于炎黄；赫赫公孙轩辕，姓名彪炳于天地！

伏维吾祖：

德呈黄土，遂作尊称；氏系缙云，及膺嘉锡。接武伏羲神农，继三皇之伟烈；传芳唐尧虞舜，著五帝之丰功。敦敏精勤，披山通道；播耕教化，治国安民。熠熠光芒，文明发越；悠悠岁月，苗裔绵延。桥山共仰陵园，万国衣冠来拜；鼎湖曾遗弓剑，千年祠宇重瞻。驰驱揽辔，映天马迹之潭；涕泣攀髯，匝地龙须之草。明珰翠羽，仙子有昭灵之宫；金简玉书，玄孙得治水之法。祖德追思，英风不绝；神功缅想，灵爽在兹。

维吾缙邑：

名传帝号，景仙都。独秀一峰，片云孤石；回环九曲，匹练层波。留篆苍碑，永忆盛唐之贤令；传经绛帐，曾来南宋之大儒。翰苑题诗客，高吟阆苑之篇；皇都折桂人，喜下仙都之榻。峡号芙蓉，探幽恍登蓬岛；溪流碧玉，问渔如入桃源。彩云仙乐，三唐天宝之年；莹石珠岩，两浙物华之地。

溪山挺奇秀之姿，人民得聪勤之禀。历变沧桑，更新日月。艰辛创业，治山水而垦田林；改革图强，拓新蹊以开富路。铁道横通，作金温之枢轴；长衢直达，连椒缙以伸延。邓论高擎，大旗映日；神州纵目，豪气干云。

荐血诗哀，峭然鲁迅；誓师文壮，伟矣毛公！我缙云人民值此祠宇重新，用敢馨香以告：誓奋宏猷，昭陈始祖；定承雄略，永励后昆。帝鉴临而如在，灵仿佛其来歆。

尚飨！

仙都黄帝祠宇重建以来，祭祀典礼已连续举行了十多次，分为公祭和民祭，公祭则由缙云县人民政府组织、实施，主祭人为地方政府领导，时间为每年的九九重阳节上午 9 时 50 分。

此外，北京平谷县、山西高平市、河北涿鹿县等地均有祭祀黄帝活动。北京平谷县，每年正月十五举行轩辕庙会，四方百姓云集进香祭奠，各种民间花会争相登山献艺。

第三章 ◆

人文初祖　功垂千秋 ◆

奠民族之丕基 ◆

黄帝后裔，代有天下，遍布中国大地，构成了华夏民族的核心，由黄帝而生发的华夏谱系，血脉承续，是绵延至今的中华民族最根深蒂固的血脉根系。

黄帝是中华民族共同的先祖，寄托了炎黄子孙最崇高的景仰。

少典之子　神明圣哲

远古时代，在辽阔的中国大地上生活着许多大小不等的原始部落，每一部落都有自己特有的血统和文化，许多部落组成部落联盟。黄帝就是这样一位原始部落联盟的首领，是距今大约五千年中华民族踏进文明的门槛时期的一位代表人物。由于时代久远，当时还不可能有准确的文字资料流传下来。因此，他的事迹是依靠世代口耳相传才保存下来的。自商、周以后，关于黄帝的传说逐渐见于各类文献典籍，这些著述记载由于历代不断地进行加工改造，往往笼罩着种种神话的迷雾，以至于现代人多以科学的眼光怀疑甚至否定黄帝的真实存在，这是不正确的。黄帝是确有其人的，但在代代口耳相传的过程中就掺入了许多神话，我们不能因此就否认黄帝是一个真实的史前人物。

关于黄帝现存最早的文献是《国语·晋语四》中的记载：

昔少典娶于有蟜氏，生黄帝……黄帝以姬水成。

少典即少典氏，是当时一个氏族的称号。司马贞《〈史记〉索隐·五帝本纪》中这样说：

少典者，诸侯国号，非人名也。又按：《国语》云："少典娶有蟜氏女，而生黄帝、炎帝。"然则炎帝亦少典之子。炎、黄二帝虽则相承，如《帝王代纪》中间凡隔八帝，五百余年。若以少典是其父名，岂黄帝经五百余年而始代炎帝后为天子乎？何其年之长也！又按：《秦本纪》云："颛顼氏之裔孙曰女修，吞玄鸟之卵而生大业，大业娶少典氏而生柏翳。"明少典是国号，非人名也。黄帝即少典氏后代之子孙，贾逵亦谓然。故《左

传》“高阳氏有才子八人”，亦谓其后代子孙而称为子是也。

这里司马贞说少典是诸侯的国号，是用分封时代的观念解说史前社会的现象。事实上，黄帝时代还没有分封制度，也没有诸侯国，少典不可能是诸侯国号。但他力辩少典“非人名也”，而是一个氏族的名号，这是非常对的。“少典娶于有蟜氏”，是说少典氏族的男子娶有蟜氏族的女子为妻，不是说有一个名叫少典的男子娶了有蟜氏族的女子为妻。因此，《国语》所说黄帝为少典所生，意为黄帝是少典族的后裔。晋人郭璞也认为：“诸言‘生’者，多谓其苗裔，未必是亲所产。”（《山海经·大荒东经》郭注）少典氏族最初活动和居住于今河南新郑一带，其中有一支曾迁入今甘肃天水一带，在长期的发展过程中，与有蟜氏形成了密切的关系。少典族与有蟜氏活动的主要范围在今天的河南至甘肃之间。黄帝很可能就诞生于少典族西迁过程中。

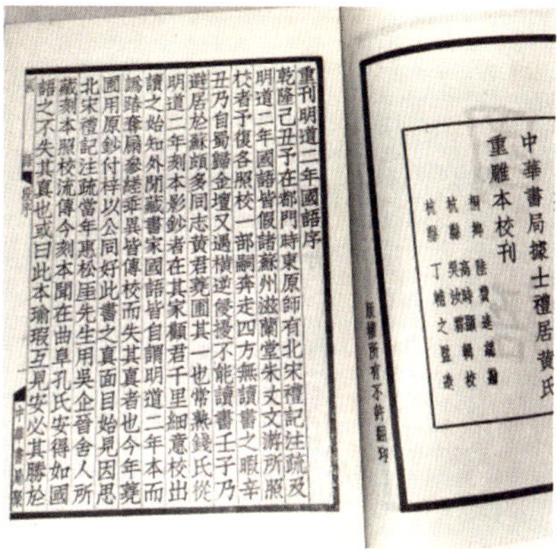
中華書局據士禮居黃氏
重雕本校刊
桐鄉陸費逵總勘
杭縣高時顯 吳汝霖輯校
杭縣丁輔之監造
版權所有不許翻印

重刊明道二年國語序
乾隆己丑予在都門時東原師有北宋禮記注疏及明道二年國語皆假諸蘇州滋蘭堂朱丈文游所照校者予復各照校一部嗣奔走四方無讀書之暇辛丑乃自蜀歸金壇又遇横逆侵擾不能讀書壬子乃避居於蘇頗多同志黃君蕘圃其一也常熟錢氏從明道二年刻本影鈔者在其家顧君千里細意校出讀之始知外閒藏書家國語皆自謂明道二年本而譌踳舛嬴參錯乖異皆傳校而失其真者也今年蕘圃用原鈔付梓以公同好此書之真面目始見因思北宋禮記注疏當年惠松厓先生用吳企晉舍人所藏刻本照校流傳今刻本闕在曲阜孔氏安得如國語之不失其真也或曰此本瑜瑕互見安必其勝於

◎《国语》

司马迁笔下的黄帝是这样的：

> 黄帝者，少典之子，姓公孙，名曰轩辕。生而神灵，弱而能言，幼而徇齐，长而敦敏，成而聪明。（《史记·五帝本纪》）

司马迁写《史记》时已经发现“百家言黄帝，其文不雅训，缙绅先生难言之”（《史记·五帝本纪》），他“网罗天下放失旧闻”，又得观“石室金匮之书”（《太史公自序》），对关于黄帝的各种史料进行了反复研究，他还进行了广泛的实际调查，曾经到处访问了黄帝、尧、舜的遗迹，听取老人的传说，核对了书本上的材料，在丛杂的文献和调查资料的基础上爬梳剔抉，自圆其说，撰成《五帝本纪》，以黄帝为第一位古帝，比较系统地记述了其事迹。这里显然是在掌握已有史料基础上对黄帝的诞生和青少年时期形象而概括的描述，表明司马迁是把黄帝当作人来写的。

此外，还有许多黄帝的神话传说和民间故事。如《帝王世纪》中就有这样的说法：

> （黄帝）母曰附宝，见大电光绕北斗枢星，照郊野，感附宝，孕二十五月，生黄帝于寿丘，长于姬水，因以为姓。日角龙颜，有圣德，受国于有熊，居轩辕之丘，故因以为名，又以为号。

透过这扑朔迷离的文字，我们可以理解，黄帝时代正是从母系氏族向父系氏族过渡的时期，黄帝后来成为华夏族的始祖，后人为了表示尊祖敬宗的感情，就对他进行神化，于是就有了其母怀孕和他出生时的神秘传说，这就是所谓“感生之说”。感生之说显然不合事实，但它是上古人类普遍存在的观念。从这个角度看，这可能是一种古老传说。而传说他生于寿丘，长于姬水，受国于有熊，居轩辕之丘，“有圣德”等则是有一定史影的。

关于黄帝出生地有种种不同说法，我们在这里略做疏证。《< 史记 > 索隐 · 五帝本纪》引皇甫谧云：“黄帝生于寿丘，长于姬水，因以为姓。居轩辕之丘，因以为名，又以为号。”唐张守节《< 史记 > 正义 · 五帝本纪》认为黄帝出生地寿丘在鲁东门之北，即兖州曲阜县（今曲阜市）东北六里。此说显然不能成立，考察山东古史，华胥氏为其古族，华胥氏族衰，兴起的是太昊氏，太昊氏衰，兴起的是少昊，根本没有有熊氏活动的遗迹。有人据《白虎通义 · 号篇》曰“黄帝有天下，号曰有熊”和《< 史记 > 集解》引皇甫谧“有熊，今河南新郑是也”一语认为黄帝生于河南新郑。这也值得讨论，有熊氏势力强盛时曾居于新郑。

北魏郦道元说：“黄帝生于天水，在上邽城东七十里轩辕谷。”（《水经注 · 渭

◎黄土高原

水》)，上邽即今天水，境内有轩辕谷、轩辕溪、寿山（也叫寿丘）。这里应是黄帝最早居地。

黄帝可能诞生于有熊氏之少典族西迁过程中，生于西北黄土高原。《帝王世纪》等古书中有关“黄帝生于寿丘”的记载，后人多理解寿丘为山东的寿丘，这实际是一种误会。寿丘即陕西省黄陵县（穆长青《“沮水”“桥山”“寿丘”新考》，载《中华文化》创刊号）。《< 史记 > 索隐・五帝本纪》说黄帝“有土德之瑞，土色黄”，所以被称为“黄帝”，就像神农是火德王因而被称为炎帝一样。《正义》说黄帝“以土德王，故曰黄帝。”“土德”是指博大深厚的德行，来源于黄土。黄土高原坦荡浑朴，博大雄沉，山丰土厚，土色呈黄。黄乃地之正色，象征着吉祥喜庆，为古人所崇尚之色。《吕氏春秋・应同》说：“凡帝王者之将兴也，天必先见祥乎下民。黄帝之时，天先见大螾大蝼，黄帝曰‘土气胜’，土气胜，故其色尚黄，其事则土。”这种说法也可能反映着黄帝生长于黄土高原的史实。在中国广袤的土地上，只有西北黄土高原是深厚的黄色土壤。近几年的考古勘察也在今天的黄帝陵周围发现有多处新石器时代仰韶文化遗址和古城遗址，说明这里曾经是远古人类活动的一个重要地区。

民间传说中的黄帝故事

在民间还有一些关于黄帝的故事流传。一个故事说神农的舅舅有个儿子名叫少典，他是有熊国的国君。当时少典族已与有蟜氏世代互通婚姻。于是少典便娶有蟜氏的女儿附宝为妻。有一天，少典和附宝扛着木耜去田间种地，正走着，天空突然暗淡下来，顿时星光满天，和晚上一模一样。这时附宝抬头仰视，只见上空有一道闪闪发亮的电光像蛇一样不时绕着北斗枢星旋转，刹那间，罩上了一层浓郁的青光。附宝突然觉得腹部有什么东西猛地一动，就怀孕了。经过二十五个月，附宝生下了一个男孩。由于出生在轩辕，所以便给这个孩子起名为轩辕。轩辕降生的时候，一片紫气弥漫于周围，他刚生卜来就会说话，非常精灵。还在小的时候，他看见人们在树上构筑房子，便说“把房子建在大树上既不方便，又不安全，如果盖在地上不是更好吗？”神农氏闻知黄帝这种见解，大不以为然。于是黄帝便在地上盖了一间房屋让他看，神农这才信服了。这个故事有另一个版本，说附宝与少典成亲后不久，便迁徙到寿丘。在一个初冬的夜晚，附宝独自一人来到郊外散步，她仰望天空，思念故土之情油然而生，忽然间天空出现了一道银白色的闪电，围着北斗星中的枢星转了几圈，然后迅速地坠向大地。附宝顿然有了一种奇异的感觉。她意识到自己受雷电感应怀孕了。此后经过二十四个月，在寿丘生下了黄帝。黄帝额骨隆起，形状像太阳，面部似龙，他刚生下来就会说话，不久就会走路。以上故事也可能是后人对古代传说史料的进一步加工改造，但至少反映了民间多将黄帝视为具有神性的古帝，具有非凡的本领和能力，以表示对黄帝的敬重。

黄帝是华夏族的始祖

中华民族的前身华夏族就是以夏商周三族为主体的古代中国人。夏商周三族都自认为是黄帝的后裔，也就是说，黄帝是华夏族的始祖。

关于黄帝与华夏族这个问题，还是要从有关黄帝子孙的传说史料说起。

《史记·五帝本纪》载："黄帝居轩辕之丘，而娶于西陵之女，是为嫘祖。嫘祖为黄帝正妃。"嫘祖可能是有蟜氏的族女。黄帝娶有蟜氏族女为正妃，具有加强部落联盟的意义。此外黄帝还有三位次妃。《帝王世纪》载："元妃，西陵氏女，曰嫘祖，生昌意。次妃，方雷氏女，曰女节，生青阳。次妃，彤鱼氏女，生夷鼓，一名苍林。次妃，嫫母，班在三人之下。"四妃之中，嫫母貌丑而贤。

◎赵朴初书黄帝陵石碑

《国语·晋语》《史记·五帝本纪》等书均言黄帝共有二十五子。

黄帝之子二十五人，其同姓者二人而已，唯青阳与夷鼓皆为己姓。青阳，方雷氏之甥也。夷鼓，彤鱼氏之甥也。其同生而异姓者，四

> 母之子别为十二姓。凡黄帝之子，二十五宗，其得姓者十四人为十二姓，姬、酉、祁、己、滕、葴、任、荀、僖、姞、儇、依是也。唯青阳与苍林氏同于黄帝，故皆为姬姓（《国语·晋语》）。
>
> 黄帝二十五子，其得姓者十四人。……嫘祖为黄帝正妃，生二子，其后皆有天下：其一曰玄嚣，是为青阳，青阳降居江水；其二曰昌意，降居若水。昌意娶蜀山氏女，曰昌仆，生高阳，高阳有圣德焉。（《史记·五帝本纪》）

但二十五子的世系，《世本》《大戴礼记》等书与《山海经》等书所说略有不同。而依《山海经》所载，当列黄帝世系表为：

- 黄帝
  - 禺虢—禺京（《大荒东经》）
  - 伯服（《大荒南经》）
  - 祝融—太子长琴（《大荒西经》）
  - 昌意—韩流—颛顼（《海内经》）
    - 淑士（《大荒西经》）
    - 老童
      - 重（《大荒西经》）
      - 黎—噎（《大荒西经》）
    - 三面（《大荒西经》）
    - 叔歜（《大荒北经》）
  - 骆明—白马（鲧）（《海内经》）
    - 驩骄—苗民（《大荒北经》）
    - 炎融—驩头（《大荒南经》）
    - 禹（《海内经》）—均国—役采—修鞈
    - 绰人（毛民）（《大荒北经》）
  - 苗龙—融吾—弄明（一作卞明）—白犬（犬戎）（《大荒北经》）始均—北狄（《大荒西经》）

黄帝子孙所封之国，据《路史·国名纪》所载，共七十国：

少典

有熊 “帝之开国，今郑之新郑。《舆地广记》云：‘古有熊国，黄帝所都。’”在今河南。

寿丘 “在兖之曲阜东北六里，高三丈，今仙源。”（《广记》云黄帝所生之地，此本《史记索隐》。皇甫谧说在鲁东门外。）在今山东。

陈 “今凤翔宝鸡故陈仓，有陈山，非宛邱。”在今陕西。

昌 “昌意后”。

若水 “昌意国，今越嶲之台登。《盟会图》疏以为都，故《世本》云‘允姓国，昌意降居为侯’，非也。”在今四川。

安息 “安之后”。

党项 “悃之后”。

江水 “玄嚣国，若之下流泜水也。今蜀州。”在今四川。

卞 “卞明国，汤代有卞随……今泗水县有卞故城，汉属鲁国。”在今山东。

蛮人 “龙亩之裔，今湖南北、桂林等处皆是，辰、澧、沅、湘之间尤盛。”在今湖南、广西等处。

清 “少昊父封。”在今山东。

张 “挥之封。然黄帝臣，自有张若。故河东解有张阳城，汉之东张，今邢之任县是。（《通典》）云：‘汉张县地。’）《纪年》：‘齐师逐郑太子齿奔城张阳。’南郑是也。”在今山西、河南、河北等地。

采 “纪姓，夷彭子，故左人地，今中山之北平。”今在河北。

北狄 “始均之裔。”在今内蒙古。

资 “《陈留风俗传》云：‘资姓，黄帝后。’《姓纂》云：‘益州资中，今资州。资阳有资川江。’然古资阳城在筒之阳安（祁之无极有资河，卫之北纠山），而潭之益阳有资水（出县北流入资口，即益水。郦云：

即资水之殊口。武冈又有资水出唐。）或其派裔。”在今四川。

郿 “《潜夫论》：‘詹、资、郿、翟，黄帝后。’故《玉篇》云‘资、郿故国，黄帝后，封在岐山之阳，所谓‘周原月无月无’者。顾伯邶云：‘昌意后，止于夏商间。’”在今陕西。

虔 “《风俗通》：‘虔氏出黄帝。’与《陈留传》同。今河东闻喜、虔聚是。”在今山西。

寇 “在郑有寇水，北行唐。今莫之任丘西一里，有寇水枯渎。《陈留传》：‘寇氏自黄帝出。’”在今河南。

郦 “故南阳。郦音尺，今内乡菊潭镇也。”在今河南。

翟 “北地古翟国。后徙西河。《盟会图》云：‘今慈州。’《地道记》：‘伐卫懿公者。’贾逵云：‘处北地，后为晋所灭。’引春秋时隗姓。”

詹 “周有詹父（庄公十八年《传》），詹桓伯（昭公九年），圻内地，与楚詹尹异。”在今安徽。

葛 “《郡国志》：‘高阳有葛城。’今郑西北有葛乡城，一名依城，汉高阳地。然葛乡故葛城，乃在宁陵北十五，鄢城北三十，周四里，去亳城百里，即葛伯国。（《说文》：葛，南阳阴乡。鄢城隶许宁国，本属应天，今隶拱、应劭、杜祐、乐史等并云古葛伯国都。）非嬴姓之葛。”葛在河南。

髦氏 “依姓。《山海经》：‘髦氏国，近积石。’”在今青海。

狂犬 “黄帝后，任姓。分见《潜夫论》。”

郏 “蓟也，中绝。武王复继之，记皆为祝。祝，尧后。”

桥 “侨即郝，桥也。葬于桥，因食其地，以世祀者。《唐表》：‘桥，姬后。’”在今陕西。

祈 “蕲也，欧阳修《祁公铭》以‘祁为黄帝之子所封’，非也。祁，少昊后。祈，黄帝后。”在今山西。

酉 “即酉阳，今黔之彭水，汉酉阳也，有酉水。”在今四川。

滕 “今徐之西南十四，有故滕城县（古蕃县小郏国）……《纪年》‘越王朱句，二十年灭滕’是也。”在今山东。

葴 “卫有葴（成公六年），邵氏《姓解》作箴，皆音针。”在今河南。

任 “禹阳国。仓颉为任大夫。晋邑，今邢之任县。”在今河北。

苟 “战国有苟变，子思荐之（能将五百乘，荐之卫侯）。《程氏世谱》以河内多杞氏焉，妄也。”在今山西。

釐 “僖也。齐国釐城，为来音。简王十二年，舒庸人道吴国巢及釐虺。”在今安徽。

佶 “佶氏，见《诗》。《风俗通》云：‘殷时侯国，一作吉。’《潜夫论》云：‘郅与姞同，而字异。’周封女姞氏于南燕，邓名世以《潜夫》为误，非也。《说文》‘佶文’为正。”在今山西。

儇 “与环同音，月宣轻也。《集韵》音旋，非。”

依 “史伯说十邑有依、畴、历、莘，皆郐邑，后属郑。韦昭云：‘国。’”在今河南。

纪（剧） “剧是今齐之临朐东、寿光西南故剧城，汉之剧县。郑樵云：‘纪后迁剧，所谓朐剧。’云纪、剧声讹，非也。”在今山东。

滑 在今河南。

济 在今河南。

奚 “郑樵云：‘鲁奚邑。’今徐之滕东南六十青丘村，有奚家冢，奚公山。阳晔《徐州记》云：‘仲造车辙存焉。’”在今山东。

薛 “侯爵（庄公三十一年），吉光国。今滕东南五十里有故薛城，故汉县，战国属齐，为徐州，秦为薛郡，有仲祠，或曰大薛。”在今山东。

伾 “邳也，今淮阳治下邳城。汉下邳国，梁下邳郡，周邳州，唐隶泗城，三重，处泗、沂之会，有仲虺祠。（《寰宇记》：‘祠在徐之沛。’有仲虺城。见《九域志》。）郑樵云‘仲虺居在薛，鲁奚仲迁邳，后以邳为薛’，妄。”在今江苏。

挚　“祖己七世孙，成封周文王母太任国。今蔡之平舆，有挚亭。”在今河南。

谢　“欧阳修《谢绛铭》云：黄帝后，昔周灭之，以封申伯，在南阳之宛，其地西甚广，郑公友言‘谢西之九州者’，二千五百家者也。”在今河南。

章　“章与谢，本皆任姓，周始以封太公之支子。”在今河南。

舒　“春秋之留舒，去谷七里，亦曰柳舒。故城在郓之须城，许氏作郐。郐，邾之下邑（《说文》：‘邾在薛县’）。”在今山东。

洛　“周书之有洛氏。史伯云‘北有路、洛、泉、徐、浦’，韦昭云‘皆赤狄’，宜于此异。或作络（卫贤者络疑）、雒，广汉属县。”在今河南。

昌　“春秋，昌间多在河东北。”在今河北。

蓟　“今范阳治，地多蓟。《水经注》：‘蓟城西北隅，蓟丘为名。’《班志》云：‘蓟，故燕国名。’”在今河北。

终　“商有终古，宜即佟后有佟氏、佟通。今襄阳有汝水。”在今湖北。

泉　“洛阳西五十故伊关县北有泉亭，周世狄居之，俗呼前亭。（伊拒泉皋是也。昭二十二年有前城。）”在今河南。

卑　“宜晋郫邑，一曰郫邵（文元年）。绛之垣东九十有郫邵垝，卑氏所出，非越隽。”在今山西。

遇　“禺也，宜即番禺。鲁襄公救成至遇（十五年）。鲁邑近成，然非必禺。”在今山东。

儋　“《山海经》：儋人任姓。今儋州。周有儋翩。”在今海南。

牛黎　“《经》云：‘牛黎之国，儋人之子儋。’今有黎姥山。”在今海南。

番禺　“贲隅也。今清海之属县，有禺山。《传》云：‘禺号南海。’故予谓此即禺。《经》文有无肠、继无之国，皆任姓。”在今广东。

南燕　“伯爵。伯倏国。后稷妃，南燕姞氏也。（石癸曰：‘吾闻姞姓后稷元妃。’）今滑之胙城东北，汉南燕县，隋改曰胙。”在今河北。

密须 “子爵。《世本》云：‘商有密须，文王伐之。’（《晋志》云：‘商侯国。’）鲁有密须之鼓。杜预谓姞姓国，在安定阴密，今泾之灵台也。”在今陕西。

阚 “子爵。今郓之寿张有阚乡，而阚古城在中都（桓公十一年。《寰宇记》云：‘今属齐之巨野。’），阚亭又在须昌东南（即昭公末年取阚者，《郡国志》：‘东平陆有阚亭，今寿张也。’）齐有阚止。”在今山东。

允 “高阳时有允格，或云少昊后，出黄帝。”

蔡 “蕲春江中有蔡山，在广济县（《高崇文传》蔡山，窦苹云：‘蕲水县北。’）大龟纳锡，故曰蔡，非姬姓蔡。”在今湖北。

光 “《春秋图》有光国，今光州。”在今湖北。

敦 “鉏（锄）任、冷、敦之田，许地也，郑取之。《陈留风俗传》云：‘敦氏，姞姓后。’”在今河南。

偪 “晋襄公母，偪姞国，即周之偪阳国。”在今河南。

燕 “伯爵。宜为东燕，与南燕比（昭三年北燕伯款亦姞姓）。”在今河北。

鲁 “汝之鲁山县，非兖地。”在今河南。

雍 “伯爵。汴之雍丘，郑庄夫人雍姞国。《姓纂》云：‘宋之雍氏，本姞姓。’《寰宇记》：‘雍氏，黄帝后。’姞姓是矣。又冀之堂阳东北三十六（里），亦有雍氏城。《寰宇》之高城，本于陇切。自汉州名人姓皆于用切。《谈苑》云：‘当作平声。’昭十四年《传》：‘晋尸雍子。’杜云：‘阳翟东北有雍氏城者非。’”在今河南。

断 “晋地有断道，即卷楚也。《世本》作段，写误。”在今山西。

密 “河南密县东四十故密城是，武德三为密州，与须城比，故说者谓即密须，盖亦号密须云。（《史记索隐》云：‘密须今河南密县，与安定姬姓密别。’）”在今河南。

虽 “开封长垣，近须城是，卫在今澶之卫南二十八里。《卫诗》所谓‘思须与曹’者，由声转也。”在今河南。

《路史》所列以上七十国，大部分在古文献中是有记载的，结合前列黄帝世系表可见，黄帝子孙的散布范围很广。后人考订，至春秋时列国之姓有明确记载者67国，其中鲁、蔡、曹、滕、晋、郑、吴、燕、虞、虢、祭、邢、凡、渭、原、荀、芮、息、巴、贾、魏、耿、霍、郜、韩、焦、杨、淮、密等32国皆为姬姓，加上子姓的宋、姒姓的杞、嬴姓的秦、任姓的薛等，占了67国的绝大部分，都是黄帝后裔。后代一些少数民族将自己的族系追溯黄帝也是有根据的。于右任《黄帝功德记》在搜集了《山海经》《史记·匈奴传》《国语·鲁语》《汉书·西域传》《晋书·载纪》《魏书·序纪》《北史·魏本纪》《路史》等史料后，得出了“中华各民族为黄帝之苗裔”的结论。

“华夏”一词的含义

关于“华夏”一词的含义，与炎黄部族形成、发展的地域（黄河中上游）有关。华和夏作为一个地域文化的概念，“华”或指陕西关中地区的华岳，或说华山就是嵩山；“夏”或说因夏水而得名，或说夏就是夏族。作为地域概念，华夏指中原地区；作为民族概念，华夏指居于中原的各族人民。三代的时候，中原是文化先进的地区。与华夏对称的是夷，凡处中原以外的四方边远地区、文明程度较低的四裔就叫“夷”。《左传·定公十年》载孔子说过“裔不谋夏，夷不乱华”，这是将“裔”“夷”与“华”“夏”对应提出。而《左传·襄公二十六年》，蔡声子则直接提出了“华夏”一词：“楚失华夏，则析公之为也。”这里的华夏显然是指中原诸侯而言。

华夏族是在文化上形成共同传统的、在血缘上融成一体的、居住在黄河中下游流域的古代中国各民族的统称。华夏族的形成有其经济基础。华夏族最先是由黄河中下游以种稷等旱田作物为主的部落及部落联盟与长江中下游以种稻为主的

◎老官台文化彩陶三足钵

◎旧石器人类遗址分布

部落及部落联盟融合而成的。华夏族的主要生产方式是农业。华夏族的西北部、北部是对立的戎、狄等游牧部落及部落联盟。农业生产方式是较游牧生产方式稳定和先进的。因此，华夏族战胜并融合戎、狄，并不奇怪。华夏族的西南部和南部，虽然也是主要从事农业生产的部落（被称为“蛮”“夷”），但由于受自然条件的限制，那里生产力水平也较低下，因而最终也被生产力水平相对发达的华夏族所战胜，并融合为华夏族的一部分。

在旧石器时代，在辽阔的中国土地上生存的是大大小小许多种原始人群，每一人群，都有自身特有的文化和血统。其中著名的有元谋人、蓝田人、北京人等（旧石器时代早期），有马坝人、长阳人、丁村人、河套人、柳江人、资阳人、山顶洞人（旧石器时代中、晚期）。到新石器时代，原始人的活动范围已广布于今天中国版图的各个省份。黄河流域有陕西关中地区、山西南部、河南、河北南部的磁山文化、裴李岗文化、大地湾文化、仰韶文化、黄河下游和淮河流域的龙山文化，甘肃境内的齐家文化、马家窑文化、内蒙古河套地区的细石器文化。长江中游有屈家岭文化，长江下游地区的良渚文化、印陶文化、马家浜文化。辽河流域的红山文化。这种种各具特色的文化，在整体上还没有形成华夏文化。

◎夹砂红陶釜（新石器时代）　桥山镇周家洼出土

黄帝在华夏族的形成过程中起了推动作用，他促进了中原地区最早的文化大融合。通过与炎帝、蚩尤的战争，以“诸侯咸尊轩辕为天子”（《史记·五帝本纪》）为标志，中原各部族就相互结成联盟，相互交往更加频繁，整个中原各主要部落的生产和生活得以共同发展，文化艺术和生活习俗方面也逐渐具有共性。

仰韶文化分布遍及中原诸省的广大地区，在此范围内至少可以划分为十余个考古文化类型。但普遍具有的若干共性却显而易见。例如陕西关中的半坡类型、豫西的庙底沟类型、郑州的秦王寨类型（又称大河村类型）等。这些类型除有局部交错地带外，均有一定的分布区域，应属于不同血统的部族所创造。然而这些不同部族在农业工具、住房建筑形式、埋葬习俗以及日常使用的陶器方面，均共性大于个性，充分显示出各部族彼此交流而导致文化融合的现象。继仰韶文化而起的龙山文化，不仅在地域分布上覆盖了仰韶文化的分布范围，而且文化类型的相对统一性更加突出，也进一步说明中原各部族融合发展的历史趋势得到了继续发展。

华夏族开始形成的时间

关于华夏族开始形成的时间，学术界目前大致有六种意见：

（1）原始社会末期说。郭沫若认为："随着社会生产的发展和人口的增加，氏族部落的不断迁移和相互交往的扩大，各个部落之间在某些时候、某些地方形成相反的利益，而在另一些时候和另一些地方又形成了相同的利益，由此引起了各个部落的分化和组合、战争和联盟，逐渐形成为不同的民族。华夏族就是这样开始形成的。"20 世纪 80 年代中期有人更加明确地指出："华夏族的开始形成应该在我国原始社会末期，即部落、部落联盟、军事民主主义产生的时期。"

（2）与夏代国家同时形成说。谢维扬认为："由于国家形成的过程也就是文明民族形成过程，因而可以说，在夏代国家形成的同时，也形成了我国最早的文明民族。"而"华夏族族名同夏代国家名称的联系，对于确认华夏族是在夏代国家形成的同时形成的，是一个有利的佐证"。

（3）商代中期说。王玉哲认为："华夏族在周以前，主要包括有夏、商两族。

至迟在商代盘庚迁殷的前后，就已从原始部落阶段发展为阶级社会。根据恩格斯关于‘民族’理论的启示，这时华夏族的‘古代民族和国家也就在我国的历史上第一次出现了’。”

（4）西周初年说。范文澜认为：“中国这一名称，早在西周初年，已经用以称呼华夏族所居住的地区。”

（5）春秋时期说。翦伯赞认为：“由于经济文化发展的不平衡，春秋时期中原各国因经济、文化上较先进而自称华夏，和他们相毗邻的或是错杂居住的则被称为戎狄蛮夷。”

（5）战国说。刘泽华等人认为：“到战国时期，在长期的政治、经济、文化、交往过程中，居住在黄河、长江流域的各民族逐渐融合为具有共同文字、共同经济以及相近的生活习俗的华夏族。”①

但是，从文献和考古材料来看，华夏族的形成与黄帝有十分密切的关系，是黄帝促进了黄河流域部落的融合，在这种融合的基础上进一步形成了华夏族。

黄帝在传统上被作为先秦几个王朝的共同始祖。古书常见“三代”（夏、商、周）或“四代”（虞、夏、商、周），而虞夏的祖先是黄帝之子昌意，商、周的祖先是黄帝之子玄嚣。可见，以中原地区为中心的这几个王朝，虽有相互更替，仍有血缘和文化联系。近年已有一些学者从考古学出发，对这种联系性进行了很有意义的探讨。

许多古代民族和方国都有系黄帝后裔的传说。例如北狄、熏粥、犬、氐、蜀、苗、越等边远民族，均为黄帝之后裔。对于此类传说，有的史学家做过具体深入的研究，发现其中有些说法来源很古，确实是不能轻易否定的。

黄帝不但促进了黄河中游各部族融合为华夏共同体，他所创造的部族融合方式为华夏族的进一步发展提供了范例，成为后世多元一体的民族文化格局的渊源。

① 参阅赵俪生、郑宝琦主编：《中国通史史论辞典》，黑龙江人民出版社，1992年，第119—120页。

战炎帝于阪泉

根据历史传说，五千多年前，我国黄河流域的中下游的许多氏族部落中，有两个杰出的领袖人物，一位是炎帝，一位是黄帝，还有其他一些部落的领袖。由于炎帝活动的时代更为久远，古籍中的传说更为扑朔迷离，主要有神农、炎帝、炎帝神农三种说法。

古籍中关于神农的传说记载：

神农氏……人身牛首，长于姜水。（《帝王世纪》）

古之人皆食禽兽肉，至于神农，人民众多，禽兽不足，于是神农因天之时，分地之利，制耒耜，教民耕作，神而化之，使民宜之，故谓之神农也。（《白虎通义》）

神农之揉木为耒，教民耕耨，民始食谷，谷始播种，耕田以为土，凿地以为井。（《论衡·感虚》）

有丹雀衔九穗禾，其坠地者，帝（神农）乃拾之，以植于田。（《拾遗记》）

又有许多关于炎帝的传说记载：

炎帝为火帅。（《左传·哀公九年》）

炎帝作，钻燧生火，以熟荤腥，民食之，无兹胃之病，而天下化之。（《管子·轻重》）

炎帝作火，死而为灶。（《论衡·祭意》）

（炎帝）于是修火之利，范金排货，以利国用。因时变火果，以炮以火辱，以为醴酪。（《路史·后记三》）

还有许多关于炎帝神农氏的传说记载：

尝观之神农，有炎之德。（《列子·说符》）

轩辕之时，神农氏世衰，……炎帝欲侵凌诸侯，诸侯咸归轩辕……以与炎帝战于阪泉之野，三战，然后得其志。（《史记·五帝本纪》）

炎帝……以火承木，故为炎帝。教民耕农，故天下号曰神农氏。（《汉书·律历志》下）

有神龙首出常羊，感任姒，生赤帝魁隗身号炎帝，也号神农氏。（《潜夫论·五德志》）

可见古代文献中关于炎帝的关系记载比较混乱，有的记述明显将炎帝与神农区别开来，有的则将二者等同。我们认为神农氏指一个氏族，炎帝则指神农氏族首领的通称。《帝王世纪》明载炎帝先后有八代，历时500余年，应该是将炎帝作为神农氏族历代首领的通称。不过在同一时间里作为神农氏族部落首领的只能是一个人。近代以来，学者们通过对所有有关炎帝与神农的文献资料进行罗列，还发现战国以前的记载只言炎帝而不言神农，神农之称始于战国，见之于《易·系辞》及诸子的著作里。战国时期人们多称神农而少言炎帝，这可能由于战国诸子喜好托古，他们按当时的传说而对上古历史进行追溯。于是从炎帝上溯神农，及至伏羲、燧人、有巢等等，愈溯愈远。但神农这一段历史被安排在黄帝之前、伏羲之后，可见神农氏时代是一个比黄帝时代要略早一些的历史时期，炎帝部落的历史比黄帝部落似乎还要悠久。

《国语·晋语》载：“昔少典娶于有蟜氏，生黄帝、炎帝。黄帝以姬水成，炎帝以姜水成。成而异德，故黄帝为姬，炎帝为姜。二帝因师以相济也，异德之故也。”这是关于炎黄二帝最早也是最清晰的文献记载。这里的少典即少典氏族，它与有蟜氏族是一个婚姻集团，即少典氏族的男子都要娶有蟜氏族的女子为妻，这种习俗是父系家长制族外婚的通例。所谓少典娶于有蟜氏生黄帝、炎帝，并不是说黄帝和炎帝是同父母兄弟，而是说黄帝和炎帝是少典部落与有蟜部落通婚的裔支，即从其中分裂出来的两个氏族。

“炎帝以姜水成”，说明炎帝部落在姜水流域得到了迅速发展。关于姜水有两种说法：一谓在岐水之东。北魏郦道元《水经注·渭水》：“岐水又东经姜氏城南，为姜水。”今人认为就是宝鸡市岐山县和扶风县之间的姜水。一谓在宝鸡之南。《大明统一志》：“姜氏城在宝鸡县南七十里，城南有姜水。炎帝神农氏长于姜水，即此。”今人认为就是宝鸡市城南的清姜河，发源于秦岭北麓，全长43千米，经姜城堡，入渭河。两说都承认古姜水是渭水中游的一条支流，即今陕西宝鸡区域内渭河的一条支流。

晋《帝王世纪》云：“炎帝神农氏，姜姓也，母曰任姒，有蟜氏女，登为少典妃，游华阳，有神龙首，感生炎帝。人身牛首，长于姜水，有圣德，以火德王，故号炎帝。”华阳即今华山之阳（《帝王世纪》）。华山是秦岭山脉在关中地区最著名的山，古人因之作为秦岭的代称。《禹贡》曰“华阳、黑水惟梁州”，就是以秦岭作为梁州与雍州的分界线。所以华阳应泛指秦岭以南。据史料记载，古代最早设华阳县（郡）的是南朝刘宋，初置于今四川广元西北，继而改置于剑阁县南，后又改置今陕西勉县，唐开元时改置于洋县北。此亦可证华阳是秦岭之南。任姒在这里生炎帝神农氏，说明炎帝神农氏的发祥地就在秦岭一带。

◎秦岭

炎帝神农氏部落的发展水平较高，曾是西部各部落的核心。炎帝部落当时拥有许许多多的分支，并在发展中主要沿着渭河南岸逐渐向东迁移。据《山海经》和《帝王世纪》等记载，炎帝部落向东迁徙到河南、山西，也有一部分沿着陇道和陈仓道向南迁徙。黄帝部落最初活动在陕北，后从陕西渡河，沿中条山、太行山东行，主要在黄河以北，后向东北行至河北大平原。黄帝部落的兴盛略晚于炎帝部落，是在炎帝部落势力衰落不能履行部落联盟首领职责的时候，起而取代炎帝部落成为部落联盟首领的。

炎黄两大部落在向东部迁徙的过程中，发生了战争。司马迁在《史记·五帝本纪》根据相关资料进行了生动的描绘：

> 轩辕之时，神农氏世衰。诸侯相侵伐，暴虐百姓，而神农氏弗能征。于是轩辕乃习用干戈，以征不享，诸侯咸来宾从，而蚩尤最为暴，莫能伐。炎帝欲侵凌诸侯，诸侯咸归轩辕。轩辕乃修德振兵，治五气，艺五种，抚万民，度四方，教熊貔貅貙虎，以与炎帝战于阪泉之野。三战，然后得其志。

就是说以神农为代表的山耕农业文化已经发展到它的衰落时期，原先居主导地位的炎帝部族仍然按照传统的方式处理部落内部与部落之间的关系，但它已经无力制约各部落之间的相互侵凌。而富有开拓精神的黄帝部落适应新的地方和气候条件，创新了农耕方式，实力越来越强大，逐渐取代炎帝部落的地位，在诸部落之间享有越来越高的威望。

战争的具体起因是炎帝虽然不能制约“诸侯”之间的侵凌，但看到其他“诸侯”不再听从他的号令，而是朝拜并归附于黄帝，就大行无道，“并兼无亲，文无所立，智士寒心。徙居至于涿鹿，诸侯叛之”（《逸周书·史记解》）。黄帝发动了对炎帝部落的战争。

黄帝部落在与炎帝部落的战争中，团结了很多部落，并与炎帝部落展开了多次大战。最重要的决战是阪泉之战，《左传·僖公二十五年》载晋文公使卜偃占卜，卜了一个吉卦："遇黄帝战于阪泉之兆。"《列子·黄帝》篇载："黄帝与炎帝战于阪泉之野，帅熊、罴、狼、豹、貙、虎为前驱，雕、鹖、鹰、鸢为旗帜，此以力使禽兽者也。"当时战斗很激烈。炎帝因抵挡不住黄帝部落的进攻，败退到涿鹿城东一里处的阪泉。黄帝率领以熊、罴、狼、豹、貙、虎等为图腾和名号的氏族部落，挥舞着用雕、鹖、鹰、鸢等羽毛制作的旗帜，向炎帝部落展开进攻。经过多次战斗，"诛炎帝而兼其地"（《新书·益壤》），取得了最后胜利。

关于阪泉的地望历史上有不同的说法，现在一般认为就是今河北涿鹿县西（唐时属于妫州怀戎县管辖）的阪泉。《括地志》上说："阪泉，今名黄帝泉，在妫州怀戎县东五十六里……又有涿鹿故城，在妫州东南五十里，本黄帝所都也。"在今涿鹿县城周围20平方千米内，有黄帝城、黄帝泉、炎帝营等与黄帝、炎帝有关的地名和遗迹。黄帝城遗址位于涿鹿矾山镇西2千米，呈不规则的四边形，长、宽各约500米。四周城墙系由堆积层和夯土筑成，底阔约10米，上顶宽约3米，墙高约6米，相传此遗址为"黄帝所都"之处。黄帝城西南3千米处有一村寨，相传黄炎战于阪泉之野，曾在此树七色旌旗，排兵布阵，故称七旗里，因地处阪泉上游，又称上七旗。

黄帝与炎帝的战争是不同文明发展程度的两大部落之间的激烈冲突，它不仅仅是一场黄帝与炎帝争夺部落联盟控制权的斗争，而是具有深刻的历史文化蕴意。黄帝与炎帝经过战争促进了部落的融合，也促进了不同氏族部落的文化交流，进一步引发了文明的创造活动。这样，就在这块土地上诞生了古老的中华文明。正是在这个意义上，我们可以说战争就表明了先进取代落后，文明不断前进的历史趋势，"炎黄"也就成为野蛮向文明转化的时代象征，成为中华民族的共同祖先，后来人们把古代的许多发明创造都附会到他们身上，在中国许多地方，都有着关于他们的传说和遗迹。

炎帝神农氏的伟大功绩

一是制耒耜、种嘉谷、教民耕稼，推动了原始农业的发展。传说炎帝是中国上古农业发展史上最早的农业工具耒耜的发明创造者，是最早的农业生产技术和经验的传播者。《易传·系辞下》有这样的说法：

包牺氏没，神农氏作，斫木为耜，揉木为耒，耒耨之利，以教天下。

《白虎通义》也说：

至于神农，人民众多，禽兽不足，于是神农因天之时，分地之利，制耒耜，教民农作，神而化之，故谓之神农也。

耒是一种用坚硬而柔韧的直木所揉制成的一种垦殖农具，它的发明使柱洞成穴的播种方式成为可能。耜是一种复合农具，它是把经过刮削的类似锹头的木、石、骨、蚌片加固在耒的一端而制成，能起到翻垦土壤的作用。炎帝神农氏发明了这两种农具，对推动本部落农业生产水平的发展起了重要作用。

炎帝神农氏还发明和培育了谷物——粟。粟本是一种野生的狗尾巴草，经过长期培育，才成为穗大粒饱的谷物品种。这种耐旱易于保存的良种禾本植物，就是炎帝神农氏时代的发明。

二是炎帝神农氏做陶器、织麻布，促进了原始手工业的发展。炎帝神农氏是中国制陶的发明者。制陶只有在人类开始进入定居生活，农耕生产发达，可以提供剩余劳动力和人们认识到泥土烧制技术后才有可能被发明。炎帝神农氏“埏埴以为器”（《路史·外记》），对制陶技术的发展产生了深远影响。炎帝神农氏“耕而作陶”，使得粮食作物的蒸煮和保存更为方便，它促进了饮食结构和饮食方式的变化。炎帝还创造了植麻织布的劳动。炎帝也是“日市”的首创者。他首倡日中为市，使天下之货，交易而退，各得其所。

三是炎帝神农氏尝草创药，对原始医药卫生发展做出更大贡献。关于炎帝尝百草，古代文献有丰富的记载。《世本》说：“神农和药济人。”《帝王世纪》也说：“（神农）尝味草木，宜药疗疾，救夭伤之命。”《路史》的说法更为典型：

炎帝神农氏……磨唇鞭茇，察色鼻星尝草木而正名之，审其平毒，旌其燥寒，察其畏恶，辨其臣使，厘而三之，以养其性命而治病，一日之间而七十毒，极含气也。

我国古代中药药物学著作《神农本草》以神农冠名，表明炎帝时代在医药学方面有开创性的贡献。

四是炎帝神农氏始作蜡祭、傩舞、五弦琴，在中国原始音乐舞蹈中有较高地位。东汉桓谭《新论》说：

昔神农氏继宓羲而王天下，亦上观法于天，下取法于地，近取诸身，远取诸物，于是始削桐为琴，绳丝为弦，以通神明之德，合天地之和焉。

《世本》对神农氏之琴还有具体描述："神农氏琴长三尺六寸六分，上有五弦，曰宫商角徵羽。"琴的制造需要对琴材有所鉴别，对乐理也有一定认识。炎帝制造五弦琴，表明当时炎帝部落的艺术已经发展到一定水平。炎帝神农氏还创造了著名古曲《扶持》，又名《下谋》。《通典》说：

神农氏乐名扶持，亦曰下谋。

五是炎帝神农氏创立了蜡祭和傩舞。蜡祭本是原始社会腊月庆贺农业丰收的报谢典礼。《三皇补》说：

炎帝神农氏以其初为田事，故为蜡祭，以报天地，于是作蜡祭。

炎帝还宣读过一篇非常著名的蜡祭祭词："土反其宅，水归其壑，昆虫毋作，草木归其泽。"傩舞是一种驱鬼仪式，傩舞时，身强力壮、剽悍健美的舞者，戴着与氏族图腾、族徽等标志符号有关的面具，跳起内容丰富的舞蹈，威慑病疫鬼怪，表达了先民期望平安无事的共同愿望。

剪蚩尤于涿鹿

蚩尤是居住于古黄河下游，即今山东、江苏北部一带的九黎部落的首领。《尚书·吕刑》所谓："九黎之君，号曰蚩尤。"《史记·五帝本纪》应劭注："蚩尤，古天子。”又曰：蚩尤，“盖诸侯号也。”这显然是后人以后世帝王、诸侯国来称呼蚩尤。关于蚩尤，在古史中有非常矛盾的描写。一方面，蚩尤作为九黎部落的首领，通晓天道，精明强干，英勇善战。如《文选·西京赋》说：“蚩尤秉钺，奋鬣被般。禁御不若，以知神奸。魑魅魍魉，莫能逢旃。”有的史书还把他描写成相貌奇特、有特殊功能的半人半神的形象，如《初学记》卷九引《归藏·启筮》描写蚩尤：“出自羊水，八肱八趾疏首，登九淖以伐空桑，黄帝杀之于青丘。”其后《太平御览》卷七八引《龙鱼河图》说：“黄帝摄政前，有蚩尤兄弟八十一人，并兽身人语，铜头铁额，食沙石子，造立兵杖、刀、戟、大弩，威震天下。”另一方面，蚩尤又被人认为是战乱产生的根源，是品质恶劣的人。《逸周书·史记篇》说：

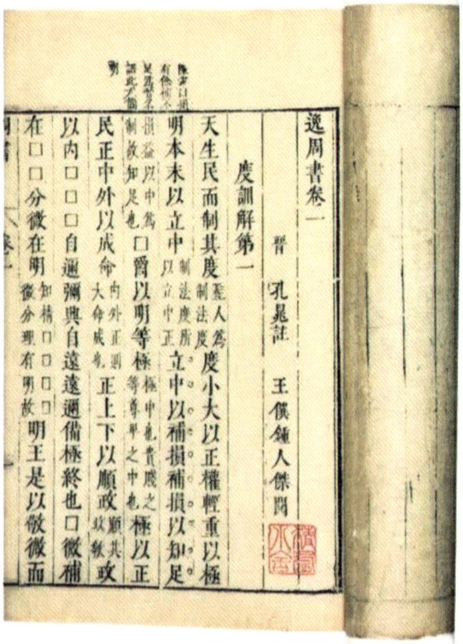

◎《逸周书》

> 武不止者亡。昔阪泉（蚩尤）用兵无已，诛战不休、并兼无亲，文无所立，智士寒心。徙居独（涿鹿），诸侯叛之，阪泉以亡。

《史记·五帝本纪》说：

> 蚩尤作乱，不用帝命。

《大戴礼记·用兵》篇说：

> 蚩尤庶人之贪者也，及利无义，不顾厥亲，以丧厥身。蚩尤惛欲而无厌者也。

这些互相矛盾的说法显然是后人根据自己的理解和现实的需要附加了不同的道德寓意在其中，我们今天应该有比较客观的认识和评价。就是说，九黎当时有九个部落的联盟，每个部落又各包含九个兄弟氏族，共八十一个兄弟氏族。蚩尤是九黎部落联盟的首领。由于以他为首的九黎部落联盟与炎黄部落联盟发生了许多的冲突和战争，一方面当时蚩尤部落联盟也是相当发达的，所以炎黄一方就把他们加以神化，说他们是兽身人言，吃沙石，铜头铁额，能够造兵器，威震天下，这大概是指蚩尤部落联盟以猛兽为图腾，有金属武器，勇悍善战；另一方面蚩尤毕竟是“凶恶的敌人”，炎黄一方就把蚩尤尽量地丑化、恶化。

关于黄帝与蚩尤发生战争的原因，《史记・五帝本纪》说：

“蚩尤作乱，不用帝命。所以黄帝乃征师诸侯，与蚩尤战于涿鹿之野，遂禽（擒）杀蚩尤。”

《史记・殷本纪》说：

昔蚩尤与其大夫作乱百姓，帝乃弗予，有状。

司马贞《史记索隐》曰：

帝，天也。谓蚩尤作乱，上天乃不祐之，是为弗与。有状，言其罪大而有形状，故黄帝灭之。

是说蚩尤和他的“大臣们”对百姓任意侵凌，引起动乱，以至于上天都看不下去，不再保祐他了，所以黄帝“替天行道”，通过战争消灭了蚩尤。

《尚书・吕刑》说：

若古有训，蚩尤惟始作乱，延及于平民，罔不寇贼，鸱义奸宄，夺攘矫虔。

是说“作乱”始于蚩尤，蔓延到“平民”，黄帝不得不出来面对蚩尤。这显然是给黄帝战胜蚩尤的战争赋予了正义性。

另外，黄帝部落与蚩尤部落之间的战争同时也是部落之间争夺生存空间的激烈冲突。炎黄战争以后，两大部落趋于融合，势力强大，不断向东方发展。同时，地处黄河下游的蚩尤部落也试图向黄河中游发展，这样就与逐渐迁居到黄河中游南、北两岸区域的炎黄部落发生冲突。这个过程古籍上有不尽相同的叙述。

《逸周书·尝麦》篇上说：

> 昔天之初，诞作二后，乃设建典，命赤帝分正二卿，命蚩尤宇于少昊，以临四方，司□□上天未成之庆，蚩尤乃逐帝，争于涿鹿之阿，九隅无遗，赤帝大慑，乃说于黄帝，执蚩尤杀之于中冀，以甲兵释怒，用大正，顺天思序，纪于大帝，用名之曰绝辔之野，乃命少昊请司马鸟师，以正五帝之官，故名曰质，天用大成，至于今不乱。

这里的“赤帝”就是“炎帝”。《庄子·盗跖》：“蚩尤氏强，与榆罔争王，逐榆罔。”可知《逸周书》所说的蚩尤要驱逐的赤帝即炎帝榆罔，为炎黄战争以后炎帝部落的首领。当时蚩尤部落势力强大，把东进的炎帝部落打得“九隅无遗”。榆罔看到自己不是蚩尤的对手，就到黄帝那里请求帮忙。黄帝答应了榆罔的请求，于是北渡大河，过王屋山，在主峰上祭天，与榆罔联合起来对付蚩尤的进攻。黄帝与炎帝部落的重新结盟，表明黄帝、炎帝部落经过相争而相亲，又纳入一个更大的联盟之中。炎黄联盟，力量充实，基础稳固，很多被欺侮的部族，都跑到这里来求援。而当时蚩尤也十分强盛，手下人剽悍强勇，武器犀利，双方力量相当，战争形势十分严峻。

黄帝非常重视这场战争的准备工作。他制弧矢、甲胄，采首阳之金铸鸣鸿刀，并设八阵之形。尽管这样，黄帝一开始“九战九不胜”（《太平御览》卷十五引《黄帝玄女战法》），并没有取得军事上的主动权。当黄帝率领以熊、罴、貔、貅、貙、虎等图腾部落进攻蚩尤时伤亡惨重。黄帝是怎样扭转战局的，缺少可靠的直接史料。但从一些半神话传说式的文献中，可以窥见某些真实史影。《太平御览》引《黄帝玄女战法》说：“黄帝与蚩尤九战九不胜。黄帝归于太山，三日三夜，雾冥。有一妇人，人首鸟形，黄帝稽首再拜伏不敢起，妇人曰：‘吾玄女也，子欲何问？’黄帝曰：‘小子欲万战万胜。’遂得战法焉。”《龙鱼河图》说：“天遣玄女下授黄帝兵符，伏蚩尤。”尤其值得注意的是，玄女被描写为“人首鸟形”，似乎可以认为玄女代表的是属于鸟图腾的氏族部落。而我们知道鸟是东方氏族部落的图腾，“人首鸟形”的玄女助黄帝战蚩尤，可能意味着九黎集团的分化。

黄帝与蚩尤之战的种种神话式描绘表明，黄帝部落确实经过了艰苦的鏖战，通过联合众多部落共同对抗蚩尤，才征服了蚩尤部落。被神化了的玄女、应龙、女魃可以视为代表史前某些氏族部落的符号。蚩尤虽然失败，但它的威猛形象给人们留下深刻印象。“蚩尤没后，天下复扰乱，黄帝遂画蚩尤形象以威天下，天下咸谓蚩尤不死，八方万邦皆为弭服”（《龙鱼河图》）。

蚩尤被黄帝擒获，并被应龙杀于凶黎之谷（或曰中冀绝辔之野），“迁其民之善者于邹鲁之地，迁恶者于有北之乡”（《拾遗记》），把那些顺服的九黎部落安置在比较好的地方，把那些顽抗的九黎部落迁徙到北方寒冷荒凉的不毛之地。蚩尤部落还有一部分不愿接受黄帝的就南下，越过长江，流散在南方，其主体成为后来苗蛮集团的组成部分。

黄帝战胜蚩尤后，成为炎黄部落与九黎部族的共主，扩大了部落联盟的范围，为华夏文化共同体的形成奠定了基础。黄帝与蚩尤之战的这一后果，得到了考古学的印证。一般认为大汶口文化——典型的龙山文化是东夷集团先民的遗存。这个地区在新石器时代孕育了相当稳定而生气勃勃的史前人群，在大约距今6000—5000年前获得迅速发展，作为社会经济基础的原始农业、家畜饲养有了长足的进步；各种手工业，无论是石器，还是骨角牙器制作，都逐渐超过了中原同期的水平。制陶工艺更居于黄河流域各地区的前列，逐渐达到中华史前制陶业的高峰。到了距今4500年前，精美的白陶袋足器和蛋壳黑陶杯已作为礼器出现，指示出社会结构的新变化。[①] 上述史实说明距今5000年前，炎黄部落联盟形成之时，东夷部落联盟雏形也已形成，有81个氏族的九黎诸部在蚩尤的率领下，西向进入炎黄部

① 高广仁：《中华文明发祥地之一——海岱历史文化区》，《史前研究》，1984年第1期。

落联盟区域，引发了涿鹿之战。东夷部落联盟曾迫使榆罔节节败退，连黄帝也是费了相当大的努力才最终战胜了蚩尤。

战争之后，两大部落联盟开始走向更大范围的融合。这虽然没有直接的史料可凭，但从史籍的片言只语中也可以看出一些端倪。如《管子·地数篇》说："蚩尤为黄帝造兵器。"《管子·五行篇》说，黄帝得六相蚩尤为其一。《韩非子·十过》说："昔者黄帝合鬼神于泰山之上，驾象车而六蛟龙，毕方并辖，蚩尤居前，风伯进扫，雨师洒道，虎狼在前，鬼神在后，腾蛇伏地，凤凰覆上，大合鬼神，作为清角。"这里的"蚩尤"显然不是与炎黄战斗的蚩尤，而应该是黄帝战胜蚩尤后服从了黄帝的"蚩尤部落成员"，风伯雨师是曾与蚩尤一起与黄帝作战的氏族，而现在都为黄帝服务了。说明战争结束以后，东夷部落联盟和炎黄部落联盟加速融合起来。

黄河中下游古代族群的这种融合，也得到了体质人类学的印证。如研究者认为公元前5000—公元前4000年，生活在黄河中游的仰韶文化居民可能与传说中的炎黄部落联盟有关，黄河下游今山东、苏北一带的大汶口文化的居民可能与东夷部落联盟有关。[①] 进入公元前3000年以后，黄河流域的仰韶文化和大汶口文化逐渐被龙山文化取代，作为从仰韶文化向龙山文化过渡的庙底沟二期文化居民，"体质特征与现代的远东人种较为接近"，"和仰韶文化和大汶口文化各组人骨之间，在体质上显然存在更为密切的关系"。[②] 所以，研究者指出，由于庙底沟二期文化居民的形态特征，"呈现出与仰韶文化和大汶口文化两者均有不同程度的接近关系，这种现象很可能是由于黄河中下游两个部族集团成员相融合而引起体质上的变化"。[③]

---

① 韩康信等：《古代中国人种成分研究》，《考古学报》，1984年第2期。
② 韩康信等：《陕西庙底沟二期文化墓葬人骨的研究》，《考古学报》，1979年第2期。
③ 高广仁：《山东史前考古的几个新课题》，《中国考古学论丛》，科学出版社，1985年。

黄帝是如何战胜蚩尤的

一说黄帝请应龙助战。据《山海经·大荒北经》的记载，应龙是雨水之神，他蓄水而攻。蚩尤也请来风伯、雨师，纵起一场猛烈无比的大风雨，使应龙一时无法施展他的本领。风伯、雨师唤起的狂风暴雨猛烈地吹打着黄帝的军队，黄帝部落只有招架之功，毫无还手之力。无奈，黄帝又请旱神女魃，以降服蚩尤。女魃一走上战场，刹那间暴风骤雨消逝得无影无踪。顿时烈日当头，热得人喘不过气来。黄帝遂杀蚩尤。

一说黄帝凭借指南车打败蚩尤。《太平御览》卷十五引《志林》说黄帝与蚩尤打仗一开始并不顺利，黄帝连吃败仗，形势十分危急，蚩尤施展魔法，造起漫天遍野的大雾来，“蚩尤作大雾，弥三日，军人皆惑”。面对越来越严峻的形势，黄帝情急智生，命令风后仿效北斗星，制造指南车，以分辨四方。风后凭借他鬼斧神工的本领，很快给黄帝造出了指南车。据说，这指南车上有一位小仙人，伸出手臂，尽管车子在不断运行，但他的手总是指向南方。正是由于这种指南车，黄帝才统率他的军队，冲出大雾的重围，最后大获全胜。

一说黄帝依靠号角征服蚩尤。据《通典·乐典》等书记载，在蚩尤的军队里，有魑魅魍魉等妖魔鬼怪，它们有一种以发出怪声来迷惑人的本领。人一旦听到这种声音，就昏昏沉沉失去知觉，最后都朝着怪声发出的地方冲击，结果成为妖魔鬼怪的牺牲品。黄帝的许多士兵被这怪声所迷惑，一时难以战斗。后来，黄帝打听到这些妖魔鬼怪尽管能以怪声迷惑人，但自己却最怕龙的声音。于是黄帝就让士兵从用羊角做的号角中吹出低沉的像龙吟一样的声音，这种声音回环婉转，顿时响彻战场。结果蚩尤统领的妖魔鬼怪吓得魂不附体，如痴如醉，再也不能兴妖作怪。黄帝的军队乘机上阵，征服了蚩尤。

一说黄帝通过军鼓战胜蚩尤。由于蚩尤具有飞腾天空和在险峻的山岭上行走的本领，黄帝总是难以制服他。加之战争旷日持久，军队士气日渐低落。为振作士气，黄帝派人从东海的流波山捉来一只名叫“夔”的猛兽，用其皮做成军鼓。鼓做成后，黄帝又派人抽出雷兽的骨头做鼓槌（《山海经·大荒东经》）。鼓和槌备齐之后，黄帝命令击鼓，连敲九下，果然山谷齐鸣，惊天动地。蚩尤的士兵们丧魂落魄，丢盔弃甲，完全丧失了战斗力。黄帝一方军威大振，在震耳欲聋的鼓声中追杀上去，终于取得胜利。

尧、舜、禹时期的三苗

在黄帝时代，我国最大的原始部族是中原地区的华夏族、东部沿海的东夷族、江汉地区的苗蛮族。这三大部族均形成于新石器时代的中晚期，由此形成三大文化，即仰韶文化、大汶口文化、屈家岭文化及其各自后起的河南龙山文化、山东龙山文化、湖北龙山文化。黄帝打败蚩尤，促进了华夏族与东夷族融合。黄帝将九黎部落中的一部分融合在华夏共同体之内，另一部分在战败之后，被迫渡河南迁，退居南方，占据了长江中下游湖南、湖北、江西等广阔的地区。对此，古籍有不少记载。如《尚书·尧典》曰："窜三苗于三危。"到尧、舜、禹时期，又形成了新的部落联盟，史书中称之为"三苗"，有时又称为"有苗"或"苗民"，其首领为驩兜。古文献一般认为三苗是九黎的后裔，如《国语·楚语》上说："九黎乱德，……其后，三苗复九黎之德。"韦昭注云："三苗，九黎之后。""有苗，九黎之后，颛顼代昊，诛九黎，分流其子孙，为居于西裔者三苗。"足见三苗乃九黎之后的又一强大部落联盟，它可能与当地的原有部落缔结了婚姻或联盟的关系。总之，三苗部落人数众多，又有着洞庭、鄱阳诸湖和汶山、衡山等地理方面的优势，势力得以迅速振兴，成为一个实力雄厚的部落联盟，与尧舜禹相抗衡。

尧、舜、禹继承黄帝的民族融合旗帜，对三苗进行了长期的战争。《吕氏春秋》记述尧战南蛮，舜却苗民，更易其俗。《墨子·非攻下》也云禹征有苗。尧时，三苗在江淮荆州多次叛乱，尧便发兵征有苗，在"丹水之浦"将有苗打败。舜时，三苗仍不服。禹主张以武力进行征服，但舜主张以笼络政策安抚。但安抚的收效不大，舜于是命禹将其征服，并强迫三苗改易习俗，此即"舜却苗民更易其俗"（《吕氏春秋·召类》）。《淮南子·修务训》说："舜南征三苗，道死苍梧。"舜的两个妻子娥皇、女英见丈夫南征不回，绝望而哭死洞庭，成为"斑竹一枝千滴泪"这一著名典故的来源。这说明尧、舜、禹为完成黄帝开创的融合各部族而为华夏族的业绩，作了百折不挠的斗争。江汉地区从湖北龙山文化到楚文化一系列地区文化遗存中有越来越多的华夏族中原地区的文化因素，正反映苗蛮与华夏族同化的趋势。

商周时期，三苗的主要部分仍在长江中下游地区与其他民族杂居，被称为"荆楚"。商王朝不断以武力征讨荆楚，"挞彼殷武，奋发荆楚"（《诗经·商颂·殷武》），代商而起的周王朝，也屡屡出兵攻击。经过长时期的战争与融合，三苗的大部形成楚族，后成为华夏族的一个重要组成部分。其余的部分，聚居在楚国西部边境，最后成为楚国统治下的少数民族，后来也被纳入华夏族。

促进华夏族与东夷、苗蛮族的融合

在黄帝时期，北方还存在一些比较松散的游牧部落。这些部落后来被视为北蛮，经过数千年的斗争和融合，大多数也被纳入华夏族之中。

据《史记·匈奴传》记载："唐虞以上有山戎、猃允、獯鬻，居于北蛮，随畜牧而转移。"黄帝时，"北逐獯鬻"（《史记·五帝本纪》），曾对北蛮进行过军事战争，此后北蛮与中原的关系逐渐频繁。到夏后氏时，太康失国，北蛮一度还入主中原。后相继位后，"乃征畎夷"。到后桀时，"畎夷入居邠岐之间"。殷商王朝盛时，成汤对夷人，伐而攘之。殷室中衰，诸夷皆叛，武丁伐鬼方，三年乃克。武乙暴虐，犬戎寇边。周人在灭殷以前，曾长期生活在戎狄之中。文王时，"西有昆夷之患，北有猃狁之难"。武王伐纣获胜，放逐戎夷泾洛之北，穆王时又迁戎于大原。夷王、厉王、宣王三代，大原之戎、条戎、奔戎、北戎、六济之戎、申戎等，或不朝，或灭姜侯之邑，或攻杀秦仲及其族人。秦国就是在和戎狄的斗争与融合中兴起的。西周末年到春秋时期，王室衰微，戎逼诸夏。自陇山到伊、洛二水流域，往往分布戎狄。渭首和陇西有绵诸、昆戎、狄、豲、邽、冀之戎，泾漆二水以北有义渠、乌氏、朐衍之戎，洛川有大荔之戎，渭南有骊戎，伊、洛二水有杨拒泉皋之戎和后来的陆浑戎，颍首以西有蛮氏之戎，晋之西北有林胡、楼烦，燕北有东胡、山戎。总之，今陕西泾河、渭河、洛河流域，河南伊水、洛水、汝水、颍水流域，各有一些戎狄之人和华夏之人杂居共处。一部分戎人还渡过汝、颍二水，达于江淮流域，他们和华夏族互相渗透，逐渐融合为华夏族的又一重要组成部分。

在记述黄帝对于促进华夏族与东夷、苗蛮族的融合，从而构成中华民族的主体的历史功绩时，徐旭生指出："他们之间的交往相当频繁，始而相争，继而相亲，以后相争相亲，参互错综，而归结于同化。"①

讨论这一问题时，常有人把黄帝仅仅看作汉族人的祖先，这也是不合适的。对此，李绍连曾撰文指出：

> 在这里应该指出，有人把黄帝仅看作汉族的祖先是片面的，甚至是错误的。如前所述，今天的汉族实际上包含了华夏、蛮、夷等中国境内大多数原始部落的血统和文化，是一个有别于任何部族的庞大融合体。在这个意义上说，不仅炎帝和黄帝是汉族的祖先之一，蛮、夷诸部族的祖先也应是汉族祖先之一。同样，后代那些分别源于蛮、夷等原始部族的少数民族，也与汉族有共同的祖先。另外，亦有少数华夏族的后裔由于种种历史原因迁徙到边远地区而成为少数民族，直接或间接承认炎帝或黄帝为他们的祖先。再则，包括汉族在内的国内56个兄弟民族都是在汉、唐、宋甚至更晚的时期形成的，距离炎黄时代有三四千年之遥。由于迁徙、杂居、通婚等原因，子孙繁衍，支系无谱，很难在血统方面准确判别几千年前的某部族首领是某民族的祖先。与其把炎帝、黄帝或其

① 徐旭生：《中国古史的传说时代》，科学出版社，1962年，第39页。

他某个原始时代的英雄人物看作是某族的祖先，不如把他们看作是整个中华民族的共同祖先更科学、更符合历史实际。(《炎黄文化研究》第2期)

所以，对于黄帝作为中华民族的共同始祖的提法，仅仅拘泥于血统上的认同是片面、狭隘的，更多地应着眼于民族文化的创造、融合和历史传承，着眼于黄帝在铸造民族共同体的历史上的奠基作用。

著名的社会学家费孝通提出的“多元一体格局”理论认为，中华民族多元一体是指“它所包括的五十多个民族单位是多元，中华民族是一体，它们虽则都称‘民族’，但层次不同”，“它的主流是由许许多多分散孤立存在的民族单位，经过接触、混杂、联结和融合，同时也有分裂和消亡，形成一个你来我去，我来你去，我中有你，你中有我，而又各具个性的多元统一体”。[①] 这说明，中华民族是由众多的古今各民族在形成统一国家的长期历史发展中逐渐形成的民族集合体。组成我们这个多民族国家的各民族都有各自发展的历史和文化，各民族长期在统一的国家中共处并发展成的不可分割的联系，从多源交融到多元一体，自觉地联合成为一个统一的多民族的中国。

---

① 费孝通：《中华民族多元一体格局》，中央民族学院出版，1989年，第1—4页。

丑年清明公祭轩辕黄帝典礼

第四章

赫赫始祖　华诞龙昂

中华儿女魂魄所系

在历史上，中华民族曾饱受暴政与战乱以及近代殖民统治的苦难，在一治一乱的循环往复中，中华民族之所以能够生息繁衍、延续数千年而仍然挺立不拔的力量源泉究竟何在？

黄帝时代肇始的农耕社会

有的学者对黄帝所处农耕社会的实际情况和儒家政治伦理学说进行研究，追根溯源，指出儒家政治思想中家国一体，修身、齐家、治国、平天下的思维路径就渊源于黄帝时代①，孔子开创的儒家学派，规定了家庭成员必须遵守的多种德目，以维护家庭的稳定与和睦，齐家与治国的统一是儒家政治思想的基本特色。例如，孔子要他的学生去学习研究《诗经》，他说："小子何莫学夫诗？诗，可以兴、可以观、可以群、可以怨。迩之事父，远之事君。多识于鸟兽草木之名。"（《论语·阳货》）这里"事群"原是"事父"的扩大，二者是统一的。又如经常引用的《论语·颜渊》："齐景公问政于孔子。孔子对曰：君君、臣臣、父父、子子。公曰：善哉！信如君不君、臣不臣、父不父、子不子，虽有粟，吾得而食诸。"这里父亲自有应遵守的规范，而儿子也不能任其所为。这样父才像父，子才像子。推广开去，君臣都有自己的行为准则。这种国家统一伦理观和政治观，与黄帝时代所肇始的农耕社会有关。

向父系氏族社会过渡

一般认为，黄帝时代是从母系氏族向父系氏族社会过渡的时代。首先，从婚姻关系来看，黄帝娶有四个妻室。《史记·五帝本纪》云："黄帝居轩辕之丘，而娶于西陵之女，是为嫘祖。嫘祖为黄帝正妃。"除"正妃"嫘祖外，黄帝还有三个"次妃"。一个是方雷氏之女，一个是彤鱼氏之女，一个是嫫母。这说明当

---

① 张岂之：《从炎黄时代到早期儒学》，《炎黄文化研究》，1994 年增刊，第 1 期。

◎三出阙

时已经开始形成女嫁男且以男性为主的家庭模式，男性在婚姻关系上开始居于主导地位。在西安半坡遗址中，发现有些房子内，有自己的生产工具，自己的粮瓮，自己的灶膛，显然是小家庭的情况。在浙江下川王岗仰韶文化遗址中，出现成排的小房间，也是小家庭的证明。大汶口文化遗址中发现男女合葬墓，普遍是男左女右，这是一夫一妻制的实例。

图腾信奉

在上古，图腾是每一个部落的代表。严复在翻译英人《社会通诠》时加按语说：“图腾者，蛮夷之徽帜。”图腾即氏族或民族所由起源的物种。原始人起初以为女祖先是由于感受某种动植物或其他天生物的精灵而怀孕，于是将它们加以崇拜，并把它们的形象刻画在氏族旗帜或祭器上，作为徽号。初民社会，“族”“落”是最初的图腾团，后分为若干团，团后更分为若干支系。姓即生，在母系社会，先民们认为他们的始妣与图腾结合生育出自己的“族”“落”。如传说中的殷人始妣简狄，见玄鸟坠其卵，取而吞之，因孕生契。故古帝王感生的传说，多半只提及其母。社会既至父系以后，人皆知有父，于是始祖才开始出现，而始祖之无父而生自图腾，自然不能再为人满意，从此，始妣有了夫，这就是始祖。这是上古社会的一个重要变化。所以后世始祖的传说，说及始祖的诞生，又多有感生神话，常说这些英雄一出世就很奇特，不像一般人那样是父母结合所生，而是由其母亲与某种神物相感应而怀孕出生的。如殷人始祖契本由玄鸟图腾与始妣简狄而生，后来就演变为简狄与帝喾相感而生契。感生神话显然是为了衬托部落男性英雄首领的非凡性。图腾的上述转变过程在黄帝时代业已开始，从而祭祀鬼神就开始有了父系神系的观念。

从图腾的象征意义来看，图腾的象征意义已向始祖转化。母系氏族社会，人们“不知其父”，将本氏族的来源归结为始妣与图腾结合的产物。因此在母系社会里，只有始妣概念没有始祖观念。随着进入父系制，始祖的意义开始凸现，图

李 姓

王 姓

张 姓

刘 姓

周 姓

吴 姓

徐 姓

孙 姓

陈 姓

杨 姓

赵 姓

黄 姓

腾与始祖发生联系。有多少图腾，就有多少个始祖，每一个信奉同样图腾的部落，必然会认为本部落的生命来源于同一个祖先。

这个变化，在有关黄帝的史料中都有所表现。黄帝的子孙，传说有二十五人之多，而二十五个子孙，也并非某始妣感图腾而生，而是黄帝与嫘祖、方雷氏、彤鱼氏、嫫母结合的结果。黄帝就是他们的始祖。图腾含义的这个变化是从母系社会向父系社会过渡的必然现象，它导致了社会生活出现许多新的问题。

封禅告天

封禅是后代最重要的祭天之礼。《史记正义》引《五经通义》说："易姓而王，致太平，必封泰山。"在古代，一般认为只有那些建立了盖世功勋的帝王才能到泰山封禅。秦汉至清，行封禅之典而比较有影响的有秦始皇、汉武帝、唐玄宗等，封禅是将太平治绩昭告上天。而黄帝是第一个上泰山封禅的古帝王。

据《史记·五帝本纪》载："万国和，而鬼神、山川封禅，与为多焉。"说明黄帝时，就开始有了对天帝的祭祀。《史记·封禅书》又云："封禅七十二王，唯黄帝得上泰山封……黄帝时万诸侯，而神灵之封居七千。天下名山八，而三在蛮夷，五在中国。中国华山、首山、太室、太山、东莱，此五山，黄帝之所常游，与神会。黄帝且战且学仙，患百姓非其道者，乃断斩非鬼神者。百余岁，然后得与神通。"

◎泰山

郊祀上帝

郊祀上帝是祭天的又一盛典。儒家《礼记·祭义》在研究郊祭的意义时就曾指出："郊之祭，大报天而主日。"《中庸》也说："郊社之礼，所以事上帝也。"郊祀一般在都城的南郊行礼，每年冬至日举行，由帝王主祭，对象为昊天上帝，祭品用玄牡等。黄帝虽然不一定在雍地举行郊天大礼，但黄帝对上天有所祀祭。

黄帝郊雍上帝，宿三月。鬼臾区，号大鸿，死葬雍，故鸿冢是也。其后黄帝接万灵明廷。封禅书所说"雍"是秦汉时期祭祀天地山川之神的场所。秦襄公曾作西畤，祠白帝。后来其子孙遂并青、黄、赤诸帝亦祠之。汉高祖又立黑帝畤，都在雍地。

接万灵于明廷

"接万灵于明廷"，很可能是后世所谓明堂祭祀。明堂之制，历代有所考证，所得出的结论并不全同。但人们越来越倾向于把明堂视为古代举行大型祭祀活动、召开部落会议、发布政令的场所。《礼记外传》说："明堂，古者天子布政之宫，在国南十里之内，七里之外。黄帝享百神于明廷是也。"汉武帝时，济南人公玉带上黄帝时明堂图：

> 初，天子封泰山，东北阯古时有明堂处，处险不敞。上欲治明堂奉高旁，未晓其制度。济南人公玉带上黄帝时明堂图。明堂中有一殿，四面无壁，以茅盖，通水，圜宫垣，为复道，上有楼，从西南入，名曰昆仑，天子从入之，以拜祀上帝焉。于是上令奉高作明堂汶上，如带图。（《汉书·郊祀志下》）

据此可以想见黄帝明堂的大概。《五帝德》言黄帝顺天地之纪、幽明之故、

◎天圆地方祭祀大厅

死生之说，存亡之难，黄帝施恩布政，都在明堂进行。像这样的举行大型祭祀活动，召开部落会议，发布政令的场所，它在某种程度上有点像后世的祖庙，但又不完全与祖庙相同。“黄帝接万灵于明廷”，从政治意义上来说，那就是黄帝在明堂接见具有不同信仰的部落首领，使他们参与部落联盟的大事。自然，这些不同的神灵信仰也逐渐被黄帝纳入统一的信仰体系之中。

《史记·封禅书》云:“封禅七十二王，唯黄帝得上泰山封。……黄帝时万诸侯，而神灵之封居七千。天下名山八，而三在蛮夷，五在中国。中国华山、首山、太室、太山、东莱，此五山，黄帝之所常游，与神会。黄帝且战且学仙，患百姓非其道者，乃断斩非鬼神者。百余岁，然后得与神通。黄帝郊雍上帝，宿三月。鬼臾区，号大鸿，死葬雍，故鸿冢是也。其后黄帝接万灵明廷。明廷者，甘泉也。”《封禅书》所说“雍”

和“甘泉”，都是秦汉时期祭祀天地山川之神的场所。

汉武帝时，除承袭前朝在雍对于五帝的祭祀之外，还曾在甘泉筑泰一坛，祭祀天神。据载，甘泉宫祭天时，祭坛下有三百名舞女起舞，秦汉时期人们整理黄帝时期的祭天材料，自然会加上他们的理解。但这也表明，黄帝时期，对于天帝已有祭祀，其基本内容有“封禅告天”“郊祀上帝”“接万灵于明廷”等。

祖先崇拜

在中国上古的考古遗址中发现，我们的先民很早就有鬼魂的观念，当时墓葬方式，人体的头向和随葬器都反映出某些宗教禁忌。不过，在母系阶段，公共墓

◎反山玉琮“神徽”图案

地按母系血缘安葬，还没有祖先观念。随着父系制产生，氏族的祖先观念产生了。在父系时代，每个氏族或部落都有其传说中的男性始祖，他在智力、能力、德性等方面特别出色，生前给部族带来繁荣和强大，先民当然幻想祖先去世后不死的灵魂仍会在暗中保祐自己的部落和子孙后代，所以那些有功有德的祖先就被从先祖中突显出来，被称为“祖宗”而成为崇拜的对象。祖先崇拜还有一个因素是每个宗族都需要一个宗族的精神象征以增强宗族的凝聚力，这往往就寄托在来自同一个血脉的祖先身上，“先祖者类之本也”，对同一祖先的崇拜会强化血缘部族的认同感。《礼记·大传》说：“是故人道亲亲也。亲亲故尊祖，尊祖故敬宗，敬宗故收族。”“收族”讲的就是把整个宗族凝聚在一起。后来《周礼·春官》宗伯的“冢人”，（墓大夫）所管的“族葬”，当即此制的遗存，“神不歆非类，民不祀非族”（《左传·僖公十年》）和“鬼神非其族类，不歆其祀”（《左传·僖公三十一年》），均反映了血缘关系在祭祀中的重要地位。

绝地天通：宗教领域的变化

关于中国宗教的起源，史学界至今仍有许多不同的看法。一般认为，我国原始宗教主要有自然崇拜、鬼魂崇拜、占卜巫术等三个方面，而宗教制度的形成则较晚。有的学者认为直到商代才有上帝和祖先崇拜。如胡厚宣先生认为：“殷代已有高高在上主宰着自然和人类一切命运的‘统一天神’的宗教信仰，多神教向一神教转化，反映了人间‘统一帝王’的出现。上帝信仰实际是为神化的奴隶主统治阶级的王权服务的。有人认为直到周代才有制度化的宗教崇拜。但是从上述文献记载来看，黄帝时代，中国宗教已经产生了重大变化。”（胡厚宣：《殷墟卜辞中的上帝和王帝》，《历史研究》1959 年第 9、10 期）

文字的发明为黄帝充分吸取其他部族的历史文化提供了方便。黄帝充分吸取了九夷族宗教信仰的长处，他曾经试图将九夷族关于天象信仰中的某些因素运用于农事，对宗教的许多方面都进行了进一步的改进。这影响到他的族孙颛顼试图绝地天通，改变“人人巫史”“民神杂糅”的局面，使宗教服务于最高统治力，以世俗权威制约宗教权威。

黄帝在举行“封禅告天”“郊祀上帝”“接万灵于明廷”祭天礼典时，曾对各种自然崇拜有所整齐、调整。祭天是以自然神祇的秩序化为前提，黄帝曾对当时流行的种种自然崇拜加以规范。《封禅书》说“黄帝患百姓非其道者，乃断斩非鬼神者”，又说，“黄帝时万诸侯，而神灵之封居七千”，这表明黄帝曾对那些不服从统一的宗教信仰的部落进行打击，相反，那些表示服从的诸侯，其原来的信仰在统一的宗教信仰的前提下得到了适当的地位。

《国语·楚语》有一段话反映了中国上古宗教活动及其演化的一些情况：

昭王问礼于观射父曰：“《周书》所谓重黎实使天地不通者，何也？若无然，民将能登天乎？”对曰：“非此之谓也。古者民神不杂，民之精爽不携贰者，而又能齐肃衷正，其智能上下比义，其圣能光远宣朗，其明能光照之，其聪能听彻之；如是，则神明降之，在男曰觋，在女曰巫。是使制神之处位次主，而为之牲器时服，而后使先圣之后有光烈，而能知山川之号、高祖之主、宗庙之事、昭穆之世、齐敬之勤、礼节之宜、威仪之责、容貌之崇、忠信之质、禋絜之服，而敬明神者，以为之祝。使名姓之后，能知四时之生、牺牲之物、玉帛之类、采服之仪、彝器之量、次主之度、屏摄之位、坛场之所、上下之神、氏姓之出，而心率旧典者为之宗。于是乎，有天地神民类物之官，是为五官，各司其序，不相乱也。民是以能有忠信，神是以能有名德，民神异业，敬而不渎，故神降之嘉生，民以物享，祸灾不至，求用不匮。

及少皞之衰也，九黎乱德，民神杂糅，不可方物。夫人作享，家为巫史，无有要质。民匮于祀，而不知其福。烝享无度，民神同位。民渎齐盟，无有威严。神狎民则，不蠲其为。嘉生不降，无物以享，祸灾荐臻，其尽其气。颛顼受之，乃命南正重司天以属神，命火正黎司地以属民，使复旧常，无相侵渎，是谓绝地天通。”

观射父在这里描述古代宗教经历了三个发展阶段，即“民神不杂”“民神杂糅”“绝地天通”。第一个阶段，神事与民事明确区分开来，有专门的神职人员，就其性别而言分为巫、觋，以其职掌则又有宗、祝之别。第二个阶段民神不分，人人都能进行祭祀活动，沟通神灵，个人都是巫师，神民同位。他认为这是一种不正常的状态，是九黎族破坏旧秩序所造成的。“民渎齐盟，无有威严”，宗教权威受到威胁。第三个阶段，五帝之一的颛顼运用权力，命重黎分别管理民事和神事，使民神异业，宗教活动被权力机关垄断起来，成为政权的一个部分，这就是政教合一。所以，可以这样说，上古宗教所谓民神不分的第二个发展阶段，实质上就是当部族交往越来越频繁时所出现的各种宗教传统的冲突局面。而对各部族宗教传统格局的打破与融汇，则始于黄帝时代，这一过程直到颛顼时期才有较彻底的变化。

黄帝时代宗教领域的变化在考古材料中已有所印证。如辽宁牛河梁“女神庙”遗址，位于凌原、建平两县交界处，属于红山文化，距今约为5500—5000年。“女神庙”位于牛河梁北山丘顶，地势较高，处于这一代红山文化分布地点的中心位置。庙由一个多室和一个单室两组建筑物组成，前者为主体，后者为附属。在庙室之中出土了许多泥塑造像，多为人物，属女性，主室内有彩绘人像的头部、肩、臂、手和乳房以及动物像“猪龙”的头、蹄等，庙内还发现了一些祭器，多为陶制品。由于此庙不是建在居民生活区内或附近，因此它与任何一个居民点都不应有特殊关系。应该是一种公共性的祭祀活动的场所。这表明在黄帝时代稍前，中国宗教崇拜已经发展到一个相当高的水平，已经出现了超越单个居民生活点，为多个居民生活点所共同崇拜的偶像系统，并且能够兴建较大规模的祭祀场所。

华夏族的象征——龙

龙是中华民族的象征，我们的先祖在长期的历史实践中造就了绚丽多姿、丰富多彩的龙文化。这一独特的文化形态，与中华民族的祖先“人文初祖”黄帝密切相关。

华夏族是由很多部落融合而成的，每个部落都有自己的图腾，龙集合了很多动物的图腾，是融合后的华夏族的象征，龙的形象突出地反映了华夏族是由不同部落融合而成。

从象征华夏族的龙文化现象来看，在黄帝时代，黄河中游也有共同的龙崇拜信仰，原始龙形象出现的最早遗迹是河南濮阳老城西南角的西水坡，年代距今约6000年。

◎龙魂大钟

其次是山西襄汾县的陶村墓地出土了一件彩蟠龙图形的陶盘，时间距今4000多年，后来在商代遗物中，又大量出现龙图案。在夏、商、周三族的活动中心出现龙的崇拜，说明自黄帝开始，龙作为华夏族的象征已经初具规模。

◎河南濮阳西水坡出土的距今六千多年的蚌塑龙

龙本来不是一种生物，在自然界中是根本不存在的，它是中华民族的先民们出于某种文化心理和文化意识而创造出来的一种文化产品。许慎《说文解字》说："龙，鳞虫之长"，"能幽能明，能细能巨，能短能长，春分而登天，秋分而潜渊"。《尔雅·翼·释龙》的作者认为龙是"为马蛇尾"，其具体形状是"角似鹿，头似驼，眼似兔，项似蛇，腹似蜃，鳞似鱼，爪似鹰，掌似虎，耳似牛"等等。由此可见，在先民们的心目中，龙没有固定的形态，它是多种动物的集合体，或说是多种动物的"聚合效应"，它能行云施雨，升天入地，代表着神圣与祥瑞。龙的这种综合形象，实际上是不同氏族的徽号——图腾形象特征的集合体，是华夏部族在其形成过程中，各个氏族从各自的图腾动物身上，取其某一方面的鲜明特征，根据想象综合而成的。因此，它反映着许多氏族融合、统一的历程，反映着华夏部族的形成历程。

◎龙纹空心砖

黄帝骑龙事杳茫，桥山未必葬冠裳。
内经泄秘无天地，律吕通神有凤凰。
创见文明归制度，要知垂拱变洪荒。
汉皇巡视西游日，万有八千空路长。

——〔明〕李梦阳《桥山》
（此诗录自民国三十三年《黄陵县志》）

如前所述，黄帝部落战胜了同部族的炎帝，取得了部落联盟首领的地位，这样，黄帝就成了一个统一的和综合的象征，成了一个民族的代表。黄帝与龙的关系史籍中载述要多一些：“蚩尤作兵伐黄帝，黄帝乃令应龙攻之冀州之野”（《山海经·大荒北经》）；黄帝“得苍龙而辨于东方”（《管子·五行》）；黄帝“乘龙”（《大戴礼记·五帝德》）；“黄帝治天下……青龙进驾”（《淮南子·冥览训》）。《史记·封禅书》也说：“黄帝得土德，黄龙地螾见。”“黄帝采首山铜，铸鼎于荆山下。鼎既成，有龙垂胡须迎黄帝。黄帝上骑，群臣后宫上龙七十余人……余小臣不得

◎山西襄汾陶寺出土的距今五千年的彩陶盘龙

上，乃悉持龙须，龙须拔，堕黄帝之弓。”如果说在以上载述中，龙还是以为黄帝服务的身份出现的话，更进一步的说法便是黄帝变成了龙。如《史记·五帝本纪》谓黄帝“生日角龙颜，有景云之瑞”。《史记·天官书》说：“轩辕黄龙体”；《论衡·骨相》说：“黄帝龙颜”；《列仙传》说：黄帝“自以为云师，有龙形”；《路史》说：黄帝“日角龙颜”；《河图稽命徽》说：黄帝“龙颜有圣德”；《春秋合诚图》说：“黄帝将亡，则黄龙坠”等。由于黄帝部族以龙为图腾，而黄帝又成了一个统一与综合的象征，所以龙也就与黄帝一样成了统一综合的象征，龙就成了黄帝的替代物。

这种历史文化现象已经得到了考古学的证明：黄帝时代大约距今五千多年，而考古发现的距今五千年以上的龙已经有多处，如辽宁阜新查海出土的距今达八千年的石块堆塑龙、内蒙古赤峰赵宝沟出土的距今七千年的陶纹龙、陕西宝鸡北首岭出土的距今七千年的彩陶龙、河南濮阳西水坡出土的距今六千多年的蚌塑龙、甘肃甘谷西坪出土的距今五千五百年的彩陶龙、山西襄汾陶寺出土的距今五千年的彩陶盘龙、安徽含山凌家滩出土的距今五千年的白玉龙等等，这些表明黄帝时代已经有了龙的崇拜，龙的崇拜在中国是有悠远的历史传统的。

辕黄帝典礼
仰将来齐鼓桨共创龙裔家园
黄帝子孙团结自强

第五章

疆理万国　绥服九州

创制礼仪法度

黄帝统一中原，融合了黄河中下游直至长江流域的众多部落，建立了华夏族。拓展了幅员辽阔的疆土，确立了中国最早的版图，为民族的大融合及华夏文明雄立东方，成为世界“四大文明古国”之一奠定了坚实的基础。

统一中原

◎明人绘黄帝像

在母系社会，部落之间的关系相对松散，而在父系社会部落之间的联合就变得密切。从黄帝时期的历史来看，当时社会发展趋势是女随男居，当这种趋势成为普遍现象之后，原有的部落团体在父系制下反而更加牢固，并逐渐形成部族组织。当部族变得越来越壮大，分化就必不可免。而同一部族里分化出来的各支族，一方面以本部族的生祖作为共同的始祖，另一方面又有它们各自的始祖。据《国语·晋语》说："黄帝之子二十五人，其同姓者二人。唯青阳与夷鼓为己姓。青阳，方雷氏之甥也。夷鼓，彤鱼氏之甥也。其同生而异姓者，四母之子，别为十二姓。凡黄帝之子，二十五宗，其得姓者十四人，为十二姓，姬、酉、祁、已、滕、葴、任、苟、僖、姞、儇、依是也。唯青阳与苍林氏同于黄帝，故皆为姬姓。"据此可见，从黄帝部族中就分化出十二个小部族。据《路史·疏仡记·黄帝纪》，这十二个小部族后来在发展中还有进一步的分化。

黄帝对于这些部落采取了军事民主性质的管理方式，他平时并不直接干预各部族的生产生活，但各部族在必要时须向黄帝尽义务。黄帝非常重视军事势力，他“以师兵为营卫”，可能是指集结本部族子孙成为亲兵群，他们是对外战争的核心力量，并依靠他们威慑被征服部族，保卫其核心部族的利益。

黄帝在统一中原的过程中，开始面对如何建构不同部落之间联盟关系的难题，打破了由于宗教信仰、生活习俗、文化水平差异而形成的对立和隔膜，开始改变中原政治的格局。据说当时炎帝神农氏有四个大的分支，一是烈山氏，二是共工氏，三为四岳姜姓，还有一支在汾水流域，后来残存的有沈、姒、蓐、黄四个部落。当黄帝兴起时，神农氏已发展到第八世，其领袖是榆罔。但此时的神农氏的部族内部已经出现了较为尖锐的矛盾。《史记·五帝本纪》记载：“炎帝欲侵凌诸侯。”《逸周书》记载曰：“炎帝并兼无亲，文无所立，智士寒心，徙居于涿鹿，诸侯畔之。”炎帝榆罔依靠本部族支系的联盟，在对外战争中逐渐取胜，并将势力范围扩展到了涿鹿一带。但炎帝的后代似乎没有很好地对各部族分支加以爱护和组织。作为部族的核心和领袖，反而对各部族分支施加掠夺。在父系社会，当一个部族集团变得越来越庞大时，部族集团因内部的亲疏和分化，不可避免地出现相互兼并。神农氏发展到榆罔时代，历时已五百年，内部各族之间已经有了分化。史书上说，炎帝并兼无亲，就是说炎帝部族不重视部族之间的感情，所以部族分支相继背叛部族首领。这也为黄帝战胜炎帝提供了机会和条件。

黄帝取代炎帝的地位以后，面临着一个问题：如何处理部族与部族之间的相互关系？黄帝的办法是将炎帝部族有能力的分支领袖吸纳过来，而不直接干预炎帝部族各分支的内部生活，但他却承担保护炎帝部族各分支利益的义务。黄帝接收了炎帝族中许许多多的人才，黄帝非常尊敬他们，谦虚地向他们讨教，利用并尽量发挥他们的才能。正因为这样，黄帝与炎帝族分支之间才逐渐结成了比较牢固的联盟关系。

在与蚩尤作战之后，黄帝部族面临更大范围的部落联合，黄帝依然采取了原有的部族联盟方式，对蚩尤部族进行融合。当时的基本情况是，在黄帝族内部，开始依据部族分支的亲疏远近形成有一定等级的联盟，而炎帝、蚩尤部族则依旧保持他们的相对独立。

◎中华神天鼎（李小军 摄影）

为了适应社会结构的变化，黄帝在政治上有了一些新的建树。在黄帝以前，氏族部落之间主要通过婚姻联系起来，社会公共事务限于部落内部，黄帝时代，随着部落联盟的扩大，公共事务越来越超出了部落的范围，产生了制定新的政治策略和治理办法的需要。

分土建国

黄帝创造了“分土建国”的制度。据《汉书·地理志》说：“昔在黄帝，……方制万里，画壄分州，得百里之国万区。”颜师古注曰：“方制，制为方域也。画，谓为之界也。壄，古野字。”《路史·后纪一》：“黄帝始分土建国。”《路史·疏仡纪·黄帝》说黄帝“命风后方割万里，画野分疆，得小大之国万区”，“命匠营国，

◎石峁遗址

国中九经九纬，五置而有市，市有馆，以俟朝聘之需”。甚至连耕地也有了划分，据说后来的井田制就是从这时萌芽的。

> 中华开国五千年，神州轩辕自古传。创造指南车，平定蚩尤乱。世界文明，唯有我先。
>
> ——孙中山

史称黄帝“始作制度”“始制法度”“垂法立制”之说多见。《管子·五行》云：黄帝得六相而天下治。其《桓公问》篇云：黄帝立明台之议者，上观于贤也。其《任法》篇云：黄帝“置法而不变”，“仁义礼乐，皆出于法”。《文子·精诚》云：“百官正而无私……法令明而不暗，辅佐公而不阿。”后来《淮南子·览冥训》所记从同。

“明台”又为“明堂”或“合宫”，即议政之所，还有黄帝建“五城十二楼”之说。职官，则有“置左右大监，监于万国”，“六相”还具列其官名和任职人物；还有“三台”之官。开始制定刑法，有“五刑”等目，有李（理）官总其事。军事，六官中有司马，造有五兵和甲胄，用指南车于征战。当时战争开始频繁，所谓黄帝“以师兵为营卫”，“黄帝百战，蚩尤七十二”，实际表明这是个军事民主制时期。

黄帝十分重视社会管理方式的发明与创造。由于农业发展，较长时间的定居成为可能，这就使得社会基本单元比较稳定，易于管理。黄帝发明了适合于部族居住的宫室，与炎帝、蚩尤战争之后将都城建于涿鹿之阿，即今之涿鹿县黄帝城遗址。黄帝时期开始出现了与平原农业水平相关的社会管理制度的萌芽。《左传·昭公》说黄帝的官制云：“昔者黄帝氏以云纪，故为云师而云名。”后来《史记·五帝本纪》载：“（黄帝）官名皆以云命，为云师，置左右大监，监于万国，……举风后、力牧、常先大鸿以治民。”应劭曰：“黄帝受命，有云瑞，故以云纪事也。春官为青云，夏官为缙云，秋官为白云，冬官为黑云，中官为黄云。”张晏曰：“黄帝有景云之应，因以名师与官。”还有传说黄帝任用“四辅、三公、六卿、三少、二十有四官，凡百二十官，有秩以之共理，而视四民”（《路史·疏仡纪·黄帝》）。这些说法显然是后人根据封建社会政治制度、君臣关系所做的推想，并不符合黄帝时期的历史实际。但至少可以表明，黄帝时开始利用一些大臣来管理部落联盟的事务。又据《史记·历书》载：“于是有天地神祇物类之官，是谓五官。各司其序，不相乱也。”这说明黄帝除了治人事的官以外，另有司天地、祭祀神祇的官，并各以物类名其职掌。司天的官主要职能是观察天文、制作历法的，在当时特别重要，为农业生产的指导者，为自然的控制者，后来流传的有黄帝历法。祭祀神祇是属于先民宗教方面的事，不过中国历史上始终没有形成僧侣阶级，宗教没有独立出来，凡有宗教意味的事情都融合在政治里面。祭祀神祇有专官，是行政的一部分，这些官不干涉民事，“各司其序，不相乱也”。黄帝本人作为“天下共主”，他也要祭天为天下人求福，求农业的丰收。在泰山上“封禅”是相传很古老的一种祭天典礼，据说在黄帝前已经有人举行，后来一直延续到宋朝。

任贤用能

黄帝特别注意网罗人才来管理社会。《帝王世纪》就曾生动形象地记载了黄帝求贤的传说。相传，黄帝思贤若渴，达到了梦寐思求的程度。有一天，恍惚之中，他梦见狂风骤起，满天尘垢都被这场大风刮得一干二净，整个天空十分清静纯净。又见一人手执千钧强弓驱赶着数万只羊群。他从中得到启示：“风作为号令，象征治国安民的贤人，垢字去掉土字偏旁就是后字。天下难道有名叫风后的人吗？手执千钧之弩的人，力气一定特别大，能自如地驱赶着数万只羊，此人一定很会训练军队，是一位良将。天下难道又有个名叫力牧的人吗？”于是，黄帝立即下令在各个部落中寻找名叫“力牧”与“风后”的人。后来终于在一个居住在海边的部落中找到了风后，发现风后果真是一位贤能之士，于是立即任命他为相。又在一片沼泽之地找到了力牧，果然与黄帝所梦一样，是一位足智多谋、精通用兵之道的将才，于是黄帝马上任其为将。

由于黄帝求贤似渴，许多贤能之士都被黄帝所网罗，为其所用。《帝王世纪》还说：“黄帝以风后配上台，天老配中台，五圣配下台，谓之三公。其余知名、规纪、地典、力牧、常先、封胡、孔甲等，或以为师，或以为将。”《路史·疏仡纪·黄帝》也记载有黄帝“设灵台，立五官，以叙五事，命臾区占星，计苞授规，命羲和占日，尚仪占月，车区占风，隶首定数，伶伦造律，大挠正甲子，命容成作盖天，命大容作承云之乐，命宁封为陶正，赤将为木正，命挥作盖弓，夷牟造矢，岐伯作鼓吹铙角，命邑夷法斗之周旋，命马师皇为牧正，臣胲服牛使，命沮诵作《云书》，孔甲为史，命俞附、岐伯、雷公察明堂，巫彭、桐君处方，命西陵氏劝蚕稼，命共鼓、化狄作舟车，命竖亥通道路，命风后方割万里……”在人才使用上，黄帝本着人尽其才，用其所长的原则，充分发挥贤能之士的作用。沮诵、仓颉由于深谙天文地理，博通今古，便被黄帝用作史官；力牧、神皇由于足智多谋，精通兵法，便被黄帝任命为将；西陵氏由于善于耕稼，熟谙农事，黄帝便任命其负责农事，劝民“蚕稼”。正是这大批的贤能之士，使得当时的社会获得了进一步发展，加快了人类文明的进程。

《管子·五行》上说："黄帝得六相而天地治，神明至。蚩尤明乎天道，故使为当时；大常察乎天利，故使为廪者；奢龙辨乎东方，故使为土师；祝融辨乎南方，故使为司徒；大封辨乎西方，故使为司马；后土辨乎北方，故使为李。是故春者土师也，夏者司徒也，秋者司马也，冬者李也。"说明即使对原来是仇敌的人，只要确有真才而又愿意归顺者，黄帝也大度地加以任用。《艺文类聚》卷十一引《龙鱼河图》说黄帝"制服蚩尤，（黄）帝因使之主兵，以制八方"。《管子·四时》也说："黄帝得蚩尤而明乎天道，遂置以为六相之首。"从中可以窥见黄帝选贤任能、不拘一格的用人原则和对贤能之士的重用。

德治天下

正由于黄帝能够任贤用能，推行良好的社会管理，使得当时的社会生产获得了进一步的发展，人们的社会生活质量大为提高。司马迁曾给予高度的赞扬，说："无是以能有信，信是以能明德。民神异业，敬而不渎，故神降之嘉生，民以物享，灾祸不生，所求不匮。"（《史记·历书》）《韩诗外传》卷八说："黄帝即位，施惠承天，一道修德，惟仁是行，宇内和平。"《淮南子·览冥训》更生动地描述黄帝时政治的清明景象，说：

昔者，黄帝治天下，而力牧、太山稽辅之，以治日月之行律，治阴阳之气，节四时之度，正律历之数，别男女，异雌雄，明上下，等贵贱，使强不掩弱，众不暴寡，人民保命而不夭，岁时孰而不凶，百官正而无私，上下调而无尤，法令明而不暗，辅佐公而不阿，田者不侵畔，渔者不争隈，道不拾遗，市不豫贾，城郭不关，邑无盗贼，鄙旅之人相让以财，狗彘吐菽粟于路而无忿争之心。于是日月精明，星辰不失其行，风雨时节，五谷登孰，虎狼不妄噬，鸷鸟不妄搏，凤凰翔于庭，麒麟游于郊，青龙

◎杨官寨遗址

进驾，飞黄伏皂，诸北、儋耳之国莫不献其贡职。

这些说法虽然是后人的理想化描述，但可以肯定，黄帝曾经想了许多办法进行部落联盟的管理，黄帝时代的一些重要的社会管理制度对后世影响深远。

发明巡视制度

黄帝是中国历史上巡视制度的发明者。黄帝曾多次游历境内，足迹所至，“东至于海，登丸山，及岱宗。西至于空桐（崆峒），登鸡头。南至于江，登熊、湘。北逐獯鬻，合符釜山”（《史记·五帝本纪》）。丸山在今山东临朐县，空桐（崆峒）在甘肃，熊、湘在湖南，釜山在河北北部。黄帝游历的范围基本在他所控制的黄河流域，黄帝巡视境内，显然有了解民情、安定部族的目的。

黄帝把百姓的利益放在首位。相传黄帝西游崆峒山（今甘肃平凉），向广成子寻问“佐民谷、养民人”之道。他又南游，相传到了熊山、湘山，了解江南一带的农业生产情况。只要对民众有益之事，不管遇到什么险阻，黄帝都要想办法克服。传说黄帝曾与方明、张若、言习朋、昌寓等七位大臣一起北游，到具茨之山拜见大隗，询问治理天下的经验。当他们来到襄城郊外时，迷失了方向，甚至连黄帝的大臣也丧失了继续前行的信心，但黄帝没有退却，继续前行，后来终于见到了大隗。

黄帝还试图在部落内部建立一套适合当时社会发展的礼仪制度，“黄帝治天下，别男女，异雌雄，明上下，等贵贱”。

创制礼仪法度

《尚书大传·略说》云：“黄帝始……礼文法度，兴事创业。”

《白虎通义》说：“黄帝始作制度，得其中和，万世常存。”

《白虎通义》说：“黄帝始制法度，得道之中，万世不易。”

意思一样，都是说黄帝是法度的创制者。这里提到了“中”的问题，虽然可能是后儒的附会，但儒家把中庸思想的起源追溯到黄帝肯定是有理由的。这在孔子《论语》中可以找到线索。《论语·尧曰》载尧曰：“咨！尔舜！天之历数在尔躬。允执其中。”《中庸》引孔子的话说舜“执其两端，用其中于民”。尧舜“执中”“用中”的思想直接来源不清楚，但尧舜为黄帝的后代，是没有疑问的。所以，中庸的渊源应该与黄帝有关。《论语·雍也》载孔子说：“中庸之为德也，其至矣乎！民鲜久矣。”看来，孔子已经对“中庸”有了深刻而完整的把握，但是感叹当时已经好久没有人能够真正领会和实践这一德行。《论语·子罕》还载孔子对中庸也进行了发挥：“吾有知乎哉？无知也。有鄙夫问于我，空空如也，我叩其两端而竭焉。”这里的“两”就是矛盾的两个方面，就是互相排斥的矛盾的斗争性。只有在对立和矛盾斗争中寻找到解决的关节点——中，才是解决问题的关键。中庸在孔子这里既是一种思想方法，又是一种道德修养，他在现实的生活中，在

◎九鼎

开放的交流中，认识和把握中庸的。“中庸”思想指导人生就是要中道而行，所谓“中行”；上升到“道”的层面就是“中道”，后来常称为“中庸之道”；由“中”与“和”结合起来的“中和”思想，影响到中国文化上，使中国人形成了重视和平、讲究和气、崇尚和谐等观念。儒家的“中庸之道”，经过汉宋两代儒者的努力弘扬，渗透到了中国古代政治、哲学、艺术、伦理等各个方面，成为中国人立身处世，待人接物，为学理政的行为准则，成为中国文化基本的精神追求之一。

黄帝时代，各部落之间的联盟变得更加广泛，集中的强度也越来越大。黄帝不但要处理调节部落内部的矛盾斗争，还要调节处理部落与部落之间的矛盾斗争。事实上，黄帝在各部落相对独立的基础上建立联盟，实际上就包含了各个部落相对自主的意思。只要各个部落把内部的问题处理好，部落与部落之间都受一定的原则约束，天下就相对安定。黄帝之后，尧、舜、禹进一步明确了黄帝的政治特征。而部落随农业经济的进一步发展越来越包容更广泛的宗族，原来的部落与部落联盟的统一遂转变为宗族与国家的统一。后来的儒家在阐述其家国一体的政治思想时，往往以尧、舜、禹为榜样。

孔颖达在《礼记正义》中依据古史传说和纬书残篇详细论述了五礼产生的时代和经过，其文冗长，今摘录如下：

> 案谯周《古史考》云："伏羲制嫁娶以俪皮为礼。"则嫁娶嘉礼始于伏羲也。案《帝王世纪》云："神农始教天下种谷，故人号曰神农。"案《礼运》云："夫礼之初，始诸饮食，燔黍捭豚，污尊而饮，蒉桴而土鼓。"既云始诸饮食，致敬于鬼神，则祭祀吉礼起于神农也。又《史记》云："黄帝与蚩尤战于涿鹿，则有军礼也。"《易·系辞》"黄帝九事"章云："古者葬诸中野，则有凶礼也。"又《论语撰考》云："轩知地利，九牧倡教。"既有九州之牧，当有朝聘，是宾礼也。若然，自伏羲以至黄帝，吉、凶、宾、军、嘉五礼始具。皇氏云："礼有三起，礼理起于太一，礼事起于燧皇，礼名起于黄帝。"①

孔颖达的说法不尽可信，将礼的起源追溯到伏羲、神农显然过早。他的说法可取之处是，以"五礼"为线索考察文明起源，囊括了婚丧嫁娶、农业生产、宗教祭祀和军事战争等社会生活的各个方面，因而具有研究制度文明起源的意义。同时，"礼有三起"的说法，将礼的起源分为"礼理""礼事""礼名"三部分，认为黄帝之前已有"礼理""礼事"，但没有形成"礼名"，黄帝时代才有了"礼"之名，肯定了黄帝时代是制度文明正式形成的时代，这个看法也是很有价值的。

《云笈七签·轩辕本纪》说："（黄）帝始制七情，行十义之教。七情者，喜、怒、哀、乐、惧、恶、欲七情也。十义者，君仁、臣忠、父慈、子孝、兄良、弟悌、夫义、妇听、长惠、幼顺，十义也。帝制礼作乐之始也。"还举例说明黄帝和他

① 阮元：《十三经注疏》（上册），中华书局，1980年，第1223—1224页。

的大臣通过衣冠制作来推行礼制的情况。这里“七情”“十义”之说显然是后世附会以儒家的道德之说，不可信。

创嫁娶丧葬制

黄帝创嫁娶制。《路史・疏仡纪・黄帝》云：“氏定而系之姓，庶姓别以上，而戚殚于下，婚姻不可以通，所以崇伦类，远禽兽也。”《通鉴外纪》：“嫁娶相媒。”《世本》张注：“黄帝始制嫁娶。”

黄帝创丧葬制。依据考古发现，在原始社会早期，人们不掩埋死者，没有丧葬礼制。《孟子・滕文公上》说：“盖上世尝有不葬其亲者。其亲死，则举而委之于壑。他日过之，狐狸食之，蝇蚋姑嘬之。”旧石器时代中晚期已经有了葬制。到黄帝时代丧葬制度已经相当完备。《路史・疏仡纪・黄帝》云：“（黄帝）乃饰棺衾以送死，封崇木以当大事。”《路史・后纪五》云：“棺椁之作，自黄帝始。”《事物纪原》卷九引《黄帝内传》：黄帝“斩蚩尤，因置冢墓”，并进行祭祀。

“三公”“七辅”“六相”

黄帝及其部族的事迹，是经过漫长时间口耳相传流传下来的，往往将领袖人物与其部族混淆不清，一般将整个时代的史事都挂在黄帝名下。所以，古代文献中关于黄帝的记载，既是黄帝个人的史迹，也是黄帝部族的史迹；黄帝时代的发明创造，既是黄帝的功绩，也是黄帝部族的功绩。在黄帝时代还有许多杰出的人物，就是传说中黄帝的许多大臣，对当时的文明发展都是有重大贡献的，值得我们了解和纪念。

关于黄帝的大臣，传统的文献资料记载黄帝有“三公”“七辅”“六相”（或“四面”“五正”），还有许多大臣，他们都各有所长，各有发明。

◎雀门夕照

关于“三公”

《史记·五帝本纪》在“举风后、力牧、常先、大鸿”下对“三公”有集解：

班固曰：“力牧，黄帝相也。”《正义》曰：“四人皆帝臣也。”郑玄云：“风后，黄帝之三公也。”按：黄帝仰天地置列侯众官，以风后配上台，天老配中台，五圣配下台，谓之三公也。

所以，“三公”又称“三台”。

关于“七辅”

《论语摘辅象》说：

黄帝七辅：风后受金法；天老受天录；五圣受道级；知命受纠俗；窥纪受变复；地典受州络；力墨（牧）受准，斥州选举，翼佐帝德。

关于“六相”

《管子·五行》篇说：

昔者黄帝得蚩尤而明于天道，得大常而察于地利，得奢龙而辨于东方，得祝融而辨于南方，得大封而辨于西方，得后土而辨于北方，黄帝得六相而天地治，神明至。蚩尤明乎天道，故使为当时；大常察乎地利，故使为廪者；奢龙辨乎东方，故使为土师；祝融辨乎南方，故使为司徒；大封辨于西方，故使为司马；后土辨乎北方，故使为李；故，春者土师也，夏者司徒也，秋者司马也，冬者李也。

关于“四面”

《尸子》载：

子贡问孔子曰:“古者黄帝四面,信乎？”孔子曰:“黄帝取合己者四人，使治四方，不谋而亲，不约而成，大有成功，此之谓四面也。”

关于“五正”

《三坟·地皇轩辕氏政典》皇曰：

岐伯，天师；后土，中正；龙，东正；融，南正；大封，西正；大常，北正。

值得注意的是，这里的所谓“三公”“七辅”“六相”等都是后人根据封建社会政治制度、君臣关系所作的推想，并不能理解为黄帝时期就有这样的官制。但至少可以说明，黄帝手下已经有不少能干的大臣配合他管理部落联盟的事务。

《吕氏春秋·勿躬》载：

大桡作甲子，黔如作虏首，容成作历，羲和作占日，尚仪作占月，后益作占岁，胡曹作衣，夷羿作弓，祝融作市，仪狄作酒，高元作室，虞姁作舟，伯益作井，赤冀作臼，乘雅作驾，寒哀作御，王冰作服牛，史皇作图，巫彭作医，巫咸作筮，此二十官者，圣人之所以治天下也。

这里提到了12位大臣，分别有12项发明，这些也正是他们各自执掌之事。黄帝时代这些杰出人物的事迹及黄帝时代的管理体制，可见一斑。

《路史·疏仡纪·黄帝》提到的更多，兹摘要排列如下，并参考相关文献略做疏释，以见黄帝时代这些杰出人物的事迹：

“黄帝命臾区占星，计苞授规，正日月星辰之象，分星次象应，著名始终相验，于是乎有星官之书。浮箭为泉，孔壶为漏，以考中星。”臾区，即鬼臾区。

《史记·封禅书》：“黄帝得宝鼎，宛朐问于鬼臾区。”又曰：“鬼臾区号大鸿，死葬雍，故鸿冢是也。”

《汉书·艺文志·兵阴阳》有《鬼容区》三篇，颜师古注曰：“即鬼臾区也。”鬼臾区就是古代的星占家，犹今之天文学家，但承担着观星象，察云物，占吉凶，明瑞祯的工作。

“命羲和占日，倚珥旺适，缨纽抱负，关启亡浮。”关于羲和，最古老的传说说羲和是生日的女子，见于《山海经·大荒南经》：“有羲和之国，有女子名曰羲和，方浴于甘渊。羲和者，帝俊之妻，生十日。”后来演变为日御。《离骚》：“吾令羲和珥节兮，望崦嵫而勿迫。”王逸注：“羲和，日御也。”

《淮南子·天文训》：“爰止羲和，爰息之螭，是谓悬车。”高注：“日乘车，驾以六龙，羲和御之”是也。至《吕氏春秋》则曰：“羲和作占日。”于是羲和又变为占日者。

“尚仪占月，绳九道之侧匿，纠五精之留疾。”“尚仪”常作“常仪”，起源于神话。《山海经·大荒西经》：“有女子方浴月。帝俊妻常仪生月十有二，此始浴之。”是说月也是帝俊妻所生，至《吕氏春秋·勿躬篇》则说：“常仪作占月。”即以常仪为占月者。《世本》说：“黄帝使……常仪作占月。”常仪作为黄帝的大臣管理占月之事。

“车区占风，道八风以通乎二十四。隶首定数，以率其羡，要其会而律、度、量、衡由是成焉。”

“伶伦造律，采嶰溪谷之篁，断篁间三寸九分，为黄钟之宫，[曰]（由）含少。制十有二筒，以之阮隃之下，听凤之鸣，以定其雌［雄］。乃作玉律，以应候气，荐之宗庙，察治忽以知三军之消息；以正名百物，明民共财，而定氏族，氏定而系之姓，庶姓别于上，而戚殚于下，婚姻不可以通，所以崇伦类，远禽兽也。”此故事源于《吕氏春秋·古乐篇》。

“大挠正甲子，探五行之情，而定之纳音，风后释之，以致其用，而三命行矣。察三辰于上，迹祸于下，经纬历数，然后天步有常而不倍。”《吕氏春秋·勿躬篇》有“大挠正甲子”，此乃《路史》所本。甲子就是后来的干支。至于大挠如何发明甲子，《礼记·月令》章句：“大挠采五行之精，占斗纲所建，于其始作甲乙以名日，谓之干；子丑以名月，谓之支，支干相配以成六旬也。”以天干地支记日，来源很古。天支相配，可以记六十日，六十日的名称不容易弄错。特别在更改历法时，年月日的数目根本靠不住，而甲子则一周六十日再接六十日，连续不断，黄帝时代其大臣大挠最初作甲子是极有可能的。

“命容成作盖天，综六术，以定气象。”《史记·历书》索隐引《世本》上说：“容成综六律而著调历”，是说容成负责黄帝观察天象的总体工作。天文工作与历法关系密切，《吕氏春秋·勿躬篇》又有：“容成作历。”《淮南子·修务训》更证实其说。

“命荣猨铸十二钟，以协月筒，以诏英韶。”

“伶伦造磬，以谐八音，五音调以立天时，八音交以正人位，人天调而天地之美生矣。”

“命大容作承云之乐，是为《云门》《大卷》，著之控楬以道其和，中阳之月，乙卯之辰，日在奎而奏之。”

“命挥作盖弓，夷牟造矢，以备四方。”弓矢的发明，古籍所言不同。《世本》说：“挥作弓，夷牟作矢。”宋衷注挥和夷牟皆为黄帝臣。《墨子·非儒篇》谓：“羿作弓。”《荀子·解蔽篇》谓：“倕作弓，浮游作矢。”《易·系辞传》谓：“黄帝、尧、舜……弦木为弧，剡木为矢，弧矢之利，以威天下。”《吕氏春秋·勿躬篇》谓：“夷羿作弓。”《礼记·射义》正义：“挥作弓。”弓箭的发明应该很早，因为弓箭是人类在渔猎经济时代的基本工具，从“夷牟”“夷羿”的名字来看，当与东夷集团有关。因此，黄帝时代发明弓箭是可信的。

“岐伯作鼓吹铙角，灵鞞神钲，以扬德建武，厉士风敌而威天下。重门击柝，备不速客。”

“命邑夷法斗之周旋，魁方标直，以携龙角，为帝车大辂，故曲其辀，绍大帝之卫。”

“命马师皇为牧正，臣胲服牛使驾，而僕跸之御全矣。”

“命沮诵作《云书》，孔甲为史，执青纂，记言动，惟实。”此说当源于《世本》：“沮诵、仓颉作书，并黄帝史官。”

“命史甲作戒，盘盂笾豆，奁镜剑履，舆席巾杖，户牖弓矛，一著铭诗，以弥缝其阙。惟口起兵，惟动得咎，乃为金人三缄其口，而铭其背曰：古之人慎言也。”

“命俞附、岐伯、雷公察明堂，究息脉，谨候其时，则可万全。”关于俞跗，古文献记载较多，如《韩诗外传》：“中古之医者曰俞跗。俞跗治病，不以汤药。搦木为脑，芒草为躯，吹窍定脑，死者复生。”又如《说苑·辨物》：“中古之为医者曰俞跗。俞跗之为医也，搦髓脑，束肓膜，炊灼九窍而定经络。死人复为生人，故曰俞跗。”关于岐伯，《史记·封禅书》记公玉带之言曰：“黄帝时虽封泰山，然风后、封臣、岐伯令黄帝封东泰山，禅凡山，合符，然后不死焉。”

“命巫彭、桐君处方盄饵，湔汗刺治，而人得以尽年。”

“命西陵氏劝蚕稼，稼月大火而浴种，夫人副袆而躬桑，乃献茧丝，遂称织维之功，因之广织，以给郊庙之服。”

“命共鼓、货狄作舟车，以济不通。”此当源于《世本》：“共鼓、货狄作舟。”宋衷注曰：“二人皆黄帝臣也。”

“命竖亥通道路，正里（候）[堠]。”

“命风后方割万里，画野封疆，得小大之国万区，而神灵之封隐焉。”

“命匠营国，国中九经九纬，五置而有市，市有馆，以俟朝聘之需。”

祖

第六章

躬蚕稼桑　始作衣裳

奠定农业文明

黄帝时代农业生产的发展增强了人们摆脱自然界以及与自然现象作斗争的能力，增强了部落的整体实力，使整个部落越来越强盛，为后来统一中原各部落奠定了雄厚的物质基础。黄帝时代农业生产的发展奠定了中国文化后来发展的基本方向，形成建立在农业文明基础上的独特的中华文明。

世界四大文明之一的中华文明，5000多年前起，从这里摆脱洪荒，孕育出盛大辉煌、流经千年的文明奇迹。

黄帝时代所奠定的农业文明成为后来中华民族生存的经济基础，为中华文明这棵根深蒂固、花繁叶茂的参天大树提供了深厚肥沃的土壤。中国早期文明是多元的，其中若以南北划分，大致可分为吃大米为特色的南方文明和以吃小米为特色的北方文明。然而，无论北方的旱作农业，还是南方的水稻农业，早在黄帝时代就开始形成了较稳定的农业经济，然后缓慢地、稳步地、积累式地发展。这一特点必然给中国文化的发展带来深远的影响。

对此，有学者进行了概括：

首先，创造文明的主体就是从事农业生产的广大劳动人民以及依靠他们的劳动果实为生的知识阶层。

◎黄帝雕像

其次，早期的科学技术所谓满足农业生产上的需要而产生的，如数学、天文、气象、交通、运输、牛耕、灌溉等等。

第三，最早的文学艺术来源于农业生产劳动，如诗歌、绘画、音乐、舞蹈等等。

第四，最早的宗教起源于原始农业的自然崇拜。

第五，早期的哲学从古代的农学思想中吸取很多营养材料，如从精耕细作农业技术基础上提炼出来的农业哲学，对中国古代哲学就有很大影响。

第六，中国的农业文明本身就是中华文明重要的有机组成部分，如农学著作和以农村、农民、农业生产为题材的神话、故事、诗歌、小说、戏曲、绘画、音乐以及饮食文化、民风、民俗等等。

第七，更为重要的是几千年来的中国传统农业生产方式已经在中华文明的深层结构中打上了深深的烙印，如我们民族的思维方式、价值观念和性格特征都具有典型的农耕社会的特点。因此，中华文明实质上就是一种农业文明，而农业文明也就成为中国文化的基础。

艺五种

在黄帝成为氏族首领之后，有熊氏的势力得到迅速发展，并形成一个独立的黄帝部落。黄帝部落在从姬水向渭河流域发展的过程中，继承了神农以来的农业生产经验，将原始农业发展到高度繁荣阶段，使本部落迅速发展壮大。

据《史记・五帝本纪》，轩辕黄帝的功绩之一是“艺五种”。“五种”，据郑玄注释，是指“黍、稷、菽、麦、稻”五谷。神农氏仅能种植黍、稷，而黄帝则能种植多种粮食作物，表明黄帝使当时的原始农业有了进一步的发展。

根据历史传说，黄帝非常重视发展农业，掌握了平原农业的许多特点，“岁时熟而亡凶，天地休通，五行期化，故风雨时节，而日月精明，星辰不失其行”（《路史・疏仡纪・黄帝》）。黄帝充分认识到，必须挖掘土地的潜力，广耕耘，勤播种，

◎红陶双耳瓶（新石器时代） 店头镇出土

才能使人们丰衣足食，安居乐业。他率领百姓“时播百谷草木”，并“淳化鸟兽昆虫，历离日月星辰；极畋土石金玉，劳心力耳目，节用水火材物”（《大戴礼记·五帝德》引孔子语）。传说黄帝的行为感动了上帝，出现了许多祥瑞之兆：“地献草木”“九牧昌教”（《论语谶》）。

黄帝在战胜蚩尤之后，使得中原平原农业获得了长足的发展。后来，在以黄帝为祖先的姬姓部落里就出现了一个农业方面成绩卓著的领袖——弃。传说他是周人的祖先，中国平原农业的代表，被尊为后稷。他生当“陶唐虞夏之际”。《诗经·生民》说他种的大豆（菽）、谷子、麻、麦都特别好。他能认识不同土壤，并懂得拔去杂草，还知道挑选良种。《诗·周颂·思文》歌颂道：“思维后稷，克配彼天，立我烝民，莫菲尔极。”

黄帝时代农业经济和技术的突飞猛进得到了考古材料的印证。依据现有考古发现和研究可知，分布在陕西、河南、山西南部、河北南部及安徽西北部的黄河中游龙山文化，是继仰韶文化而来的。这一时期，社会经济有了突出的进步，石制生产工具磨制得更加精细，打制石器极为少见，已经使用挖土工具木耒，有的遗址还发现石钺和三角犁形器。这些改进了的生产工具，大大提高了开垦土地的能力。穿孔石刀以及石镰、蚌镰等收割工具的大量使用，表明农业生产已经具有一定规模，收获量有所增加。当时人的衣着材料，也多由兽皮演进为植物纤维。村落分布更加稠密。陶、石、玉、漆、木等质料的礼器和乐器令人惊叹，甚至达到精妙绝伦的程度。有的刻画和书写符号大体可以确定为汉字的雏形。蓄养家畜

◎黄帝陵附近出土的史前石器

的品种和数量都有所增加，有的墓葬中用猪头随葬。

始穿井

与农业生产有密切关系的井的发明，古人也归功于黄帝。如《世本》说：“黄帝见百物，始穿井。”《易》井卦释文引《周书》云“黄帝穿井”，等等。中国史前农耕聚落分布，每每呈现出沿小河而居的特点。它反映出早期农业在水的利用方面对于河流的依赖。中国的河流水系星罗棋布，大河的支流、小溪纵横交错，它为史前沿河而居的先民们提供了广阔的活动舞台。然而沿河而居必然限制人们的活动空间，束缚农业生产的规模。井的发明改变了农业对于河流的依赖，使得农业生产规模空前扩大。同时聚落的分布可以不受河流的限制而获得扩展。依据考古发现，水井最初出现在河姆渡遗址第 1—2 层相当于松泽文化下层的时期，其碳十四测定的年代距今约 5700 年。这里是长江三角洲水位较高的沼泽地带，无须深挖即容易见水，这里首先发明井不足为奇。而水位较低的黄河流域，开凿水井难度较大，而水井对于农业的意义远非长江三角洲的水井可堪比拟。但大约到距今5000—4000年的时候，黄河流域的龙山时期文化遗址普遍发现有水井，它表明水井在黄河流域的经济生活中已发生了显著的效用。如河南洛阳矬李遗址和河南汤阴白营遗址发现的古井，距今约4000多年，基本上与黄帝时代相符。

垂衣裳

黄帝时代农业生产突飞猛进，人们的物质文化生活水平也大大提高，衣食住行等等方面，都在发生一系列重要变化。

衣服的起源，其根本原因是出于实用。在寒带和温带地区，人类为了防御寒冷，保护身体，很早就披树皮了。在热带，人类为了防御烈日的照射和风雨的袭击，也采取一些措施尽力保护自己的身体。通常是在身体上涂抹油脂和黏土，披盖树叶、树皮，在身上绘些花纹等。在一万八千年前的山顶洞人遗址里，已经出土骨针。在四川资阳黄鳝溪出土有骨锥。这些工具说明当时中国境内的原始人群的缝纫技术已有相当水平。可以推断，大约在旧石器中期，我们的祖先已经摆脱了赤身露体的状态，过着食肉衣皮的生活了。

到了新石器时代，骨针、骨锥大量使用，纺轮也很流行，在河姆渡遗址还发现了原始织机的零件。当时的衣料基本上分为两大类：一种是植物类，有草叶、树叶、树皮以及植物加工品，一种是动物类，有兽皮、毛、鸟羽等。衣服的式样，也有一些花样，简陋的一般是一件完整的兽皮，复杂一些的是把兽皮中央穿一个洞，或者在兽皮一端切成一个凹口，称为头衣或斗篷。

在传说中，衣服的制作与农业的发明属于同一时代。《商君书》说："神农之世，男耕而食，妇织而衣。"《吕氏春秋·爱类》也说：

> 神农之教曰："士有当年而不耕者，则天下或受其饥矣；女有当年而不绩者，则天下或受其寒矣。"故身亲耕，妻亲绩，所以见致民利也。

这就是中国男耕女织生活方式的起源。

黄帝时代农业生产突飞猛进，人们的物质文化生活水平也大大提高，衣食住行等等方面，都在发生一系列重要变化。

衣服与文明联系在一起，成为人类进入文明的标志。后人从这个意义上说黄帝“始垂衣裳”（《风俗通义・皇霸》），使衣裳具备了文明标志的意义。

黄帝时代在衣饰上的重要改造是发明了“衣”和“裳”。《释名・释衣服》云：“凡服上曰衣……下曰裳。”《易・系辞下》：“黄帝……垂衣裳而天下治，盖取诸乾坤。”《尚书大传・略说》：“黄帝始……垂衣裳。”这是直接说黄帝作衣裳。《世本》说：“伯余作衣裳”“胡曹作冕衣”。宋衷注：伯余、胡曹皆黄帝臣。《云笈七签》卷一里面《轩辕本纪》说：“（黄帝时）有臣胡曹造衣，臣伯余造裳。”这是说黄帝的大臣作衣裳。孔颖达在疏《易・系辞下》黄帝垂衣裳时说：

> 黄帝制其初，尧舜成其末，垂衣裳者，以前衣皮，其制短小，今衣丝麻布帛，所制衣裳其制长大，故云垂衣裳也。

《淮南子・氾论训》称：“伯余之作衣也，緂麻索缕，手经指挂，其成犹网，后世为之机杼复胜，以便其用，而民得以掩形御寒。”而《吕氏春秋》与《世本》又称：“胡曹作衣。”据高诱注《吕氏春秋》《淮南子》、宋衷注《世本》，都说：“伯余”“胡曹”是“黄帝臣”。《物原》也称：“轩辕臣胡曹作衣，伯余为裳，因染彩以表贵贱。”

不管是黄帝还是他的大臣做衣裳，都告诉我们，黄帝时代已有上衣下裳的服装。上衣下裳这种衣服制作是一个划时代的事件，成为我们的先民进入文明社会的重要标志。《礼记・王制》上说：“东方曰夷，被发文身；南方曰蛮，雕题交趾；西方曰戎，被发衣皮；北方曰狄，衣羽毛穴居。”这是以衣服的有无作为区别夷夏即野蛮与文明的重要标准，所谓“中国有礼仪之大，故称夏，有服章之美，故称华”（《左传·定公十年》孔疏）。

黄帝时代衣裳还服务于一定的等级观念。《易·系辞下》：“黄帝……垂衣裳而天下治，盖取诸乾坤。”（孔颖达疏：“取诸乾坤者，衣裳辨贵贱，乾坤上下殊体，故云取诸乾坤也。”）《白虎通义·衣裳》说：“圣人所以制衣服何？以为絺绤蔽形，表德劝善，别尊卑也。”《物原》称：“伏羲作裘，轩辕臣胡曹作衣，伯余为裳，因染彩以表贵贱，舜始制衮及黻深衣，禹作襦裤。”《路史·疏仡纪·黄帝》篇说黄帝“法乾坤以正衣裳”。黄帝将衣服的发明和使用与天尊地卑的取象联系起来，因而黄帝使服饰服务于社会政治，他改变了原有的服饰观念。所谓别尊卑，表贵贱，标志不同人的社会地位。

教蚕桑

“命西陵氏劝蚕稼，稼月大火而浴种，夫人副袆而躬蚕稼桑，乃献茧丝，遂称织维之功，因之广织，以给郊庙之服。”

到黄帝时代，开始有了麻布衣服，《淮南子·氾论训》说：“伯余之初作衣也，緂麻索缕，手经指挂，其成犹网罗。”西安半坡遗址发现了不少印有布纹的陶片或陶钵，经专家鉴定属于麻布，每厘米经纬约 10 根左右，稀疏程度确如网罗。吴县（1995 年撤销）草鞋山遗址也有葛布出土。这些都说明当时除穿兽皮以外，已经大量穿戴葛麻衣服，有了冠冕。黄帝时代还出现了更高档次的丝织衣服。《通鉴外纪》说：“西陵氏之女嫘祖，为黄帝元妃，始教民育蚕，治丝茧以供衣服，后世祭为先蚕。”这是说黄帝时代已经饲养家蚕，并缫丝织布做衣服。在中原地区发现的仰韶文化时期的家蚕茧和陶塑的家蚕蛹，在江南相当仰韶晚期的良渚文化中，发现了丝带和丝织品的绢。

制冠冕

黄帝还是冠冕的发明者，《尚书大传・略说》说：“黄帝始制冠冕。”《风俗通义・皇霸》：“黄帝始制冠冕。”《世本》说：“黄帝作旃冕。”冠冕也是社会地位的象征。可见黄帝在用衣服区别尊卑时，不但包括衣服本身，而且还包括了冠冕以及其他装饰品。黄帝发明服饰还往往象征性地表达其他一些观念，如《世本》说：“黄帝作冕。垂旒，目不斜视也；充纩，耳不听谗言也。”

烹熟食

人类在学会使用火以前，对食物是生吞活剥的，既生吃植物，也生吃兽肉、鲜鱼。知道用火以后，熟食也是有限的，主要是烧和烤。有时将食物用泥土包起来，放在火中烤干，此种方法古称炮。《礼记・内则》郑玄注：“以土涂生物，炮而食之。”利用石板烘烤食物也是较早的发明。《礼记・礼运》注：“中古未有釜甑，释米捋肉，加于烧石之上而食之耳。”《古史考》：“加物于燧石之上食之。”

煮食方法比烧、烤方法出现要晚。在陶器发明以前，人类的煮食方法已经有石烹法，即先在木制或树皮器皿里盛上水和食物，同时把一些石块烧红，接着把炽热的石块投入水中，使水沸腾，从而把食物煮熟。人类学会制陶以后，陶器就成了主要的炊煮工具，煮食方法也普遍化了。一般都是以夹砂陶器为炊具，它耐火烧，不易破裂，传热又快。

作杵臼

根据古代文献，如《周易・系辞下》：“黄帝……断木为杵，掘地为臼，臼杵之利，万民以济。”这是对食物原料进行加工。“断木为杵，掘地为臼”，发明了谷物加工的重要器具。关于杵臼的发明，文献记载中也有差异。《世本》称“雍父作杵臼”，宋衷注：“雍父，黄帝臣也。”此外，还有两说，一说是《吕氏春秋·勿躬》“赤冀作臼”，二是桓谭《新论》则有“伏羲制杵臼之利”（《太平御览》卷762引）。“赤冀”为何人，缺乏比较考察的资料，暂时存疑。“伏羲”时代农业尚在原始阶段，“制杵臼”大概太早。段玉裁《说文解字注》云“黄帝臣雍父作杵臼”，显然采取了《世本》与宋衷的说法。黄帝时代，农业的发展，引起了饮食的重大变化，粮食成了最主要的食品，黄帝发明杵臼，有了对粮食进行去皮加工的技术，这就是所谓“舂”。《说文》：“舂，捣粟也……持杵以临臼……古者雍父初作舂。”《世本》亦称“雍父作舂”。《黄帝内传》：“帝斩蚩尤，因作杵臼，断木为杵，掘地为臼，以火坚之，使民舂粟。”甲骨文中的“舂”字是一个人用两手持杵临臼捣米之形。我国新石器时代的遗址中，石杵的发现极为普遍，如仰韶村、西安半坡，皆有发现磨制的环舂。

作陶灶

黄帝又发明了一种新式的火灶。在黄帝以前，固定的火膛已经出现，人们煮食物时，通常把炊具放置在热灰中或篝火旁煨煮。黄帝作灶，是在原有火膛基础上，制造陶灶，它可以自由移动，火力比较集中，便于架置炊具。在仰韶文化庙底沟等遗址中发现一种陶灶，器身约高12厘米，前有火门，底部有三条矮足，口部下有三个凸钮，可以把炊器置于其上。与此相似的陶灶，在濮阳西水坡、磁县下潘汪等仰韶文化遗址中都有发现。到河南龙山文化的早期，对仰韶文化的陶灶加以全面改

◎踞坐纹灰陶灶（汉代）　上畛子出土

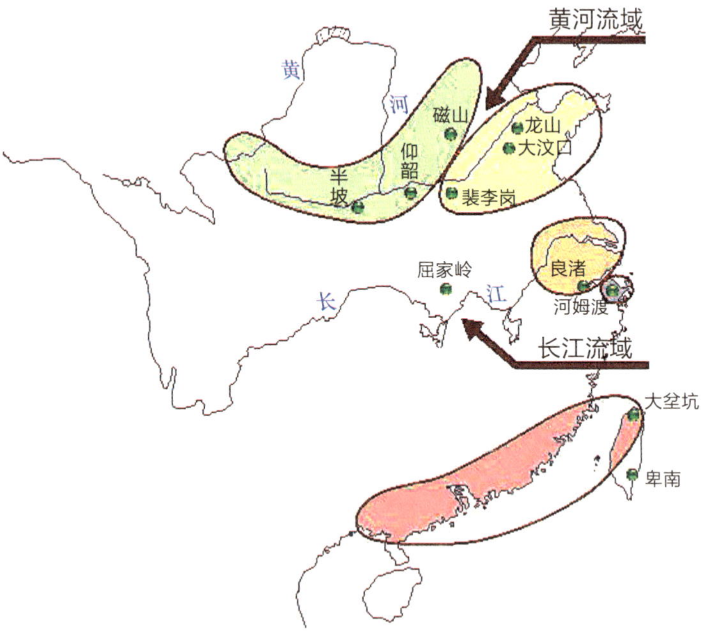

◎新石器时期人类文化遗址分布

造，磁山发现的圆桶形的灶，在近口部处有四个相对称的圆形或椭圆形的灶眼，当是通风和排烟的孔道，底部一侧有一个灶门，灶身高约30厘米，口径约20厘米。这种陶灶，从河南龙山文化早期一直延续到它的晚期。

正由于黄帝发明了陶灶，比较好地利用了火力，乃使蒸食物的方法普遍化。可见，黄帝对于改进人类的饮食方式确实起了巨大作用。

作釜甑

黄帝发明了陶甑。甑是利用沸水升发的蒸气蒸食物的器具。农业技术的进步，促进了谷物加工于熟食器具的制作。《云笈七签·轩辕本纪》："（黄）帝作灶。"

《古史考》："黄帝始蒸谷为饭，烹谷为粥。黄帝作釜甑。"黄帝时代在业已发展的煮食习惯基础上，对煮食方法作了较大的改进。

发明陶器

黄帝时代陶制饮食器具在考古上已经有许多文物可以证明。1981 年，在今河南荥阳市青台仰韶文化遗址发掘了一件夹砂红陶的三足覆盆器，据学者们研究，认为这是一种用于火上烧烤的器物，是烙饼的炊具，并被命名为"陶鏊"。这种陶鏊在中原地区的史前考古学文化中较普遍地分布着，在年代上，以磁山遗址为最早，可能也就起源在这里。其后逐渐向其他地区传布发展，"从覆盆状陶鏖传播方向看，基本上与史料中炎黄氏族迁徙路线及势力范围吻合"。[①] 中原地区还有陶罐、陶鼎等炊具。陶罐是当时人们的一种主要炊具。这种陶罐的残片，在遗址里最常见，可以说俯拾即是。在宝鸡北首岭仰韶文化的墓葬中，出土了 2 件陶罐，一件内有两只完整的鸡骨架，一件内有两条鱼骨架，说明陶罐可以烹煮肉类，自然也可以用粮食煮稀饭，用野菜做成羹汤。[②]"名命宁封为陶正，赤将为木正，以利器用。"黄帝时代陶器的发明

◎茧形壶（秦代）　太贤乡圭张村出土

① 张松林：《中国新石器时代陶鏖初考》，《中原文物》，1997 年第 3 期。
② 周本雄：《宝鸡北首岭新石器时代遗址中的动物骨骸》，《宝鸡北首岭》，文物出版社，1983 年，第 148 页。

是没有问题的，关于宁封为陶正《列贤传》也有记载："宁封子，黄帝时人也，为黄帝陶正。有异人过之，为其掌火，能出五色烟，久则以教封子。封子积火自烧，而随烟气上下，视其烟尽，犹有其骨。时人共葬于宁北山，故谓之宁封子焉。"这种神话式的记载，当然不能视为真实，但未尝没有我们的先民烧制彩陶的史影。

作宫室

黄帝时代以前早已有居住建筑，为什么又说"黄帝作宫室"呢？这是因为黄帝时代的居住建筑有一个质的发展。黄帝在北方土木结构的住室习惯上，将住室进行分室建筑。在黄帝以前，村落已有一定布局，如半坡、姜寨遗址，中央是广场，四周有很多房屋环绕。但各独立的房屋内部则不分间。而黄帝对原有住室进行改进，实行分室分间。仰韶文化中晚期的黄帝时代，人们营造房子有半穴地式，有地面建筑，有圆形房子，也有方形房子，房屋结构有单间、套间或单间排房。营建房子已经会立架梁，墙壁是木骨泥墙，室内一明两暗。这种建筑模式，奠定了五千年来具有民族风格的民居建筑基础，它是中华民族建筑的鼻祖。

远古人民的居住，最早是"穴居野处"或"暮栖枝上"。自然界中天然的山洞、树洞就是他们的栖息之所。北京周口店、山顶洞遗址就是早期穴居的见证。在我国南方和西南地区，由于天然岩洞较多，穴居习惯延续很久。人们先是在树上临时栖息，后来"有巢氏"构木为巢，人们"依树积木，以居其上，名曰'干兰'"（《魏书·僚》）。

北方流行土木结构建筑。在西安半坡和临潼姜寨有一种圆形房子，多在平地上建起，中间为火塘，其附近有四至六根柱子，房四周皆有柱洞。面积为15 ~ 20平方米。此外还有方形房子，面积也在20平方米左右。而南方则流行干栏建筑。在河姆渡遗址第四层出土了数以千计的木构件，发掘报告称，至少有三排（栋）建筑，一般是下部打木桩，形成架空的房基，桩上为横木，铺有木板，人居上面。其上为立柱，有大、小梁。

◎半坡遗址

《周易·系辞下》称："上古穴居而野处，后世圣人易之以宫室，上栋下宇，以待风雨。"这一段文字，为"黄帝尧舜垂衣裳"以后的九事之一，所以这里的"后世圣人"自应指黄帝言。汉代以后的学者，都已肯定地认为黄帝是宫室的制作人，陆贾《新语》："天下人民，野居穴处，未有室屋，则与禽兽同域。于是黄帝乃伐木构材，筑作宫室，上栋下宇，以避风雨。"《白虎通义》："黄帝作宫室，以避寒暑，此宫室之始也。"其后晋皇甫谧《帝王世纪》、罗泌《路史》、胡宏《皇王大纪》、高承《事物纪原》，都将宫室的发明归之于黄帝。

造舟楫

原始人砍倒树木横跨小河两岸，便可踏木过河，这就是独木桥。在较浅的河水里，放置若干石块，人们踏石而过，这是最古老的石桥。在较大的河流上，也可用木杆纵横交错，搭成木拱桥。在水疾地险的地方，人们发明一种溜索桥。除桥以外，原始人还能够借助一定的工具，泅渡葫芦是人类最早的泅渡工具之一。一般是在身上拴个葫芦，就能巧渡江河了。《周易·泰卦》九二爻辞说："包（匏）荒，用冯河，不遐遗朋，弗亡（忘），得尚（赏）于中行。"《庄子·逍遥游》："今子有五石之瓠，何不虑以为大樽，而浮于江湖。"司马彪说："樽如酒器，缚之于身，浮于江湖，可以自渡。"可知上古的人们凭借一只葫芦渡过大河的事情是司空见惯的。人们还结合树木和泅渡方法，将漂浮在水面上的树木并排地拴在一起，就成了木筏。大筏或竹筏的出现既加大了安全系数，又增强了渡河的灵活性。

我国古代关于舟的发明，众说纷纭，而最多的则仍然是黄帝。除了前面所引，还有《淮南子·说山训》说："黄帝见窾木浮而知为舟……以类取之。"黄帝发明舟楫，就是在以前渡河经验基础上，选择一段粗大的树干，先用火烧去中间部分，然后用石斧砍制成形，制成独木舟的样子，然后又用火烤制木桨。舟楫的制造使得古人的水路交通更为便利。

关于行，《易·系辞下》载："黄帝……刳木为舟，剡木为楫，舟楫之利，以济不通。"《古史考》："黄帝作车，引重致远。"《路史·前纪七》："轩辕氏作，于空桑之北，绍物开智，见转风之蓬不已者，于是作制乘车。"《拾遗记》："轩辕变乘桴以作舟楫。"

舟车的起源，《墨子·节用》上有这样的说法：

> 车为服重致远，乘之则安，引之则利，安以不伤人，利以速至，此车之利也。古者圣王为大川广谷之不可济，于是利为舟楫，足以将之则止。

虽上者三公诸侯至，舟楫不易，津人不饰，此舟之利也。

这就是说舟楫的发明是基于远古人们克服交通障碍，互相交流的需要。

发明车

在极其漫长的历史时期内，原始人没有任何交通工具，都是徒步行走。最古老的交通工具是木棍，它不仅是采集狩猎的工具，也是人们行走时的拐杖和背扛物品的工具。《礼记·曲礼上》：“谋于长者，必操几杖以从之。”木杖就是由棍棒发展来的。搬运较重的物品，人类最初往往把圆木柱垫在重物之下，借其滚动而移动，但是这种办法阻力大，垫木要多。

《淮南子·说山训》说：“（黄帝）见飞蓬转而知为车……以类取之。”《古今图书集成·考工典·车舆部》：“黄帝有熊氏始见转蓬而制车。”黄帝看到风蓬之旋转而发明了车。实际上是黄帝在人们用圆柱滚动重物的基础上，改垫为轴，再在两旁安上轮子，最初的车轮和轴是固定的，轴与车辕之间有一个滑动的槽，车身有辕和轩。《路史·前纪七》就说：“横木为轩，直木为辕，以尊太上，故名轩辕氏。”黄帝因为发明了车而闻名于世，人们遂以轩辕氏来称呼车辆的发明者。因此，《通考·氏族略》说：“古之得姓受氏者，有以技为氏，以事为氏。”这就是说，“轩辕”就如同有巢、燧人、神农这些称呼一样，是为了纪念发明或发现者的称呼。车的发明是人类生活的巨大进步，也为黄帝治理天下提供了条件。

发明弓箭

“命挥作盖弓，夷牟造矢，以备四方。”弓矢的发明，古籍所言不同。《世本》说：“挥作弓，夷牟作矢。”宋衷注挥和夷牟皆为黄帝臣。《墨子·非儒篇》谓：“羿作弓。”《荀子·解蔽篇》谓：“倕作弓，浮游作矢。”《易·系辞传》谓：

“黄帝、尧、舜……弦木为弧，剡木为矢，弧矢之利，以威天下。”《吕氏春秋·勿躬篇》谓：“夷羿作弓。”《礼记·射义》正义：“挥作弓。”弓箭的发明应该很早，因为弓箭是人类在渔猎经济时代的基本工具，从“夷牟”“夷羿”的名字来看，当与东夷集团有关。因此，黄帝时代发明弓箭是可信的。

发明甲子

“大挠正甲子，探五行之情，而定之纳音，风后释之，以致其用，而三命行矣。察三辰于上，迹祸于下，经纬历数，然后天步有常而不倍。”《吕氏春秋·勿躬篇》有“大挠正甲子”，此乃《路史》所本。甲子就是后来的干支。至于大挠如何发明甲子，《礼记·月令》章句：“大挠采五行之精，占斗纲所建，于其始作甲乙以名日，谓之干；子丑以名月，谓之支，支干相配以成六旬也。”以天干地支记日，来源很古。天支相配，可以记六十日，六十日的名称不容易弄错。特别在更改历法时，年月日的数目根本靠不住，而甲子则一周六十日再接六十日，连续不断，黄帝时代其大臣大挠最初作甲子是极有可能的。

造历法

“命容成作盖天，综六术，以定气象。”《史记·历书》索隐引《世本》上说：“容成综六律而著调历。”是说容成负责黄帝观察天象的总体工作。天文工作与历法关系密切，《吕氏春秋·勿躬篇》又有：“容成作历。”《淮南子·修务训》更证实其说。

创医术

“命俞跗、岐伯、雷公察明堂，究息脉，谨候其时，则可万全。”关于俞跗，古文献记载较多，如《韩诗外传》：“中古之医者曰俞跗。俞跗治病，不以汤药。搦木为脑，芒草为躯，吹窍定脑，死者复生。”又如《说苑·辨物》：“中古之为医者曰俞跗。俞跗之为医也，搦髓脑，束肓膜，炊灼九窍而定经络。死人复为生人，故曰俞跗。”关于岐伯，《史记·封禅书》记公玉带之言曰：“黄帝时虽封泰山，然风后、封臣、岐伯令黄帝封东泰山，禅凡山，合符，然后不死焉。”关于巫彭：“命巫彭、桐君处方盄饵，湔浣刺治，而人得以尽年。”

从药物学来看，《淮南子·修务训》说：“神农………尝百草之滋味，水泉之甘苦，令民知所避就，当此之时，一日而遇七十毒。”宋刘恕《通鉴外纪》亦有类似的记载：“民有疾病，未知药石，炎帝始味草木之滋，尝一日而遇七十毒。”这些材料都说明炎帝神农尝百草而了解物的药性。到黄帝时，这个过程尚未终结，皇甫谧在《帝王世纪》中曾指出，黄帝“使岐伯尝味百草、典医疗疾，令经方本草之书咸出焉”。夏曾祐《中国古代史》在总结医学发展的历史时曾指出，“案神农所创之医，为医之经验；黄帝所创之医，为医之原理，进化之级应如是也”。医学是一门保障人类自身生产和健康生活的基本生存技术，它从生活经验开始，然后才逐步引发出一定的理论形态。从黄帝开始对药理有了初步的理论总结。黄帝对炎帝部族的医药养生之术也予以高度关注。自战国时期开始，就有越来越丰富的关于黄帝学习养生、医学的记载，如《庄子》记载，黄帝曾到崆峒山（今甘肃平凉）问“养民人”“官阴阳”之道，黄帝后来也被养生家当作他们学说的始祖。黄帝对于人类现实生命的高度关注，影响了后来中国文化的基本精神。

轩辕

第七章

敤首作画　制礼作乐

深植文化根脉

黄帝是中华民族的“人文始祖”，中国文化后来的许多方面都可以追溯到黄帝。因此，完全可以说，黄帝时代是中国文化的源头。

中华文化积淀着中华民族最深沉的精神追求，是中华民族生生不息、发展壮大的丰厚滋养。

黄帝文化展示了中华民族的文化自信，只有充满自信的文明才能在保持自己特色的同时包容、借鉴、吸收各种文明的优秀成果。

黄帝时代的文明发展对后来中国文化的发展有很大的影响，许多后来的思想观念都可以追溯到这里，特别是后世的一些思想学派和宗教都以黄帝为其思想渊源和崇拜对象。

黄帝被尊为“人文初祖”就是因为他是中华民族踏进文明门槛的一个历史象征。黄帝时代的许多创制和发明，不但奠定了中华文明的基础，也培植了中华民族崇尚文明的价值观念。中国传统文化崇尚文明，摒弃野蛮，注重文野之分，如《尚书·舜典》中有“睿哲文明，温恭永塞”，把文明作为一种美德。《疏》云：“经天纬地曰文，照临四方曰明”，把文明视为天地间的最高品德。后来《易传·文言》中又有这样的话：“见龙在田，天下文明。”《易传·彖传》说：“其德刚健而文明，应乎天而时行，是以元亨。”这是以“龙”比喻人，说明有文明美德的人能够适时行事，其事业伟大美好，天下文秀而光明。如果缺乏文明的美德，就会处于野蛮蒙昧的状态。《荀子·礼论》上有“不警文，谓之野”，“君子贱野而羞瘠”，这就是说，不讲究文明就会流于粗野和浅薄，有德行的人是蔑视粗野而耻于浅薄的。这种重视文明反对野蛮的思想，在中华民族的历史上世代相传，成为中国文化最显著的特征之一。

黄帝时代不但在物质生活方面出现了众多发明创造，而且在文化方面也取得了许多成就。如果我们将传说史料中炎帝与黄帝的发明创造加以比较，就会发现，在物质生活方面，炎帝与黄帝都有许多发明创造，而在文化生活方面，黄帝的发明创造与炎帝时代相比更具有重大意义。

发明文字

“命沮诵作《云书》，孔甲为史，执青纂，记言动，惟实。”此说当源于《世本》：“沮诵、仓颉作书，并黄帝史官。”

“命史甲作戒，盘盂笾豆，奁镜剑履，舆席巾杖，户牖弓矛，一著铭诗，以弥缝其阙。惟口起兵，惟动得咎，乃为金人三缄其口，而铭其背曰：古之人慎言也。”

◎仓圣鸟迹书碑

《拾遗记》卷一：“黄帝……始造书契。”这里的“书契”即指文字。不过，战国、秦汉人的著作则一致认为是黄帝之臣仓颉发明了文字，如《韩非子·五蠹》说：“古者仓颉之作书也，自环者谓之私，背私谓之公，公私之相背也，乃仓颉固以知之矣。”《论衡·对作》篇：“造端更为，前始未有，若仓颉作书，奚仲作车是也。”《论衡·订鬼》：“及仓颉作书，鬼夜哭。”徐干《中论·治学》：“仓颉视鸟迹而作书，斯大圣之学乎？”

文字的发明是人类社会进入文明时代的重要标志。文字发明以前曾有用实物记事的阶段。从传说和民族学资料来看，上古记事的办法主要有两种：一是结绳，二是刻契。《易传·系辞下》说：

上古结绳而治，后世圣人易之以书契。百官以治，万民以察。

结绳的时代大约在神农氏以前，而刻契符号的使用，大致在神农氏至黄帝时代。到了黄帝时代，经济文化生活的相对繁荣，使得结绳记事已无法适应更多、更快地记录、传递信息的需要，仓颉从“兽蹄鸟迹”之中，捉摸出一套方便适用的交流手段，从而发明了文字。皇甫谧在《帝王世纪》中曾指出：“（黄帝）其史仓颉，又取像鸟迹，始作文字，史官之作，盖自此始。”史与文的关系，可以从汉字构形中得到证实。甲骨文“史”后来分化为“史”“吏”“事”三个字。史从“中”，“又”是“手”，“史”字表明一人手持“中”（典册）。

在新石器时代的早期、中期遗址中，都曾发现有刻契符号。1976 年在乐都柳湾马厂类型墓葬中，发现四十片骨质记事工具。它由切割加磨的骨片制成，骨片的大小和形式基本一致。在骨片中部的一边或两边，刻着一至三个数量不等的缺口。与此类似的骨刻，在西宁朱家寨也曾出土。

距今 8000—7000 年前的裴李岗文化，是一支早期新石器文化。在河南，以豫中为中心分布于新郑、密县、登封、巩县（今巩义市）、中牟、长葛、鄢陵、郏县、漯河、舞阳、扶沟、项城、商水、临汝、渑池、潢川、方城、淇县等地，共发现五六十处裴李岗文化遗址。新郑及其周围地区，是我国古史传说中少典氏生息、繁衍之地，在这里发现裴李岗文化不是偶然的。在舞阳贾湖裴李岗文化遗址出土的遗物中，在骨笛、龟甲和石器上均有刻画符号，其中如“口”形符号与安阳殷墟甲骨文中的“目”字相似。[①] 这些刻画符号应该是仰韶文化陶器刻画符号的先声。

原始社会晚期还发明了记事符号。1949 年后多次发现有关实物，仅关中地区仰韶文化遗址中就发现了 7 处。1954 年首先在西安半坡出土的陶器口沿上，发现 100 多个共约 32 种刻画符号。其后在陕西宝鸡北首岭、长安五楼、合阳莘村、铜川李家沟、黄陵桥山和临潼姜寨、零口、垣头等仰韶文化遗址中，又曾多次发现，其中以姜寨发现最多，共发现 120 多个约 40 种符号，有的与半坡的符号相同，有的不见于其他遗址。上述遗址都是分布在关中地区东西长 300 千米、南北宽 100 千米的 30000 平方千米的范围之内。其中有的符号开始规范化，一些符号肯定是数字，如Ⅰ、Ⅱ、Ⅲ等，并为后世继承和采用。这说明居住在这一地区的

---

①《河南舞阳贾湖新石器时代遗址第二至第六次发掘报告》，《文物》，1989 年第 1 期。

◎半坡遗址陶器刻画符号

远古居民，曾使用过相同的记事符号，这些符号对我国文字的形成，有一定的联系和影响，是文字的先驱。①

半坡遗址的陶器刻画符号发表后，郭沫若就曾指出：半坡彩陶上的刻画，其意义至今虽尚未阐明，但无疑是具有文学性质的符号，“彩陶上的那些刻画记号，可以肯定地说就是中国文字的起源，或者中国原始文字的孑遗”②。刘宝才认为：“大量见于陶器上的刻画符号各有一定的含义和相对固定的形状，具备了文字的

① 王志俊：《关中地区仰韶文化刻画符号综述》，《考古与文物》，1980 年第 3 期。
② 郭沫若：《古代文字之辩证的发展》，《考古学报》，1972 年第 1 期。

部分因素，但刻画符号没有读音，还不能算作文字。它的进一步发展才是最初的中国文字。”① 台湾学者李孝定还曾用“六书”理论，认定半坡陶器符号里已有象形、会意、假借等方面的字，但尚无形声字。②

分布在甘肃青海地区的马家窑文化的半山、马厂类型，在年代上晚于仰韶文化类型 1000 多年乃至 2000 年，与山东地区的大汶口文化晚期相当或略晚于大汶口文化晚期。但出土的陶器符号，其性质与半坡类型相似。半山、马厂类型的彩陶符号在 20 世纪 30 年代就有发现，而以 20 世纪 70 年代青海东都柳湾墓地出土的彩陶符号最为集中。其种类有 130 余种，有些符号笔画较多、较有规则，可能是文字③。

黄河下游地区大汶口晚期遗址，也有大约 10 种象形符号发现。于省吾认为大汶口类型的符号“是原始文字由发生而日趋发展的时期”。④ 唐兰也指出，“当时已经有简体字”，并认为“这种文字在大汶口文化区域里已广泛使用”。⑤

在长江中下游地区的良渚文化遗址中，早在 20 世纪 30 年代就发现了陶器上的刻画符号。到 60 年代又有一些新的刻画符号发现。70 年代之后，考古学者在江苏吴县（1995 年撤销）澄湖出土的一件良渚文化黑陶罐上，发现 4 个符号并列刻在罐的腹部，这些符号在结构和书写特征上都十分接近古汉字的风格。80 年代，考古学者又在余杭南湖出土的一件良渚文化黑陶罐上，发现了多个符号连续相刻的情形。唐兰和李学勤对其中的文字进行了考证，认为当时这一地区已有一些刻画符号被用来记录语言，具备形、音、义等文字的基本性质。⑥

---

① 刘宝才：《先秦文化散论》，陕西人民出版社，2001 年，第 24 页。
② 李孝定：《中国文学的原始流变》，《中央研究院历史语言研究所集刊》第 45 本，第 2 分册、第 3 分册，1974 年。
③ 青海省文物处考古队、中国社科院考古所：《青海柳湾》，文物出版社，1985 年。
④ 于省吾：《关于古文字研究的若干问题》，《文物》，1973 年第 2 期。
⑤ 参见《大汶口文化讨论集》，齐鲁书社，1981 年。
⑥ 参见唐兰：《关于江西吴城文化遗址与文字的初步探索》，《文物》，1975 年第 7 期；李学勤：《试论余杭南湖良渚文化黑陶罐的刻画符号》，《浙江学刊》，1992 年第 4 期。

从考古上看，公元前5000—3000年的仰韶文化晚期和龙山文化早期遗址中发现了比半坡刻画符号更具有文字性质的文字。特别是黄河流域龙山时代的遗址，从1930年以来就不断有比仰韶文化时期更加规范的刻画符号出现。如山东大学历史系考古实习队在今山东邹平市苑城乡发现龙山文化陶书，在一个陶器底部残片上刻有5行11字，个个独立成字，整体排列规则，其中有会意字和象形字，其时代比殷墟甲骨文早800年。[①] 李学勤根据丁公陶文多用连笔的书写特征，认为它们是当时的俗体字。田昌五甚至指出：“正因为有了数千年的文化积淀，我们对龙山文化时代成组陶文的出土便不会感到奇怪。”他建议，对于良渚文化澄湖遗址和南湖遗址遗迹山东龙山文化丁公遗址出土的，由成组文字组成的陶文，称之为“陶文”。严文明根据陶文是在陶片上刻的而不是在完整陶器上刻的，并从陶片上刻字后未再破碎等情形，指出“有理由认为它是一个完整的文书”。[②]

特别值得注意的是，在大汶口文化中期稍晚的时候东夷人在记事符号的基础上创建了象形文字。到了大汶口文化晚期，其象形文字已经达到了成熟的阶段。出土于山东莒县陵阳河和大朱村以及诸城前寨的大汶口文化刻画符号共有8种18个符号，[③] 其中最受注意的是“”，有的学者认为经过演化就转化成了后来的“阳”字。[④]

陈全方曾把相当于黄帝时代前后出土的各种陶文或符号进行了分类整理，列成简表，约有60种，经过认真研究，他提出“既然在我国仰韶时期就已有了文字，那么到黄帝时代经仓颉的整理、总结、提炼，从音、义、形等方面加以发展，特别是从形，亦即我们常说的‘图画文字’‘象形文字’进行归纳总结应该是符合实情的。所以史书中传说黄帝命仓颉造字绝不是无中生有，而是有其根源的”。[⑤]

---

①《光明日报》1993年1月1日。

② 参见《专家笔谈丁公遗址出土陶文》，《考古》，1993年第4期。

③ 王树明：《谈陵阳河和大朱村出土的陶尊“文字”》，《山东史前文化论集》，山东：齐鲁书社，1986年。

④ 参见宫衍兴、吕浩文：《东夷文化初探——东夷族在中国走向文明过程中的历史作用》，《史前研究》，1986年第1、2期合刊。

⑤ 陈全方：《从考古资料谈黄帝之功绩》，《黄帝与中国传统文化学术讨论会文集》，陕西人民出版社，2001年。

上述考古发现证明，在黄帝时代稍前，中国境内已经出现了文字的雏形，它是人类在长期生产生活实践中形成的。而且从考古材料可以看出，在新石器时代，可能有黄河中游，黄河下游乃至长江中下游等不同的文字发展系统。黄帝时代仓颉造字的传说表明，仓颉是一个在以前刻画符号的基础上为文字的发明做出了重大贡献的人。这点荀子已经猜测到了，他说："故好书者众矣，而仓颉独传者，壹也。"（《荀子·解蔽》）

敤首作画

在中国古代艺术中，绘画、雕刻、陶塑艺术起源较早，它们在原始艺术中占有十分重要的地位。

就绘画艺术而言，《吕览·句躬篇》说："史皇作图。"《路史》载："敤首作画。"这都是有关绘画起源的远古传说。考古材料证明，绘画在原始社会就出现了。

黄帝、史皇等所画之物，反映的仅仅是当时人的宇宙观念、生活状况，"其制作之动机，系人生的而非艺术的。故时人无有以画为专艺者"。因此他们都称不上中国绘画的始祖。在首以前，虽有图画，但"究属为极幼稚之线描"，无非是似文字又非文字的雏形画，根本无美术性可言。及至首，可使绘画自成为中国美术之一体。因为虞舜时代，我国的一切文化雏形业已确定，有可能创作了带有美术性质的绘画，所以首"足当画祖之称"。郑昶先生进一步指出，自此以后，中国绘画才脱离了象形文字的范畴，故此说首为中国绘画之祖未为不可。然而，敤首的绘画事迹，因年代久远，某些古籍的记载又缺乏有力的根据， 往往带有神话般的传说，故无从查考。因而敤首为画祖说的可信程度究为几何，值得怀疑。

后世评价古人将美术起源归结为，有巢氏、伏羲、仓颉、史皇、画嫘等一系列传说神话中的人物。但是中国美术史上，女子艺术才能，向来不被重视。其姓名与艺术贡献，要么很少被提及，要么未被提及，亦仅作为一种点缀。许慎《说文解字》称："画嫘，舜妹。画始于嫘，故曰画嫘。"把绘画艺术的源头追溯到

◎岩画

◎石峁遗址石刻

一位女子身上，很让士大夫耿耿于怀。《画史·表原》曰："世但知封膜作画，不知自敤首始。"客曰："惜此神技，创自妇人。"余曰："敤首脱舜于瞍、象之害，则造化在手，堪作画祖。"

绘制彩陶

现有资料说明，原始绘画有两种：一种为装饰性图案画，一种为写实性绘画。两者都见于彩陶上。

彩陶是一种独具风格、色彩鲜艳、图案别致的生活用具，又是当时的工艺品。由于绘画艺术体现了作者一定的思想感情，我们从不同的彩陶纹饰及其艺术风格，就可以区别不同原始集团。如半坡居民的彩陶，以鱼纹为主。庙底沟居民的彩陶，以三角纹、圆点勾叶纹为主。华县柳枝镇居民的彩陶，以鸟纹为主。大汶口居民的彩陶，以三角纹、菱形纹和方格纹等几何图案为主。巫山大溪居民的彩陶，以人纹等为主。甘肃地区的一些原始居民的彩陶图案，又以圆圈纹中填以不同纹饰的几何形图案为主。

这幅画画在陶缸的底部，色彩和谐，形象真实生动，优美古朴，寓意深刻，苍劲古拙，充分显示质感和量感；线条圆润流畅，形态逼真，古朴优美。色彩配合也恰到好处，相呼相应。可以看出作者观察细致，构思精妙，技巧娴熟，显示了原始社会艺术大师的高度智慧。

◎新石器时代前期仰韶文化鹳鱼石斧图彩陶缸

在黄帝时代，人类已经能够抓住现实生活中各种事物的主要特征，用简单、朴实的手法，勾绘出形象真切、姿态多变、生动活泼的动植物形象。彩陶上的图案画取材已经非常广泛，凡人们生活中常见的飞禽走兽、鱼虫花草、树木枝干、谷物籽实，以及由上述题材演变的几何形图案，应有尽有。人们自身的生活习俗，也在图案中有所表现。

半坡类型文化的彩陶上有较多的动物图像，描绘了奔趋的鹿、爬行的鼋（亦称蛙或龟）和伫立的鸟。其中最有代表性的花纹是鱼类纹，数量最多，并贯串于半坡类型文化的始终。半坡早期彩陶上鱼类纹的形象较写实，常见的是单独的鱼纹，多为平展的侧面形象，以直线造型，比例虽较准确，然略显平板。陕西省西安市临潼区姜寨一期遗址第159号墓出土的彩陶大盆内，画着大致作一圈排列的5条鱼，是用两种不同画法画成的：一为黑色影像，突出鱼的外廓形象；二用线勾出鱼的各部分，并结合运用黑、白映衬的手法。中期彩陶上的单独鱼纹富于变化，因其造型系以直线与弧线相结合，圆点、弧线和弧边三角穿插运用，故使鱼纹显得活泼灵动。其纹样格式，除平展式外，还出现了回旋、蹦跃等姿态。姜寨二期遗址出土的尖底彩陶罐上的游鱼图像，夸张地表现出游鱼回首返泳的瞬间动态。甘肃省秦安县王家阴洼半坡类型墓地出土的一件彩陶瓶，环绕腹部画着四条不同姿态的游鱼，或舒展平泳，或俯冲疾下，或相对背向地屈身蹦腾，构图活泼，堪称原始绘画的佳作。晚期彩陶上的单独鱼纹，采取了夸张变形的艺术处理。鱼纹头部的变化最大，突出表现了张大的嘴和露出的牙，鱼纹变成上下对称的式样，而且鱼纹用弧条形统一造型，趋于几何形化，富有装饰性。

◎半坡人鱼盆

黄帝时代在绘画艺术上的重要贡献是，突破了写实的局限，使绘画注入了浪漫和理想的色彩，将画有形的实物上升到画无形的东西，拓展了绘画空间，丰富了绘画的风格。

《论衡·订鬼》篇引《山海经》（今本无）云："沧海之中，有度朔之山，上有大桃木，其屈蟠三千里，其枝间东北曰鬼门，万鬼所出入也。上有二神人，一曰神荼，一曰郁垒，主阅领万鬼。恶害之鬼，执以苇索，而以食虎。于是黄帝乃作礼，以时驱之，立大桃人，门户画神荼郁垒与虎，悬苇索以御凶。"《论衡·乱龙》亦云："上古之人，有神荼、郁垒者，昆弟二人，性能执鬼，居东海度朔山上，立桃树下，简阅百鬼。鬼无道理，妄为人祸，荼与郁垒缚以卢（芦）索，执以食虎。故今县官斩桃为人，立之户侧；画虎之形，著之门阑。"这说明在门户上画神荼、郁垒与虎起源于黄帝时代，并且影响后世的人，也在门上画神荼、郁垒和虎作为民间世代相传的门神。

诚然，在这一传说之中，诸如黄帝统治鬼神之国和其他一些富有神秘色彩的说法不足为信，但是，黄帝于"门户画神荼、郁垒与虎"却不是无中生有之语。按照上面的论述，黄帝时代已经有象形文字，而象形文字本身就是一种图画，比如"马"字，原初就是画出马的形状。我们在前面《黄帝时代的物质生活》已经述及，黄帝时代"筑宫室"，从漂泊流徙的状态过渡到定居生活，那么，作为屋室重要部位的门户确定无疑地出现了。可见黄帝在门户上画神荼、郁垒与虎之举应是可信的。

另外，据《绎史》卷五引《轩辕本纪》和《云笈七签》所云，有一次，黄帝到昆仑山东方的恒山巡狩天下，白泽神兽把自己知道的所有天地鬼神的事情一一讲给黄帝听。黄帝听后便让人把白泽神兽所说的种种怪物画成图画，共有11520种，并在图画的旁边加以注解，以昭示天下百姓，使人民免受这些怪物的危害。黄帝回到宫中，还亲自写了一篇祝邪文，以诅咒这些怪物，从此天下太平。《轩辕本纪》和《云笈七签》所记具有浓厚的神奇色彩，但它说明黄帝时代已能画出想象中的怪物，可以证明当时绘画艺术进步的程度。

雕刻艺术

就雕刻艺术而言，从现有资料看，原始社会的雕刻可分为骨雕、牙雕、陶雕和石雕。早期雕刻艺术品的代表是河姆渡双鸟纹骨匕。匕两端刻有弦纹、点线纹，中心部位刻两组双鸟纹图案。两组纹样基本相同，都是两只头上有冠、大眼、蹼足、勾嘴、修尾的水禽，鸟的图形栩栩如生。类似的线刻图案，在今江苏邳州市刘林和大墩子遗址，都有发现。在河姆渡遗址中还发现有象牙雕和陶雕。进入父系社会之后，雕刻艺术有了新的发展。从大汶口的象雕制品来看，其象牙梳共 17 个梳齿，象牙筒上下端各刻出一带弦纹，其间还透雕出由四个花瓣交错组成的图案。这些艺术品，图案新颖别致，透雕技术谙熟，代表了当时最高的雕刻工艺水平。

◎石峁遗址玉人头

陶塑艺术

产生于制陶术之后的陶塑艺术，是原始社会的又一艺术形式。河南密县莪沟北岗、新郑裴李岗遗址的陶塑，是目前发现的最早的陶塑艺术品，距今七千多年。陶塑艺术品的题材很广泛，有家畜家禽、飞禽走兽、房屋、人像等。裴李岗、河姆渡和半坡出土的猪、猪头、羊和人像，造型简单，制作粗糙，但能抓住不同对象的不同特点加以突出，给人以强烈的真实感，如裴李岗的陶塑猪头，突出了猪

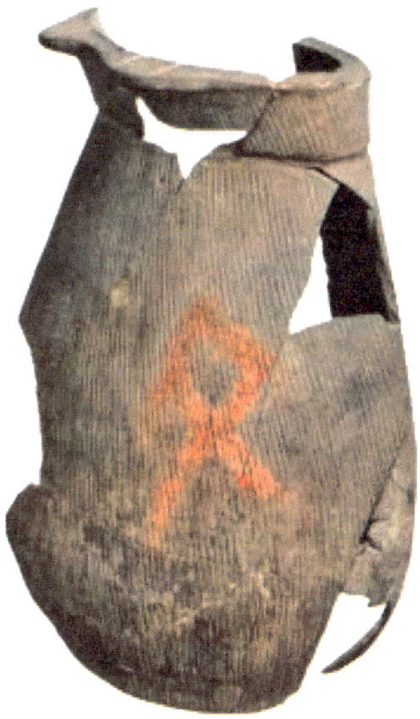

◎带朱书“文邑”的背壶（残）

◎埙

耳朵大、腿短的特征和张嘴的生动形象。河姆渡的陶猪作奔走状，突出表现了猪的拱嘴短足、肥身垂腹的特点。人头像高 4 厘米，前额突出，高颧骨，口鼻用细线勾画，睁目张口，形象逼真。仰韶人的陶塑品也很多，比较早的有半坡的人头像，头扁平，人面略呈方形，耳目口鼻等用泥片附加黏合而成，鼻子高大，鼻脊中间压一道凹痕，耳部有系物穿孔。

创制音律

“伶伦造律，采嶰溪谷之篁，断篁间三寸九分，为黄钟之宫，[曰]（由）含少。制十有二筒，以之阮隃之下，听凤之鸣，以定其雌[雄]。乃作玉律，以应候气，荐之宗庙，察治忽以知三军之消息；以正名百物，明民共财，而定氏族，氏定而系之姓，庶姓别于上，而戚殚于下，婚姻不可以通，所以崇伦类，远禽兽也。”此故事源于《吕氏春秋·古乐篇》。

音乐和舞蹈是相互关联的艺术形式，它们的起源也很早。就拿音乐来说吧，学术界虽然也有分歧意见，但分歧只在于新石器时代和旧石器时代。比如，李纯一先生就认为："我相信音乐艺术的发生很早，应在旧石器时代已产生。"而冯文慈先生则认为："在新石器时代以前，由于生产力十分低下，人们奋力劳动尚难以生存温饱，审美何以谈起？……只有到了这时（指新石器时代），审美观点才会萌芽，诗歌、音乐、舞蹈相结合的艺术才会有可能从无到有，成为几千年来人类艺术创造的起点。"（详见刘再生著《中国古代音乐史简述》第 5 页，人民音乐出版社，1989 年版）而黄翔鹏先生认为，我国有规律的音阶形式的产生，不会迟于距今 5500 年前的新石器时代。可见黄帝时代不仅有音乐，而且其发展已达到相当高的程度。(《新石器和青铜时代的已知音响资料与我国音阶发展史问题》，《音乐论丛》第二辑，1979 年版）

音乐的产生首先出于人们抒发感情的需要。《礼记·乐记》说："凡音之起，由人心生也；人心之动，物使之然也。"人们受外界影响在内心产生情感，就自发地产生了音乐。最早的音乐，很可能极其简单，与嗟叹或呼喊几乎没有什么区别。《吕氏春秋·音初篇》记涂山氏之女在涂山之阳等候情人时所唱的情歌只有一句："候人兮猗。"它的意思就是"我在等你啊！"意思虽然很简单，但由于有声调、节奏，颇具感染力。《毛诗序》在阐述诗歌舞蹈起源时就指出："情动于中而形于言，言之不足故嗟叹之，嗟叹之不足故咏歌之；咏歌之不足，不知手之舞之，足之蹈之也。"极为生动地阐述了音乐、舞蹈等艺术与情感抒发的关系。

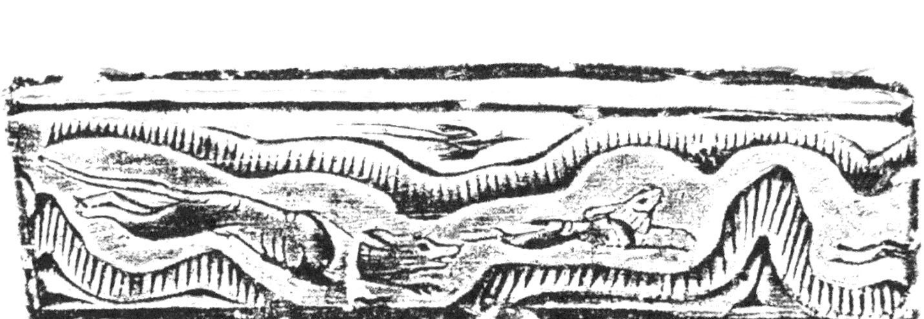

在原始氏族图腾学说盛行的时期，音乐也曾是祭祀氏族图腾的重要手段，我国西南部哀牢山区的彝族至今尚保留图腾祭祀的习俗。彝族以虎为图腾，祭祀的重要程序是由男、女巫演出十二兽舞，由一女巫扮演母虎神，率先出鼓起舞，接着笙乐吹奏象征虎啸的音乐，扮演其他兽类的群巫根据笙乐的节拍，表演群兽被猛虎追赶扑食时仓皇奔逃的状态，并模仿群兽的惊叫声。祭祀中对虎啸和兽鸣的模仿，正是音乐的原始形式。

◎贾湖骨笛

此外，音乐与巫术也有密切联系。人们为了达到狩猎成功，谷物丰登，消弭灾祸，人畜平安等目的，希望获得神祇的庇祐，尝试与神祇沟通联系，其手段之一便是巫者通过歌舞把人的意志上达于神。《吕氏春秋·古乐篇》说：“昔古朱襄氏之治天下也，多风而阳气蓄积，万物散解，果实不成，故士达作为五弦瑟以来阴气，以定群生。”就是试图通过音乐作用来调节阳盛阴虚、干旱多风的气候。

黄帝时代在上古音乐史上的主要贡献不仅在于创制音律，更重要的是在总结以往音乐经验的基础上，对音乐的特质做了进一步的研究，将音乐服务于民事。根据传说记载，黄帝对五声和音律有所研究，并用于治国教民。

昔黄帝令伶伦作为律。伶伦自大夏之西，乃之阮隃之阴，取竹于嶰奚谷之谷，以生空窍厚钧者，断两节间，其长三寸九分而吹之，以为黄钟之宫，吹曰“舍少”。次制十二筒，以之阮隃之下，听凤凰之鸣，以别十二律。其雄鸣为六，雌鸣亦六，以比黄钟之宫，适合。黄钟之宫，皆可以生之，故曰黄钟之宫，律吕之本。黄帝又命伶伦与荣将铸十二钟，以和五音，以施英韶，以仲春之月，乙卯之日，日在奎，始奏之，命之曰《咸池》。（《吕氏春秋·古乐》）

黄帝作律，以玉为琯，长尺六寸，为十二月。（《路史·后纪五》罗泌引《晋志》）

这些文字记载把中国音律的发明权归于黄帝名下。除此之外，黄帝时代还对音乐的功能、特质做了初步的探索。据《管子·五行》记载："黄帝以其缓急作五声，从政五钟。令其五钟：一曰青钟大音，二曰赤钟重心，三曰黄钟洒光，四曰景钟昧其明，五曰黑钟隐其常。五声既调，然后作立五行以正天时，五官以正人位，人与天调，然后天地之美生。"黄帝并不是五声和音律的发明人，此段资料间接说明黄帝可能对已经流行的声律进行过整理，把它们创新为一个初具规模的声律体系，用来沟通天人关系。

后来，我国关于音乐有这样一个观念，认为五音十二律与天地之气、阴阳之变相顺应。如《淮南子·时则训》将五音十二律与十二个月的气候以及各气候环境下的代表性事物相对应，就是这种观念的典型例证。而这种观念，看来由黄帝时代所奠定。这就是说黄帝肇始了中国古代音乐理论的某些特色。

制礼作乐

黄帝不但在中国音乐理论上有承先启后的勋绩，他还具体规划了音乐的种种应用功能。他曾对祭祀音乐有所整理，对于军乐也有所发明。从这个方面来说，黄帝又进一步加强了中国音乐的政治教化功能，并影响了后世。传说他创作了格调高雅、气势博大的音乐作品。《云笈七签·轩辕本纪》："容成子，有道，知律者，女娲之后。初为黄帝造律历，元起辛卯，至此时造笙以象凤鸣。素女于广都来，教帝以鼓五十弦瑟。黄帝损之为二十五弦，其瑟长七尺二寸。伏羲置琴，女娲和之。黄帝之琴名号钟，作清角之弄。帝始制七情，行十义之教。七情者，喜、怒、哀、乐、惧、恶、欲七情也。十义者，君仁、臣忠、父慈、子孝、兄良、弟悌、夫义、妇听、长惠、幼顺，十义也。帝制礼作乐之始也。……帝以容成子为乐师，帝作《云门》《大卷》《咸池》之乐。乃张乐于洞庭之野。北门成曰：其奏也，阴阳以之和，日月以之明，和风俗也。"

另外，《初学记》卷九引《归藏·启筮》云：

◎战国曾侯乙墓出土古琴

黄帝杀之（蚩尤）于青丘，作《棡鼓之曲》十章：一曰“惊雷震”，二曰“猛虎骇”，三曰“鸷鸟击”，四曰“龙媒蹀”，五曰“灵夔吼”，六曰“雕鹗争”，七曰“壮士奋怒”，八曰“熊罴哮吼”，九曰“石坠岸”，十曰“波汤壑”。

黄帝在战败蚩尤之后，创作如此宏伟的乐章来再现与蚩尤战斗的惊心动魄以庆祝胜利，也可旁证黄帝对于乐舞有所创新。

有的文献还说黄帝发明了军乐。如《黄帝内传》载：“玄女请（黄）帝制角二十四，以警象；请（黄）帝铸钲、铙，以拟雹之声。”《古今注》载：“短箫铙歌，军乐也，黄帝使岐伯所作也，所以建武扬德，风劝战士也。”

《韩非子·十过》记有一个故事，讲述黄帝创作天乐《清角》的艺术魅力。故事大致是这样的：

有一次，黄帝去西泰山会合鬼神，蚩尤带领一群虎狼在前面开路，黄帝坐在鹳鵨、大象拉着的车子上，六条蛟龙尾随其后，再后一点是风伯和雨师在道路上打扫尘埃。这风伯名叫飞廉，长着像雀一样的头和蛇的尾巴，身体似鹿。雨师名叫萍号，身体像一条蚕，他一使法，天空立即浓云密布，降下倾盆大雨。一路上，所有的鬼神们都跟在黄帝的车子后面。这些鬼神个个奇形怪状：有的鸟身龙头，有的马身人面，有的人面蛇身，有的猪身蛇尾……同时，还有凤凰飞舞天空，螣蛇伏窜在地。到达西泰山之后，黄帝非常高兴，很快灵感来了，创作了一首名叫《清角》的乐曲。这首乐曲能够感天地，动鬼神，悲凉激越。到了春秋时代，人们还在欣赏。据说晋平公就非常喜欢听乐曲，有一次卫灵公来访，他设宴招待，随卫灵公而来的乐师师涓弹奏了一曲悲凉的乐曲——《清商》。尽管这首曲子很凄清悲哀，但晋平公觉得还不够过瘾，于是就问他的乐师师旷说："难道《清商》就是最悲哀的乐曲了吗？"师旷回答说："不是，《清徵》比它还要悲哀。"平公当即让师旷弹奏一曲《清徵》，乐曲一起，很快就有十六只玄鹤从南国飞来，降临在城门楼上，并张开翅膀，伸长脖子，欢快地唱歌跳舞。参加宴会的宾客顿时喜笑颜开，平公更是兴奋异常，端起酒杯为师旷祝寿，又问道："《清徵》就是最悲哀的乐曲了吗？"师旷答道："《清角》比《清徵》还要悲哀。"平公一听又让师旷弹奏《清角》。可是师旷却说："《清角》是黄帝在西泰山会合鬼神的乐曲，不能轻易弹奏，不然的话会招致祸患。"平公听不进师旷的话，执意要师旷弹奏《清角》。无奈，师旷只好弹奏起来，刚一起奏，天空西北方向便乌云骤起，紧接着冰雹般的大雨从天而降，打落了房上的瓦片，并把挂在台子上的帘子、帐幔撕碎，饭桌上的碗盆也被掀翻在地，宾客们吓得四处逃散，平公这时躲在房廊角落里禁不住瑟瑟发抖。随后，晋国接连发生三年旱灾，平公也从此一病不起。可见黄帝所创造的音乐的魅力。

舞蹈多样化

舞蹈与音乐、诗歌同时产生。《乐记·乐象篇》指出：

"诗，言其志也；歌，咏其声也；舞，动其容也。三者本于心，然后乐气从之。"

从现有资料看，原始舞蹈的形式一般都比较简单、质朴，接近自然状态，系模仿一些飞禽走兽的不同姿态，人们劳动的不同动作，经过加工美化，组合而成。

随着社会的发展，舞蹈更加丰富，内容也极其广泛，《吕氏春秋·古乐篇》对此作了很好的反映。它说：

昔葛天氏之乐，三人操牛尾，投足以歌八阕：一曰《载民》，二曰《玄鸟》，三曰《逐草木》，四曰《奋五谷》，五曰《敬天常》，六曰《建帝功》，七曰《依地德》，八曰《总禽兽之极》。

《载民》是歌颂大地的舞蹈；《玄鸟》《逐草木》是关于狩猎、畜牧方面的舞蹈；《奋五谷》是祈求五谷丰登的舞蹈；《敬天神》是有关宗教仪式的舞蹈；《达帝功》是为天帝歌功颂德的舞蹈；《依地德》是感激大地哺育万物的舞蹈；《总禽兽之极》是模仿各种禽兽动作的狩猎舞蹈。另据《吕氏春秋·古乐篇》记载：

◎马家窑文化舞蹈纹陶盆

> 昔阴康氏之始，阴多，滞伏而湛积，阳道壅塞，不行其序，民气郁阏而滞著，筋骨瑟缩不达，故作为舞以宣导之。

由于长期地处阴湿，环境闭塞，人的神情抑郁不畅，身体筋骨无法舒展，于是，康阴氏便创作了可以舒展筋骨，令人心情畅快的舞蹈，这大约是中国最早的健身舞了。上述记载反映了上古舞蹈的多样性。

由于舞蹈艺术是时间艺术，我们没有办法看到黄帝时代人们的优美舞姿，只能通过考古资料间接地欣赏原始舞蹈。出土于青海大通上孙家寨遗址的马家窑文化舞蹈纹陶盆，是在彩陶内壁上画一舞蹈场面，画面共十五人，分三组，每组五人。他们头上有发辫，下有尾饰，并肩携手，翩翩起舞，衣带随风飘动。主题明确，姿态生动，富有一定的韵律和节奏感，生动地再现了人们在节日里共庆欢乐的气氛。这件舞蹈纹陶盆既是中国造型艺术最早的杰作之一，也透露出当时表演艺术的发展。

黄帝与中国道教

春秋战国时期，与孔子不同，老子怀疑礼法道德的思想产生。所以，与儒家强调黄帝在中国历史文化史上的突出地位不同，早期道家反而向往黄帝之前的神农之世。如《庄子·盗跖》："神农之世，卧则居居，起则于于。民知其母，不知其父，与麋鹿其共处。耕而食，织而衣，无有相害之心。此至德之世也。然而黄帝不能致德，与蚩尤战于涿鹿之野，流血百里。"早期道家比较欣赏神农之世，反对黄帝对于社会进行组织和管理，认为从黄帝开始，中国历史就一步一步走向堕落。但随着道家思想自身的变化，与"儒分为八""墨离为三"一样，道家学派也发生了分化，形成了多种派别。

据班固《汉书·艺文志》所载，道书有37家，共993篇。至战国中晚期，道家学派中形成了最有影响的黄老派。《汉书·艺文志》著录属于"黄帝之书"的道家类五种:《黄帝四经》四篇,《黄帝铭》六篇(顾实《汉志讲疏》云:"黄帝《金人铭》,见于《荀子》《太公金匮》、刘向《说苑》；黄帝《巾几铭》，见于《路史》。是六铭尚存其二也。"),《黄帝君臣》十篇，《杂黄帝》五十八篇，《力牧》二十二篇。这些著作，大多亡佚。1973年，长沙马王堆3号汉墓出土的《老子》乙本卷前的古佚书，经唐兰先生考证，确定为《黄帝四经》。它的出土对于了解道家黄老学派的学术特点，了解道家思想在战国时期的

◎汉武仙台

发展变化，具有重要作用。

黄帝还被当作中国道教的先驱者之一。道教正式产生在汉代末期，在道教历史上作为人文初祖的轩辕黄帝始终占有显赫的地位。方仙道是道教产生的前身，它是战国时期神仙家、阴阳家、方术家、术数家互相组合并修习各类道术的方士集团。这批方士竭力鼓吹长生不死，人能成仙，编造了许多成仙神话，为了让这些神话具有轰动效应，让人信服，它们便极力将这些神话附会在一些英雄人物身上。黄帝作为原始社会部落首领，其业绩已深深地积淀在华夏民族的心中，因此，黄帝便成了这些方士们鼓吹仙化的中心，黄帝也就与道教结下了不解之缘。汉武帝也好信方仙道，大行封禅之事。相传武帝十分羡慕黄帝飞身成仙，很希望自己也能像黄帝一样长生不死，逍遥天空，他曾说："嗟呼！吾诚得如黄帝，吾视去妻子如脱履耳。"（《史记·封禅书》）元封元年（前 110）十月，在出征匈奴回国途中，路过黄帝陵寝时，命 18 万大军在黄帝陵对面连夜垒台，祈求成仙。汉武帝成仙心切，所筑之台竟比黄帝陵还高出一倍，传说汉武帝被天帝以狂妄自大、目无祖先而取消仙籍，仅留下了一座供后人眺望的桥山，缅怀先祖的"九转祈仙台"（后人称之为"汉武祈仙台"，又名"祈仙台"），这样一来，黄帝成仙之事由于历代帝王的信奉越来越神秘，流传也越来越广。

披云履水谒桥陵，翠柏烟含玉露轻。
衮冕霞飞天地老，文章星焕海山青。
巍巍凤阙迎仙岛，渺渺龙车驻帝城。
寂寞琼台遗汉武，一轮皓月古今明。

——〔明〕张三丰《桥山祈仙台》

（此诗录自清康熙三十四年《中部县志》）

黄帝在道教历史上是以神仙角色出现的。最早记载《黄帝传》的《列仙传》其所载内容十分简略，其所言"黄帝卒，葬桥山"是依据司马迁的《史记·五帝本纪》

而来；其所言黄帝采首山之铜，铸鼎于荆山之下，鼎成，天宫派巨龙下迎黄帝升天，是依据《史记·封禅书》而来；在葛洪所撰《神仙传》中，没有黄帝的传文，只是在《广成子传》中很简略地叙述黄帝就广成子问道的故事，而这篇故事也是来自《庄子·在宥篇》。但是葛洪在《抱朴子·内篇》中多次提到黄帝在荆山之下，飞九丹成，乃乘云登天（《微旨》）；黄帝服九鼎神丹，于是得以升天成仙（《金丹》）；黄帝陟五屋而受丹经，到鼎湖而飞流珠，登崆峒而问广成，到具茨而事大隗，去东岱奉中黄，入金谷问涓子，论道养则资玄、素二女，访山稽力牧而精研推步之术，询风后而讲古候，受雷、岐而著体诊，纳王音之策而审政战，穷神奸则记白泽之辞，记青鸟之说而相地理，缀金冶之术而救伤残（《极言》），等等。葛洪在其精心撰作的著作中，所言其事皆有所本，在《极言篇》中说："言黄帝仙者，见于道书及百家之说者甚多。"《遐览篇》中所举《黄老仙录》《玄女经》《教女经》《龙首经》《荆山记》，都与黄帝密切相关。尽管"葛仙公"未为黄帝立传，但其所记黄帝穷道尽真，飞升成仙之事，对后来，尤其是唐宋时期道教对黄帝的撰述，影响十分大。到唐代便有王瓘所撰的《广黄帝本行纪》，这是继《史记·五帝本纪》后比较全面记载黄帝生平的著作。据《唐书·艺文志·杂记传类》著录，该书原有三卷，但现已残缺不全，仅剩下卷，现已收入《正统道藏》中，到宋代，张君房撰集《云笈七签》，有《轩辕本纪》，该文取自于《广黄帝本行纪》。在平津馆丛书中，有《轩辕黄帝传》之文，此文紧接在《广黄帝本行纪》之后，与《轩辕本纪》内容相差无几，只是在文句间稍有出入。由此看来，《轩辕本纪》是以王瓘《广黄帝本行纪》为蓝本。所以《轩辕本纪》可谓是宋代有关黄帝传说事迹的代表作。元代，又有道士赵道一编撰的《历纪真仙体道通鉴》，书中开卷即为《轩辕黄帝》，文中大部分文字来自《云笈七签》之《轩辕本纪》，只有最后一小部分文字稍有差异。因此，可以说在道教历史上，有关黄帝的种种史迹和传说在张君房所撰《轩辕本纪》中就已完全定型，以后尽管道教逐渐势衰，但黄帝的有关事迹和传说却没有丝毫改变。从《轩辕本纪》我们可以看到，道教主要记载了黄帝的生平事迹，如黄帝战神农、平蚩尤、逐熏鬻、攻炎帝等，显示了黄帝是中华民族最早的代表，其次记载了黄帝及其他元妃和大臣们的发明创造，如黄帝作几巾之法，作军乐、造图、垂衣裳等，包括衣、食、住、行、农、工、矿、商等方面，显示了黄帝是中华民族文化的首创者。当然，道教作为一种宗教，对黄帝的记载也就免不了有大量的神化之笔，如言黄帝登仙、黄帝炼丹等等。

黄老之学

“黄老”是指老子和黄帝。《论衡·自然》中有十分明确的界定，认为“贤之纯者，黄老是也。黄者，黄帝也；老者，老子也”。

“黄老之学”兴起于战国中后期，盛兴于西汉前期，是西汉时期影响朝野的重要思潮。

先秦诸子为了宣传自己的学说，纷纷借黄帝立言，黄帝和黄帝时代在诸子的著作中被作了不同的描述。儒家的仁义，道家的无为，法家的法治，神仙家的出世，在诸子著作有关黄帝的记载中都可以看到。这些著作尽管带有著作形成时代的烙印，但同时也反映出黄帝的功绩和黄帝时代的特征不断为人们所认识。当时的人们为了规拟未来社会的蓝图，纷纷研究黄帝和黄帝时代，并开始打出黄帝的旗号，出现了一个重要学派——“黄学”。据《汉书·艺文志》的著录，战国时期出现的“黄帝之书”有《黄帝四经》《黄帝铭》《黄帝君臣》《杂黄帝》《力牧》等，共12类26种，是托名黄帝的道家类书籍，其基本精神属于道家，学界称其为“黄老之学”。

据长沙马王堆出土的《黄帝四经》，黄学的主要思想是文武并用，刑德并行，以法为符，皆断于法，无处无执，无为而治，保民而王等。这些思想无疑是为结束战争局面，促进大一统的实现而出谋划策。可见到战国时期，人们在承认黄帝是华夏族的血缘意义上的祖先的同时，更加突出了作为中华民族精神象征的黄帝的意义，黄帝成为引导人们从战乱走向统一的旗帜。

司马谈的《论六家要旨》所概括的“因阴阳之大顺，采儒墨之善，撮名法之要”的新道家的学术特征，就是黄老之学的学术特征。具体言之，就是“道法结合，兼采百家”。其中道家思想是其哲学基础，法家的观点是其基本的政治主张，兼采百家思想则是其政治主张的辅翼。可以说黄老之学是吸收了众家之长，使各家之学在新的理论体系中形成了拾遗补阙和优势互补的效果，所以才能够产生“压倒百家”的显赫效果，成为西汉前期真正的“显学”。

“黄老之学”的学术取向既适应了当时为巩固中央集权的迫切政治需要，也符合了学术思想发展的内在逻辑需求。这一时期的“黄老之学”大倡法治，适应了西汉巩固政权、富国强兵的时代主旋律；其集众家之长，则是百家之学经过充分的争鸣之后的必然归宿，同时也是西汉王朝在政治上的统一局面在学术领域的反映和必然要求。这样的学术思想能够被汉高祖、窦太后，乃至文帝、景帝重视而盛极一时并最终压倒百家，自然是情理之中的事情。

“黄老之学”，这一学说是先秦百家争鸣时期的一个极为重要的学术思潮，是战国末期道家学术流派的一个重要分支及延续。老子开创的道家学派在战国时期就分化为“庄子之学”和“黄老之学”，两者分别继承和发展了老子学说的不同方面，将道家学派引向了完全不同的发展方向。其在战国中后期和西汉初期的两个时段上盛极一时，两度成为真正的“显学”。西汉初期，在曹参、汉文帝、窦太后等政治人物的极力推崇和倡导之下，“黄老之学”一度成为官方的意识形态，为著名的“文景之治”奠定了意识形态基础。不仅社会上层的将相王侯们醉心于此，连文人墨客以黄老之言显闻于世的也极多。可以说，从汉高祖至文帝、景帝时期是中华民族传统文化史上“黄老之学”最为兴盛的时期。

黄帝与阴阳家

黄帝与阴阳家的关系，在许多古代文献中都有记载，例如《大戴礼记·虞戴德》与马王堆汉墓帛书《老子》乙本卷前古佚书《十大经·立命》中有关黄帝“明法于天明，开施教于民”“吾类天大明”的记载，其大旨合于阴阳家学说。如《吕氏春秋·序意》中关于黄帝诲颛顼之道的记载，说明《吕氏春秋》十二纪与《礼记·月令》，都是典型的阴阳家言，进一步考察阴阳家的源起。黄帝则可被视为阴阳家之始祖。考察儒家思想的源流，儒家不仅承认黄帝为五帝之首，而且在思想上受到阴阳观念的很多影响。《汉书·艺文志》明确指出：“儒家者流，盖出于司徒之官，助人君顺阴阳，明教化者也。”战国、秦汉之际儒家的明堂阴阳说、受命改制说与三统说，都明显地受黄帝与阴阳家的影响。儒家学派的创始人孔子于晚年研究《周易》，并以阴阳思想解说《易》理，从而接触到黄帝，有“黄帝四辅”之言，这样，黄帝及阴阳思想便进入孔子的学说体系之中。到了汉代，董仲舒全面援引阴阳家学说，使之与儒家伦理进一步结合，构筑起一套阴阳五行化的儒学体系，并发展了与阴阳家法天则地思想相联系的天人合一、天人感应及据天道推衍人事的思维方式。（葛志毅《黄帝与黄帝之学》）汉代流行的邹衍五德终始说就是以黄帝为五德之始，以金、木、水、火、土五德传次相承，帝王更替，终而复始来表达其历史循环论的。对此，司马迁在《史记·三代世表》中也表示了谨慎的相信：“余读谍记，黄帝以来皆有年数。稽其历谱谍终始五德之传，古文咸不同，乖异。”司马贞《索隐》曰：“谓帝王更王，以金木水火土之五德传次相承，终而复始，故云终始五德之传也。”说明汉代阴阳五行家通过推论五德代兴，遂及帝王世次，而上溯到黄帝，所以有黄帝以来年数、历谱，使得当时学者遂以此为黄帝之道，造成了黄帝之学的繁荣。从著述上说，《汉书·艺文志》阴阳、五行类收“黄帝之书”有《黄帝泰素》二十篇。注曰：“六国时韩诸公子所作。”师古曰：“刘向《别录》云：‘或言韩诸公孙之所作也。言阴阳五行，以为黄帝之道也，故曰《泰素》。’”《黄帝阴阳》二十五卷。《黄帝诸子论阴阳》二十五卷。

黄帝与岐伯

岐伯是中国上古时期最有声望的医学家，道家名人，精于医术脉理，名震一时，后世尊称为“华夏中医始祖”“医圣”。由于年代过于久远，关于他的籍贯说法不一。今传《素问》基本上是黄帝询问，岐伯作答，以阐述医学理论，显示了岐伯高深的医学造诣。中国传统医学素称“岐黄”，或谓“岐黄之术”，岐伯当属首要地位。岐伯，是神农炎帝巫医术历代传承者的代称，非指某一人。

“岐伯”这个名字，最早出现在西汉汉武帝时期的太史公司马迁所著《史记》中：“岐伯，黄帝太医。”相传亦为黄帝之臣，又是黄帝的太医，奉黄帝之命尝味各种草木，典主医病。他还与雷公研讨经脉。岐伯是中国古代原始社会后期最有声望的医学家，后世尊称为“华夏中医始祖”“医圣”。“岐”为古姓，最早出自周人的始祖——姬弃，意为两鬓饱满，且聪明睿智。岐伯之“岐”，当从“山”旁作“岐”，伯为人名，亦作古爵位及官名。南宋有个学者罗泌撰写了一部神话历史的集大成之作——《路史》，富于考证，言之成理。之所以把书名叫《路史》，意思是说中国历史文化的“大史”之意。《路史》记载：“古有岐伯，原居于岐山之下。”《路史·国名纪丙》记载：“高辛氏后列有岐氏，为黄帝同族。”这个高辛氏比黄帝族较早一些。就是说，在我国原始社会后期，即远古的黄帝时期，距今约4600年（前26世纪），在古老的宝鸡西岐大地上，有一支岐氏部族，其首领名叫岐伯。南宋学者郑樵撰写了一部以人物为中心的纪传体中国通史《通志》，非常著名。《通志》记载：“岐氏周故郡也，今凤翔岐山是也。太王居之，至文主始迁于

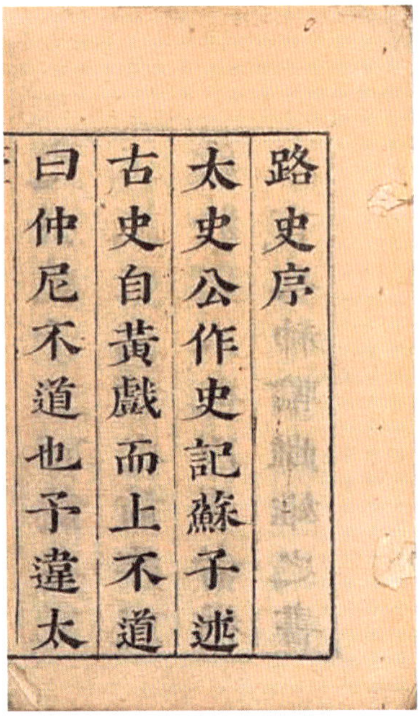
路史序

太史公作史記蘇子述

古史自黃戲而上不道

曰仲尼不道也予違太

◎《路史》

丰，其支庶留岐，故为岐氏。”岐氏指周人故地，就是凤翔府岐山，即今宝鸡市岐山县，太王居住在那里，到周文王时开始迁都到丰，并在岐山留下了分支（一部分周族人），所以称作“岐氏”，就是以“岐”为姓。《通志》还说：“古有岐伯，为黄帝之师。”北宋张君房编撰的《云笈七签·纪·轩辕本纪》记载：“时有仙伯，出于岐山下，号岐伯，善说草木之药性，为太医，帝（黄帝）请主药方。”《黄帝内经》就是黄帝与岐伯等讨论医理而作。岐伯，不是传说人物，在历史上确有其人。

医学是一门保障人类自身生产和健康生活的基本生存技术，它从生活经验开始，然后才逐步引发出一定的理论形态。夏曾祐《中国古代史》在总结医学发展的历史时曾指出：“案神农所创之医，为医之经验；黄帝所创之医，为医之原理，进化之级应如是也。”

从药物学来看，《淮南子·修务训》说：“神农………尝百草之滋味，水泉之甘苦，令民知所避就，当此之时，一日而遇七十毒。”宋刘恕《通鉴外纪》亦有类似的记载：“民有疾病，未知药石，炎帝始味草木之滋，尝一日而遇七十毒。”这些材料都说明炎帝神农尝百草而了解物的药性。到黄帝时，这个过程尚未终结，皇甫谧在《帝王世纪》中曾指出：黄帝“使岐伯尝味百草、典医疗疾，令经方本草之书咸出焉”。不过，从黄帝开始对药理有了初步的理论总结。黄帝对炎帝部族的医药养生之术也予以高度关注。自战国时期开始，就有越来越丰富的关于黄帝学习养生、医学的记载，如《庄子》记载，黄帝曾到崆峒山（今甘肃平凉）问“养民人”“官阴阳”之道，黄帝后来也被养生家当做他们学说的始祖。黄帝对于人类现实生命的高度关注，影响了后来中国文化的基本精神。

黄帝与《黄帝内经》

黄帝时期的医学经验被包含于后来成书的《黄帝内经》之中。从古至今，这个问题就一直存在着激烈的争论，大致有三种看法：第一种看法认为《黄帝内经》是黄帝和他的臣下所作；第二种看法认为《黄帝内经》与黄帝无关，其书为战国至秦汉间的医者所作；第三种看法认为《黄帝内经》虽然成书较晚，但其中确实包含有黄帝或黄帝时期的医学内容。我们认为《黄帝内经》中的许多内容确实反映出黄帝时期的医学成就。黄帝时期，有了早期的文字，它为医学理论的传播提供了必要的条件。这些医学理论在传播中被补充、发展，就成了《黄帝内经》。在《黄帝内经》传抄流布过程中，也掺入了一些后人补撰的内容，并出现了多种不同传本。

黄帝是传说中我国各族人民的共同祖先，所处时代为原始社会末期，为部落或部落联盟的领袖。传说他的发明创造很多，我国古文献也多有黄帝创造发明医药之记载。《帝王世纪》说：“黄帝使岐伯尝味草木，典医疗疾，今经方、本草

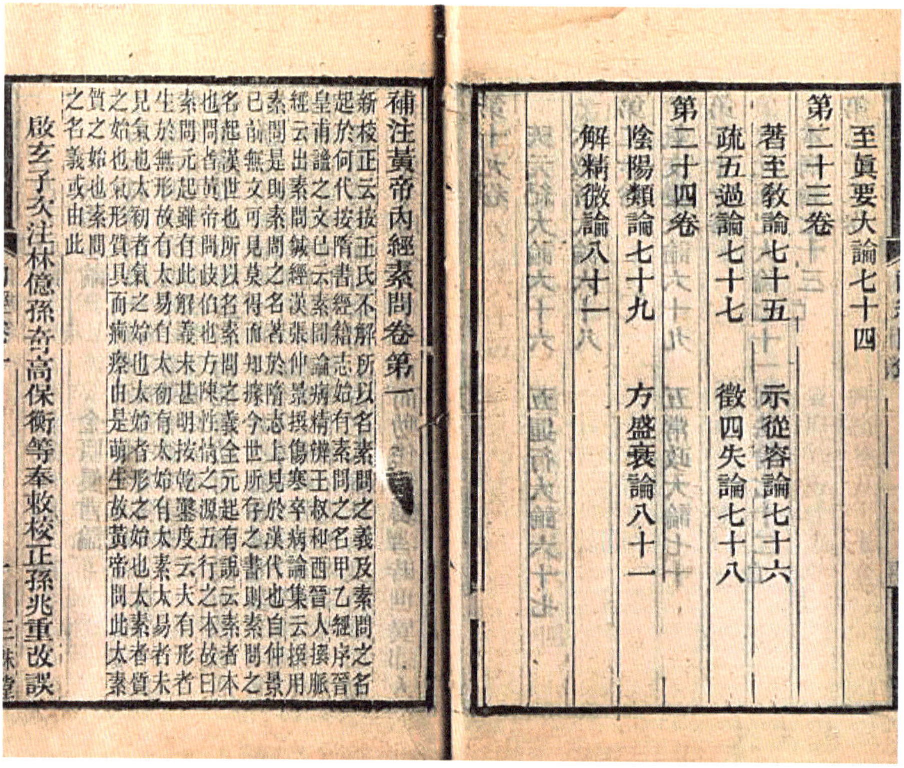

◎《黄帝内经》

之书咸出焉。”《通鉴外记》亦说：“（黄）帝以人之生也，负阴而抱阳，食味而被色，寒暑荡之于外，喜怒攻之于内，夭昏凶札，君民代有，乃上穷下际，察五色，立五运，洞性命，纪阴阳，咨于岐伯而作《内经》，夏命俞跗、岐伯、雷公察明堂，究息脉；巫彭、桐君处方饵，而人得以尽年。”不少医学著作冠以“黄帝”之名，反映了人们对其尊崇和仰慕之心情。

先医庙祭与先蚕坛祭

明清时期黄帝还以另外一些身份受到祭祀。比如在皇宫内的传心殿与先医庙，黄帝分别被作为“皇师”和“先医”受到祭祀。传心殿内供奉皇师伏羲氏、神农氏、轩辕氏，帝师陶唐氏、有虞氏，王师夏禹王、商汤王、周文王、武王、先圣周公，先师孔子，以遵道统，每年春秋经筵开讲前一日，或皇帝亲祭，或遣官代祭。“每岁春秋开讲前一日，皇帝服皮弁，拜跪，行释奠礼。用羹酒果脯帛祭于文华殿东室。”其先医庙内供奉伏羲、神农、黄帝，以勾芒、祝融、风后、力牧配，以历代名医从祀，每年仲春、仲冬上甲日遣礼部堂上官行礼，太医院堂上官二员分献。

清代还以先蚕礼祭祀黄帝。雍正十三年（1735），河东总督王士俊上疏请求祭祀先蚕，侍郎图理琛奏立先蚕祠于安定门外。乾隆五十九年（1794），朝廷规定浙江轩辕黄帝庙蚕神以及杭、嘉、湖属蚕神祠，列入祀典。随着各手工行业的发展，明清时期渐渐出现了行会组织，他们崇奉本行业公认的祖师及发扬光大其工艺的历史名人。黄帝被作为缝纫业、丝线业的祖先供奉，所以各地多修有轩辕庙。有些地方黄帝作为三皇之一被奉祀为医药业或戥秤帮的祖师。无论是先医庙祭、先蚕坛祭还是其他方式祭，都与传说中黄帝造福于民的功绩有关，反映了人们在不同方面对黄帝的尊崇。

第八章

岁月无语　古树可证

历代整修黄帝陵纪事

如今，我们已经无法寻觅那些曾经留驻黄帝陵的先民们的踪迹，只有这一排排镌刻在石碑上的最初印记，那漫山遍野的古柏树上一圈一圈的年轮，向后人隐隐传达着来自远古的信息……

唐宋时期

唐代宗大历五年（770），“鄜坊节度使臧希让上言，坊州（今黄陵县）有轩辕黄帝陵，请置庙，四方享祭，列于祀典”（《册府元龟》），代宗采纳了这一请求。同一年，重修和扩建轩辕庙。历经两年施工，于大历七年（772）竣工。

宋李昉《黄帝庙碑序》（据《陕西通志·艺文九》录存）记载，宋太祖开宝五年（972），赵匡胤降旨：“前代帝王有功德昭著，泽及生民者，宜加崇奉，岂可庙貌坠而享祀寂寞乎？当命有司，遍加兴葺！……今坊州黄帝庙即其一也。”于是，轩辕黄帝庙被列为重点加以整修维护。由于位于桥山西麓的原黄帝庙不时受到沮河水的侵袭，加之道路艰险，前往祭祀颇为不便，将其移至桥山东麓。这次整修，还重新修建了庙院、山门、过亭和大殿。

《黄帝庙碑序》，宋李昉撰。此碑文刻于宋太祖赵匡胤开宝五年（972）。录文如下：

黄帝庙碑序

天下暴乱，圣人用干戈而靖之；天下静宁，圣人用道德而化之。昔者蚩尤肆残毒，孰能去焉？涿鹿有氛祲，孰能平焉？黄帝所以振神威而大定也。云官纪符瑞，孰能享焉？土德成运数，孰能兴焉？黄帝所以神明德而致太平也。披史册，览五帝之旧纪；阅经籍，稽百王之大典。以治世之法为师范，以严祀之礼立教化。大宋阐统之十有三祀，开宝纪号之五载，彝伦攸叙，万国咸宁。西逾邛僰之乡，东极神枢之地，北穷绝塞，南极丹崖，靡不沐皇风而被德教。万里之斥堠无虞，四方之风雨咸若。

文武并用，农战交修。师旅无六月之征，仓庾备九年之蓄。途歌里唱，远颂近谣矣。惟我皇帝陛下，握乾符，受天命，为亿兆之主，居九重之尊。静则端拱凝旒，来八方之琛赆；动则灵旗萃辂，荡六合之妖孽。圜丘展礼，天地享其至诚；万物效灵，人神协其佳瑞。所谓登三皇而遵五帝也。一日御便殿，顾谓辅臣曰："前代帝王有功德昭著，泽及生民者，宜加崇奉，岂可庙貌坠而享祀寂寞乎？当命有司，便加兴葺！"辅臣承命，拜称万岁。即日颁旨：洋洋德音，无翼而飞腾域中矣。今坊州黄帝庙，即其一也。本郡守土臣，以厥功告毕，列状求文。诏以掌纶之臣昉，俾文之以琬琰，用纪其修建之迹。臣昉谨摭旧史而扬之曰：昔者炎帝道衰，诸侯未制；惟力是恃，伊民何依？黄帝于是神聪明之德，振威武之气。雕虎一啸，猛暴不觉震惊；神龙未起，陆梁先知悚惧。始以兵法治其乱，次以帝道柔其心。寰海尘飞，一朝尽息。修德振旅，劝务农穑。登沅湘而逐薰鬻，无远不临；举风后而用力牧，惟贤是试。少昊颛顼，嗣其瑞云之德而宇宙清；唐尧虞舜，法其垂衣之道而域中化。天生斯民，树之司牧。为司牧者，能以黄帝修身理国之道，以御今之世，而生民不登仁寿之域者，未之有也。天有历数，钟我皇朝。考求参订，征祀事于前文；芷藻蘋繁，荐时羞于庶殿。羽卫似巡于东海，神兵如战于阪泉。尚凭德于威灵，永垂休于黎献！虔遵睿旨谨序。

宋仁宗赵祯嘉祐六年（1061）正月二十八日刻《北宋嘉祐六年栽种松柏圣旨碑》。录文如下：

圣旨碑

知坊州王扬庭奏：伏睹先天记具载，圣祖天尊，大帝再降，为轩辕黄帝。按图经有桥陵，黄帝葬衣冠处。及唐大历中，置庙于州北桥山下，开宝中移取索到本州界。小松柏一千余根，共估价钱十贯足上栽植。欲乞特降，指挥施行。栽了日，许坡近便中等已下不栽。

敕旨。

右奉圣旨，宜令坊州依所奏施行。如栽种数目户内差叁户巡守。札付坊州。准此。

嘉祐六年正月二十八日

本州已依项圣旨，指挥差人，栽种到松柏树大小一千四百一十三根，差寇守文、王文政、杨□等三户巡查。仍免差役，并免粮税。圣祖庙道士任维素常切举照管，及具状申报。

朝奉郎守尚书都官郎中知坊州军州管内农事军赐

元明时期

元泰定二年（1325），轩辕庙西院保生宫发生火灾，庙宇建筑被毁。泰定皇帝也孙铁穆耳降旨严责，令地方官严办破坏者。泰定帝下诏保护黄帝庙宇，严禁破坏黄帝庙宇建筑设施，禁止砍伐柏树林木，并下令着专人看守保护（见轩辕庙内碑廊元《圣旨碑》）。这道圣旨被刻石立碑，至今仍存放在轩辕庙东侧的碑廊内，是现存最早的一份保护黄帝陵庙法令。到了至正元年（1341），元惠宗降旨，将轩辕庙西院被焚毁的保生宫重新修复。

《元泰定二年禁伐黄陵树木圣旨碑》，元泰定帝也孙铁木儿泰定二年（1325）刻。录文如下：

圣旨碑

皇帝圣旨，制陕西等处行中书省，据道人罗德信状告：

西安路中部县住持道人，伏为状告，本县东古迹保生宫轩辕黄帝殿宇一处，并北山桥陵一所，迄今异代，每年春秋官降钱数（下阙）等不畏公法之人，执把弹弓、吹筒，辄入本宫，采打飞禽，掏取雀鸟，将飞檐走兽损坏；又有愚徒之辈，泼皮歹人，赍夯斧具，将桥陵内所长柏树林木斫伐等事，乞禁治，得此检会到，钦奉圣旨。节该和尚先生、也里可温答夫蛮人等（下阙）祝延（下阙）圣寿。但属宫观寺院里底田地、水土、竹苇、碾磨、□林，解典库，浴堂店□□□拣什么□休差要者，铺马衹只应休着者，地税、商税休与者□□□咱每明，降下圣旨，无得推称。着诸邑授下气力要呵休与者，别了的人每不怕那什么钦差，除钦遵外，今据见告省府，给榜文常训，张挂禁约，无得似前骚扰。如有违犯之人，许诸人捉拿到官，痛行断罪。施行须议□给者。

右榜省谕，各令通知。

榜示

泰定二年六月八日

西蜀莹明子成善璋书

白水县樊裕刊

元至正元年（1341），元惠宗降旨，重修轩辕庙西侧被大火焚毁的保生宫。从残留的绘图纸上可以看出，重新修复的保生宫是按蒙古族建筑风格设计施工的。下边为三孔窑洞式过厅，上悬三间四角微翘的瓦房。红檐绿柱，青砖灰瓦，简朴大方，庄重肃立。与此同时，还对整个黄帝陵园又进行了较大规模的整修。

◎元泰定二年禁伐黄陵树木圣旨碑

明代开国皇帝朱元璋，规定对轩辕黄帝的祭祀，皇帝要亲自撰写祭文，派遣重臣前往参加祀典，“御制祝文”（即祭文）并要刻石留存。洪武三年（1370），朱元璋派遣秘书监丞陶谊等人对桥山黄帝陵庙进行勘察，得知黄帝陵庙年久失修、损坏很大，即拨出银两，令陶谊等人负责修缮。明太祖还在黄帝陵庙设立五品护陵官二人，后由县令兼任。这一做法为后代沿用，县令兼护陵官成为制度。洪武七年（1374），明太祖降旨在轩辕庙大殿内塑造轩辕黄帝坐像一尊。

《御制祝文碑》，明石星撰，明万历元年（1573）四月十六日。录文如下：

御制祝文碑

先帝早弃群臣。今上嗣位，改元万历。春，例当遣祭海内历代帝王园林，以即位正始告。维臣星起自废弃，备员近侍，因得恭承上命，致祭黄帝轩辕氏之桥陵。陵远在延安之中部，臣奉命过里，不暇暖席，即昼夜兼程，甫旬而致祭其下，盖不敢不虔且勤矣。臣历考牒记，□当虑羲神农洪□□□□，尧舜未文明之先，乃能独运神智，创为律吕管弦、衣服车旗之制，以阐洪荒而兆文明，其功可谓茂已！顾□俗所传鼎湖飞龙之说，近于方外道家者流，其语不经见，臣不敢信。要之帝之灵固，如日月江河之昭耀，流行于天地间，虽至今存焉。臣祀告于兹，因之重有感焉。夫祭之举，为即位正始告也。向使国家有万年之寿，即未必有改元之事。元不必改，则祀亦不必举。故祭之举，为国家之大不幸，而臣子之所讳言也。然自世宗以来，七年之内，祭告者二，其如社稷苍生何哉？臣俯仰今昔，得无慨然太息流涕乎！然此天下，乃帝相传至今之天下也；今上，乃帝所荫托以守神器于异世者也；今之臣民，乃帝之所攀号莫及之臣子，以翼戴乎帝者也。夫帝之灵，固至今存矣。则所以从兹以往，而为斯世斯民之主计者，能无荫祐默相于无穷矣乎？臣不胜祝愿，书以识岁月。一时共事者，为延安守陈君烨也。而鄜州守、中部、洛川、宜君诸守令，亦并书之。

万历元年夏四月十六日

尚宝司少卿臣石星顿首谨记

明嘉靖四十二年（1564），“兴平章侯，公出上郡，路经敝邑，邑侯雷请谒于庙”，见庙中道人生活困难，决定免除黄帝庙地税。同时还将此事告之地方官员。同年十二月三日，嘉靖皇帝朱厚熜降旨拨银400两，修葺轩辕庙。贡士刘仕撰《轩辕黄帝庙重修记》碑文，盛赞嘉靖除免黄帝陵庙税粮一事。此石碑现存于庙内碑廊内。自此之后，历朝历代均仿此举，免征黄帝陵庙税粮。

明天启元年（1621），秋天，鄜州中部县令窦如芳拜谒黄帝陵时，“仰瞻庙貌，夷圮几许”，他“为之恻然”，上奏朝廷。明熹宗皇帝朱由校拨出专用银两，派遣使臣，对黄帝庙再次进行整修。其时不惜工本，遍求各地上等材质，寻访优秀的工匠，纠合宜君、洛川两地民工，耗时一年，对黄帝庙进行了大规模翻修。整修后的轩辕庙，“制东西长廊，并内外诸户，竖碑亭，更□享胙各所”，不但增加了东、西两个长廊，而且新修了数处耳房和碑亭，以及供陈置祭祀品的场所；重新绘画后的黄帝雕像，“垂旒正笏”，熠熠生辉；整个大殿看起来也“栋宇辉煌”，所供奉的祭品“牲牷修洁”（以上见轩辕庙内碑廊明《轩辕黄帝庙重修记》碑），充分显示黄帝庙的皇皇大观。

◎明嘉靖黄帝免除黄帝陵庙粮税石碑

《轩辕黄帝庙重修记》，明窦如芳撰。此碑文刻于明天启元年（1621）。录文如下：

轩辕黄帝庙重修记

臣如芳自天启辛酉之秋，来令中部。甫莅任，遂拜帝陵于桥山顶上。从陵东下，有帝庙，臣步谒之。仰瞻庙貌，夷圮几许，臣为之恻然。夫以今上嗣位改元，必遣使御祭，以告正始；而凌颓若是，岂所以对扬休命，而伸荐馨香者乎？于是请议当道，求大材，酌价值，索玻璃诸匠，纠宜、洛两邑民众，朝夕成之。及礼典才成，而御祭果临。斯时栋宇辉煌，牲牷修洁，真可以对扬王休，仰荐馨香矣。越明年之春，凡庙制东西长廊，并内外诸户，竖碑亭，更□享胙各所，一切告成。环睹鲜妍，仰俯藻采。且帝相聿新，风牧诸臣俱烨然改观。见其垂旒正笏，臣每谒之，仰在上，质在旁，不惟庇吾皇万年之长，即微臣之藉余庥以自荫者，其庆泽当何如？功毕日，部庠学臣张乘元，砻石廊右，征记于臣，以勤其事。臣因周视古碑，知帝庙始肇桥山之北。宋开宝中，敕移于兹。元至正中，重修者一。至我天启元岁，重修者二焉。他若铸鼎神绩，髯龙故事，开草昧，造文明，诸碑已悉谈之，臣何复□？

大明陕西延安府鄜州中部县知县南和窦如芳谨薰沐顿首撰

儒学教谕深州张乘元、县丞龙溪黄一鹏、典史萧田（当为萧山）方继科立石

龙飞天启元年辛酉恩选国子监生部人（当为邑人）寇永清书丹

附寇永清轩辕庙诗碑跋文：

轩辕庙诗碑跋：

亿万斯年　寿人家邦

轩辕圣祖庙，颓于万历庚申之秋，其功转难以卒举。迄次岁辛酉，

天启改元，（缺）邑侯窦公为郡令，甫下车，谒帝庙，眷视其旁，愦愦不乐，日夜靡宁。每食口箸兴嗟曰：“苟□□□□□，吾愿毕矣！”因捐俸金，曲为计处。诸凡为土木谍周而且藏。越明之春，一切告成。侯欣然曰：“□□是可以祀。”遂命工砻石，撰勒其事。以书丹之责属之于清。清不能书，亦何敢辞？敬承焉，不无□□□□讥也。书罢，恭笔一跋，随颂其不朽。

绣错星分紫雾间，天开圭璧尊桥山。
丹封五气笼仙冢，霞隐龙光统宇环。
绕翠□□□□□，华池宁静云高扬。
人歌帝力于何有，挹得清风看皓月。
月华照耀满苔茵，画阁□□□□□。
鼎内神光有□色，天教森蔚壮长春。
长春霭霭深不枉，一业濯泓沮水泻。
流□□□□□□，骚人俯仰傍台榭。
台榭肇基在几时，先朝开宝建于兹。
至今历数千年远，向事□□□□□。
庙圮万历庚申岁，仰吊穹苍天不惠。
遏密八间四海静，一年两次哭先帝。
龙飞□□□□□，我部循良值窦侯。
捐俸经营新庙貌，荫庇民物而优游。
馥郁荫浓帝阁焕，辉煌□□□□□。
肃肃环堵一时兴，路上行人颁不断。
礼□才成御祭临，五更烟雾辉鸣禽。
于照在华桥如对，稽首扬体忠孝心。
侯德侯功难悉道，部人图报于何报？
巍巍凤阙乾坤欠，留得帝名千古稀。

楹挺灿烂迎千祥，石径生金柏子香。

聚气含□孕毓厚，永绵天保祚吾皇。

殿阶若成谁为志，我侯撰记勒其事。

恭承侯命清书丹，勉附俚言供指视。

明知贻臭千百春，明明妄潜前后人。

宾为琳琅成撰赋，宾为刊镌映玉璘。

刊镌不是戛口调，流水斜阳余夕照。

空试霜毫羞石头，博来千古斯人消。

寇永清谨志

白水石匠冯圣第、潘应祯迥刊

崇祯九年（1636），中部县知事万云路上奏章建议重修黄帝陵庙。经核准。同年七月动工，九月完工，历经40天，补修轩辕庙正殿六楹，葺治大门、二门共八楹，构筑垣墙110丈。修整后的庙宇，“栋宇辉煌，牲牷修洁”，“环睹鲜妍，仰府藻采。且帝相聿新，风牧诸臣，俱烨然改观”（见轩辕庙内碑廊明《轩辕黄帝庙重修记》碑），使黄帝庙更加宏伟辉煌。

清朝

据史籍和碑刻记载，有清一代，维修黄帝陵庙达12次以上。

清世祖登基后，“以帝命肇祀于庙”，在黄帝陵轩辕庙进行祭祀。清顺治三年（1646），世祖皇帝命使祭祀黄帝陵时，对黄帝陵庙进行了清代第一次整修。

此后，清代康熙年间三次重修黄帝陵庙：六年（1667）由刺史与洛、中、宜三邑令长主持，太守王公（廷弼）重修（《重修轩辕黄帝庙碑》）；十九年（1680）知府王廷弼主持重修（《重印陕西中部县志》）；三十四年（1695）由邑侯李暄

主持重修（《重印陕西中部县志》）。

雍正年间重修两次：七年（1729）由何任主持重修（《重印陕西中部县志》），十二年（1734）由陕西直隶鄜州知州李如沅主持重修（《轩辕黄帝庙重修碑记》）。

乾隆年间重修三次：二十五年（1760）由邑侯巩敬绪主持重修（《重印陕西中部县志》），三十七年（1772）由邑侯董延楷主持重修（《重印陕西中部县志》），五十五年（1790）由邑侯罗南英主持重修（《重印陕西中部县志》）。

嘉庆十二年（1807）由邑侯丁瀚主持重修（《重印陕西中部县志》）。

道光十年（1830），中部县知县程鸾台率众大兴土木，整修黄帝陵庙，前后历时三年，道光十三年（1833）竣工。二十二年（1842）程鸾台主持重修（《中部县志》）。

详细记载的有以下几次：

清康熙六年（1667），下诏整修黄帝陵轩辕庙，除对大殿、两门、碑亭整修外，又于亭中作《唐宋元明碑序》以竖之。

《重修轩辕黄帝庙碑》，清杨素蕴撰。此碑文刻于清康熙六年（1667）十月。录文如下：

重修轩辕黄帝庙碑

轩辕黄帝葬中部桥山，因庙于其地祀之，以圣人功在万世不可忘也。旧庙坊州城北门外，宋乃徙城东耶，以保生宫更置为庙。或□□□曰玉清观。宋以前碑书蚀弗考，创修元人张敏记略述始末，今其碑存。明益廓其制，周垣可里许。为殿、为亭、为塾、为门、为厨舍□□□楹。祀典，隶太守封内，有司春秋岁祀，三岁则太守亲将祀事。鄜刺史与洛、中、宜三邑之令长百执事，以秋八月上甲祭先，期齐□□□□□。天子遣专官，亦届时至齐，各以其地、其日启明，烂生徒鼓众，太守沐冕对越，使臣敬致，御帛视香太守前，燎辉芬氲，左右史稷，俨天子躬镕祀，辛陟降而歆焉。顺治辛卯，我贡祖皇帝亲政，遣少宗伯公铎来益，天子御极，必特祭告始也。白此，三岁祭典，旷门塾圮弗葺，又屡岁大雨，庙敧漏颓矣。巡抚都御史贾公檄，郡邑重新而役众费，罔克举□□□莅我延，过庙俯仰者，父之唧然而叹曰：“事不可以诿难。”于是集令长群吏，议兴役事。已，又谋之乡耆父老，乃众弗欲兴役事。佥曰：“疲矣吾鄜若、洛若、中部若也，例役一州三邑之人。”王公曰：“嗟呼！吾不忍若而役。”佥曰：“廪其有余粟，不或帑多羡金若犹未也，其何以兴役事？”王公曰：“诏禄二千石□□□□□。”佥又以土木之功，稽察匪易。王公又曰：“刘晏修腥，胡多其资。吾期集事而已。”于是请于都御史贾公与河西副宪鲍公，两公皆稔□□□□□□即卢公新制，秦晋并允所请，于是庙之役作，而司李刘公亦咸集襄厥事，广赀于文武之有事延土者，然后专责中部县尉汪兆焱□□□则勾稽有簿。工弗集，请于太守，太守计曰：“庸之财用靡。”继请于太守，太守一时捐发砺锻、材木、砖石、焦炭、胶漆、颜采。弗备，请于太守□□□□□复时时檄，督劳之间，亲临程其工。大殿成，两门、碑亭，乃作唐宋元明碑序，列其中。然后周垣兴，閟宫实枝，门宇辉焕。黄帝垂拱，六相屏肃，伟哉！足严祀事，光大典矣。然费弗民病，役罔民劳，计之费省而役少，是何也？举度鲜不中程，惟太守贤也。工始□□□□□将落成，太守王公书遣素蕴记焉。素蕴按天子主百神，取功德在于民者，著之祀典，饬有司黝垩庙宫，将以神人受职，课百辟绩。神之不享，民必罔治。是役也，官维人也，百神怀□□□□□王维后也。

卢公讳崇峻，三韩人。贾公讳汉复，曲沃人。鲍公讳开茂，长山人。王公讳廷弼，三韩人。刘公讳翊圣，介休人。鄜州知州刘讳□□□□□县人。陈讳艺衡，福建人。中部县知县曾讳聪，晋江人。宜君县知县周讳之简，仁和人。

是年，会皇上亲历，几将祭告古帝王山川，素蕴幸逢其盛，敬作记焉。

时康熙六年岁在丁未十月之吉

赐进士出身四川分守川北道布政使司右参议前四川道监察御史王华、杨素蕴盥手谨撰

廪生寇一清、郑居广书丹

谨将各官捐俸银俩开列于后：

钦差整饬榆林中西二路兼分巡道陕西按察司副佥事周云捐助银贰拾两

钦差整饬延安等处分巡河西道陕西按察司副使鲍开茂捐助银捌两叁钱

延安府知府王廷弼捐助银叁拾伍两肆钱

推官刘圣翊捐俸银肆两

神木兼收同知英宗泗捐俸银叁两

署葭州事神木同知高显辰捐俸银肆两

靖边知县□□□捐俸银□□□□两

中部县典史汪兆焱捐俸银拾两贰钱

以上共捐俸银贰百壹拾捌两

清康熙六年（1667）丁未十月《重修轩辕黄帝庙》碑和《重修轩辕黄帝庙募缘序》碑记载：康熙六年前，黄帝陵庙圮颓庙漏。巡抚都御史贾公来庙，见此境况，“恻然弗自宁也，以檄河西副宪；副宪鲍公亲诣庙谒览焉，而叹曰：‘事孰有急于此者乎！乃兹颓焉弗修也！’于是下令，庀材程工。太守王公则曰：‘是不可重劳民。’乃捐俸资之。而司李刘公则谓予曰：‘事集于人，功成于众，子何言之？’予曰：‘功崇者世，泽永者思。今孰不居尔宫室，利尔器用，习尔文书，而律历，而衣裳？此世者之道，而思之永者也，则谁不思饬厥祠！矧是役也，宪司身其事，太守与公尝董率之！夫上所令，下奉唯谨也，上所为，下弗力恤也。彼文武将吏，有事于延之封域者，厚集其资以襄厥事，亦义所不得辞也。’”为整修黄帝陵庙，七位地方官员（陕西按察司副佥事周云、陕西按察司副使鲍开茂、延安府知府王廷弼、神木兼收同知英宗泗、署葭州事神木同知高显辰、靖边知县□□□、中部县典史汪兆焱）共捐俸银218两。同年十月，“大殿成，两门、碑亭，乃作唐宋元明碑序，列其中。然后周垣兴，閟宫实枝，门宇辉焕”。

雍正七年（1729），胤禛皇帝下诏天下郡邑，凡有皇古圣哲王寝陵庙者，均应整修；倘若资金不够，可上报拨专款。雍正十二年（1734），中部县令何君“上其事于州”，陕西直隶鄜州知州李如沅“为请之当道各宪”。于是，“祐其工值”。于同年二月十八日开工整修，直至九月十二日竣工，历时七个月。修成后，陵庙焕然一新，“登登冯冯，弗胜鼛鼓；碧瓦凌空，金茎耀日”（雍正十三年岁次乙卯《轩辕黄帝庙重修碑记》碑）。

乾隆二十六年（1761），对轩辕庙进行了一次更大规模的整修。

这年，鄜州知州高麟勋拜谒黄帝陵庙，“瞻仰榱题，周视垣墉，多朽落颓圮，遂慨然动修葺志”，令中部县令巩敬绪督修。七月动工，十月完工。《重建轩辕庙记》碑有详细记载。

《重建轩辕庙记》碑，清高麟勋撰。此碑文刻于清乾隆二十六年（1761）。录文如下：

重建轩辕庙记

今上以古帝王之治治天下，岳贡川灵，发祥献瑞，官勤于职，民笃其顺。殊方异域，莫不晏然称至治。岁举郊祀外，凡国有大庆，暨政典之可昭告者，莫不特遣卿贰走玉帛牲祝以将事。庙貌之弗整弗饬，则责归封疆之官厥土者。吾鄜州所辖中部县，古坊州地，轩辕黄帝陵庙在其封内。余奉天子命来牧是邦，谒帝陵庙毕，瞻仰榱题，周视垣墉，多朽落颓圮者，遂慨然动修葺志。历阅古碣记，知帝庙创自汉代。唐大历中，置城北桥山之西麓。宋开宝间，移今所。元、明以还，代经补缀。我朝定鼎后，圣祖朝重修；宪庙时，鄜牧李公如沅再修。盖新之者屡矣。今而弗举，奚以洁明禋肃祀事耶？谋诸前令王，不果行。再谋诸今县大夫巩侯，巩侯躬其劳，倩余请于各大宪，各大宪为请于朝，可其事。余遂俾巩侯以今年夏，采木于山，取水于渊，罗匠氏于他邦。范金合土，以冶以陶，以椽以筑，以绳以直，以斫以甍，以黝以垩，以绘以朱。其坍者、缺者、蚀剥者、裂而张、隙而渗者、湫不可足者、凹凸而失平者、横斜偏曲不如法者，莫不一一举而新之。是役也，经始于秋七月之望日，报竣于冬十月二十有一日。于帝所居正殿，易其鸱尾，更其瓴甋；琉璃玙璠，分道一色。其间为碑亭三楹，为更衣亭三楹。为大照墙一，衡三丈有奇，高半之。为左右翼墙各一，长各六丈。照墙外为石坊，石有一丈，如其长之数，而作砖栏以卫之。为宫墙一百六十丈有奇，庇之以木，脊其巅以甓之。门内外暨碑亭南北作中甬道三十余丈，缘之以石，如其长之数，而两之。事皆似因，其功实倍于创。庙内外共靡金钱九十余万有奇，工夫二千八百有奇。费取诸公，无扰于民。是玉殿琼台，绀壁红墙，与古柏虬影，烟岚翠巘，掩映参差；而上下前后，左右四旁，遂莫不炳炳然新光焕发矣。今年十有一月，恭逢皇太后七十万岁，普天率土，莫不同庆。来岁之春，必将大祀于群后岳渎。或者玉帛牲祝，不辱虔事，且以慰我皇上法古则先之思，以尽臣下执事之大分。余且新膺简擢，将有荆南之行，庶区区之心，不留遗憾欤！巩侯讳敬绪，甘肃当亭人，戊午举于乡，尝屡篆中州，能其官，授今职，其肩事罔不实，例并记之。

乾隆二十六年十有一月日

诰授中宪大夫湖广荆州府知府前知直隶鄜州事加三级又军功加一级长白高麟勋谨撰

中部县知县巩敬绪督修

乾隆二十六年（1761），对轩辕庙进行整修。“采木于山，取水于渊，罗匠氏于他邦。范金合土，以冶以陶，以椓以筑，以绳以直，以斫以甍，以黝以垩，以绘以朱。其坍者、缺者、蚀剥者、裂而张、隙而渗者、湫不可足者、凹凸而失平者、横斜偏曲不如法者，莫不一一举而新之。是役也，经始于秋七月之望日，报竣于冬十月二十有一日。于帝所居正殿，易其鸱尾，更其瓴甋；琉璃玙璠，分道一色。其间为碑亭三楹，为更衣亭三楹。为大照墙一，衡三丈有奇，高半之。为左右翼墙各一，长各六丈。照墙外为石坊，石有一丈，如其长之数，而做砖栏以卫之。为宫墙一百六十丈有奇，庇之以木，脊其巅以甓之。门内外暨碑亭南北作中甬道三十余丈，缘之以石，如其长之数，而两之。事皆似因，其功实倍于创。”（见轩辕庙内碑廊清《重建轩辕庙记》碑）经整修，黄帝庙的规模进一步扩大。

民国

民国二十三年（1934），国民党陆军第42师124旅第248团团长阳洁，前往桥山谒黄帝陵，“山陵道逶迤，满途荆棘，游行殊感不便”，令人重修道路，使其通畅。从此以后，人们便可以乘坐汽车上山祭陵。

抗战前，鉴于黄帝陵庙“殿宇多圮”，国民政府准备大事修葺，并且已做好了整修规划，但未能实施。

民国二十八年（1939），陕西省政府急令设黄帝陵庙管理所，主任由中部县长兼任。对黄帝陵庙进行了一次大规模的维修，同年秋天开工，“凡大门、享殿、围墙及陨缺者”，均在这次维修之列，而“崇闳之制，尚有所待”。次年三月，整修完毕。由于有了专门管理机构，这次整修时，对轩辕黄帝庙地产进行了一次彻底清理，共查得庙产地 121 亩。庙地产具体数字如下：

“一、戏楼底地二段，二亩。二、东土佥上地一段，十一亩。三、东土佥上地一段四亩。四、大殿背后地一段，八亩。五、管理处背后地一段，九亩。六、河滩地路北二段，七亩。七、西山志超庄鸿门寺庙前地一段，八十亩。”（见《重修黄帝陵庙碑记》碑）

《重修黄帝陵庙碑记》，民国蒋鼎文撰。此碑文刻于民国二十九年（1940）。录文如下：

重修黄帝陵庙碑记

太史公云：“雍州积高，神明之隩。”中华文治发祥焉。而文治实启于黄帝，故太史公作史书，据《大戴礼·帝德》篇，本纪以黄帝托始。盖以诸家记载，谓帝前尚有古皇。而神话无稽，难资考信。至帝而发明创造，粗有法制，洗游牧巢窟之俗，建衣裳礼乐之国，吾华文明，于焉开始。冠于纪首，崇初治也。故孔子常赞之曰：“生而人得其利，没而人畏其神，服其教。”帝之威德，实动于人人之精神而生其爱敬，而非室宇莫由将，此先民立庙之义之所起也。余自莅陕，三谒桥陵：二十七年，代中国国民党执行委员会；明年，又明年，均代国民政府。殿宇多圮，睹之心□。先是，国民政府将大事修葺，规划已具，而抗战兴，不遑兹役。余因粗为整治，聊便祭扫，饬建设厅派员计工，令中部卢县长仁山躬督，而受成于第三行政督察区钟专员相毓。凡大门、享殿、围墙及隤缺者，均加葺补。至于崇闳之制，尚有所待。自二十八年秋经始，明岁三月讫工，所费才及万元。而远眺山陵，近瞻清庙，一草一木，亦焕然增新矣。常取子长书绎之，而知帝精神之所注焉。其时炎帝政衰，强侯放恣。当群雄角逐之秋，帝知非大张挞伐，不足以安人民而垂业统。故虽神运哲思，创造文化，而尤特重夫武功。观史迁纪中所载，披山道以利交通，艺农林以富生产，师兵自卫以同甘苦，熊罴名军以神战术，创制讨伐，未遑宁居。自阪泉涿鹿大捷后，群强乃帖帖就辖矣。武功既成，文治愈兴，万世治功，由此开基。方今倭寇内侵，欲以肆志于我，全国共愤，誓逐此虏。以帝盛德大业，沾溉无穷，重新陵庙，树之风声。思远祖缔造之维艰，念守业缵绪之莫贷，则万万同仇敌忾之志，愈奋迅激发而莫之能遏，克奏肤功，计日可待。若夫崇德报功，岁时修祀，其义抑犹浅已！爰勒贞珉，用谂来哲。是为记。

中华民国二十九年月日

长安白延锡刻字

民国三十一年（1942）冬，在各界人士的敦促和关怀下，曾推出一个修建黄陵计划草案，共涉及 18 个方面。其中部分计划得到实现，如改桥陵为黄帝陵，改中部县为黄陵县（1944 年 4 月经陕西省政府临时会议通过更改提案，1944 年 7 月经政务院批准，正式改中部县为黄陵县），编纂《黄帝陵志》（1944 年完成刊行）。大部分计划未能实现，如开拓黄陵农场、修筑黄咸公路、设立黄陵奉祀官、整修黄陵碑林和建立古物陈列馆。

民国三十二年（1943），为整修黄帝陵庙，成立黄帝陵修建委员会。规定：国内外社会名流，中央及本省军事长官与地方官绅，对纪念中华民族元祖，建设中华圣地，发扬中华民族文化特具热忱者，皆可聘为本委员会委员。据中华民国三十二年海外华侨捐款《重修黄帝庙》碑文记载，委员会地址设在中部县（今黄陵县），通讯处分设西安及洛川两地。海外华人纷纷响应，捐献图书和钱物，表示支持。陕西省政府派员赴黄陵设计庙宇图，并拨专款10万元，水泥20桶。此次修建，用水泥修葺了陵墓实顶，并建成享殿。修缮扩大了黄帝庙大殿。将碑亭扩为三间，将黄帝陵各处散碑加以集中，分置庙内两长廊下。

中华人民共和国

1955年，爱国华侨陈嘉庚首先上书毛泽东主席建议整修黄帝陵庙。毛泽东主席在陈嘉庚先生建议整修黄帝陵庙的信上批示说“我看陈先生的提议是有道理的”，并把信转给国务院总理周恩来。

◎黄帝陵碑廊

◎郭沫若手书黄帝陵碑

1956年2月4日，为了祭祀亭内换碑题字一事，黄陵县政府上呈毛主席一文，说明为了发扬我始祖轩辕黄帝的英明事迹与壮观瞻仰起见，拟于今春将黄帝陵予以修缮。除将修缮计划报告陕西省文化局拨款外，并请毛主席题字，以便修缮时刻勒立碑。毛主席将题字一事委托给郭沫若，后郭沫若手书“黄帝陵”三个大字寄黄陵县政府刻碑，即现在祭亭一通。

1956年3月，在毛主席和周总理的直接关怀下，黄帝陵祭祀亭得到整修，陵墓外新筑砖花墙，庙院内“手植柏”“挂甲柏”周围新做木栅栏，黄帝陵面貌焕然一新。

1959年至1961年，陕西省人民政府拨款15.5万元，整修黄帝庙大殿，修建过厅。共修建宫式大殿七间，厅房七间，碑室五间。工程于是年8月开始，1960年3月竣工。1961年4月，国务院公布第一批全国重点文物保护单位中，黄帝陵被列为其中之一。

1962年，陕西省文物部门根据毛主席、周总理的批示，对黄帝陵、轩辕庙进行过一次较大规模的整修，随后又进行了多次修复。

1963年，新建厅房五间，碑室五间。

1964年重修碑亭和大门。

1966年，“文化大革命”开始，黄帝陵一度无人管护，造反派甚至错误地把“黄帝”当作“皇帝”进行批判，对陵庙进行大肆破坏，山陵成为武斗的据点，山上修工事，陵庙建筑均遭到不同程度的破坏，这种混乱状况一直持续到“文革”末期。

1976年，陕西省革委会文化局拨款6000元修缮山顶祭厅、黄帝庙大殿和围墙三个项目，并对陵园枯树进行了清理。

1978年12月，十一届三中全会以后，陕西省将黄帝陵列为重点维护整修单位，省政府决定按古朴大方的原则，以陵区和庙区为重点，进行了上山公路、迁坟、修建围墙、通水、修建停车场等一系列修缮工程。随着改革开放的逐渐深入，到黄帝陵拜陵祭祖以及旅游的人数日益增多，特别是港澳台胞和海外侨胞寻根祭祖的人员逐年增加。黄帝陵虽然几经修复维护，但由于陵园建筑年久失修，祭祀场地狭小，已不能满足与日俱增的祭陵祭祖的要求，亦与中华民族始祖陵寝应有的气势极不相称，海内外华人纷纷要求进行大规模整修，以弘扬始祖缔造中华民族的无量功德。

1990年5月上旬开始，由陕西省文物局组织陕西省建筑设计院、西安冶金建筑学院、陕西省规划设计院等有关设计单位和大专院校，在对黄帝陵进行实地考察和现场勘测的基础上制订重修规划。

1990年8月30日至31日，陕西省提出了修订后的5个方案（分别由陕西省建筑设计院、西安冶金建筑学院、陕西省规划设计院、西北建筑设计院和西安冶金建筑学院青年教师组设计），根据中央领导、有关部门及专家们的意见，陕西省土木建筑学会受省政府的委托，邀集省内各有关方面的专家学者，召开了重修黄帝陵规划设计研讨会，形成了《重修黄帝陵规划设计大纲》，然后由陕西省建筑设计院和西安冶金建筑学院加以集中，整理出了综合方案。

1991年1月，中国建筑学会在其第一期《建筑学报》上刊登了学会征集黄帝陵重修设计意见、重修黄帝陵规划设计条件和综合方案以及五家设计单位的设计方案，面向海内外广泛征求意见。

1991 年 7 月 11 日，国家计委将计〔投资（1991）1061 号〕《关于重修陕西黄帝陵问题的复函》批复给陕西省政府，明确了一期工程规模及国家专项补助数额。国家计委要求，要认真搞好黄帝陵总体规划工作，以弘扬中华民族悠久的历史文化，振奋民族精神，增强民族凝聚力和民族团结。

1992 年初，《重修黄帝陵基金会章程》《重修黄帝陵建设资金筹集和使用管理办法》上报中国人民银行审批。国家计委下达的一期工程的 500 万元资金已经到位。陕西省的建筑设计人员在国内知名专家们的帮助指导下，也已先后进行了四轮规划方案的设计。

1992 年 3 月 14 日至 15 日，陕西省在西安召开了由省内建筑、历史、文化、考古等方面专家学者和领导参加的讨论会，对重修黄帝陵规划设计综合方案再次进行了深入的讨论。

1992 年 4 月 4 日（清明节），为进一步扩大宣传，搞好建设资金的筹集工作，在一期工程国家补助资金已经到位的情况下，陕西省政府提前在黄帝陵举行了“陕西省各界公祭轩辕黄帝陵暨重修黄帝陵工程奠基仪式”。至此重修黄帝陵工程的序幕正式拉开。

1992 年 8 月，整修黄帝陵一期工程开工，1998 年 12 月竣工，累计投资 8300 多万元。

经 1992 年扩建整修后的轩辕庙建筑以汉代风格为基调，形式结构多取法于汉画像石，多为石造建筑或仿石建筑，着意突出石材本色，充分体现了雄伟、庄严、肃穆、古朴的气象。

黄帝陵区保护面积 25 平方千米，整修范围 3.24 平方千米。总体结构包括庙前区、庙区、神道、陵园区、县城和外围景观 6 个区域。按照整修黄帝陵总体规划，整修工程分两期进行。

施工单位：陕西省第八建筑工程公司。完成的项目有入口广场、印池、轩辕桥、桥北广场、龙尾道、庙前广场、轩辕庙门、陵区道路、棂星门、陵道、神道，

◎黄帝陵全景（王晓斌 摄影）

以及绿化工程等 22 项。

入口广场　总面积 10000 平方米，为不对称半圆造型，地面用 5000 块采自陕西省蓝田县平均直径大小为 0.5 ~ 0.6 米的河卵石铺砌，粗犷、厚重，象征中华民族五千年悠久历史。从入口广场到轩辕庙门逐步上升，给人以宽阔壮观之感。

印池　其寓意为黄帝用印之水。利用桥山和印台山之间的沮河古道改建而成，占地 300 亩，蓄水量 46 万立方米。宁静、透明、碧绿的水面，再现出“沮水秋风”和“桥山夜月”的自然景观，不仅大大改善了陵区的生态环境，而且对县城的防洪、林区的消防及下游的农田灌溉发挥着重要作用。

轩辕桥　为仿古灞河的礅梁桥，全长 66 米、宽 8.5 米，共九跨，桥体全部采用福建惠安的花岗岩，每根石梁长 5.71 米，重达 10 吨，由 121 根石梁铺砌而成。轩辕桥横跨印池，给人以粗犷、古朴、厚重的视觉效果。

◎轩辕庙夜景（张西陵 摄影）

◎庙前广场

◎轩辕庙大殿斗拱（李小军 摄影）

桥北广场 位于轩辕桥以北，连接龙尾道，占地1584平方米。广场上耸立着4根高4.8米的花岗岩望柱，烘托了庙前的庄严气氛。

龙尾道 连接桥北广场和庙区，共设95级石质台阶，寓意黄帝“九五之尊”。

庙前广场 总面积2800平方米，广场与印池18米的落差及相向耸立的一对5.64米高的石阙，为谒陵祭祖的人群登陵、入庙烘托了气氛。在祭祀大殿未建成前，清明节公祭活动在此举行。

轩辕庙门 庙门平面轴线尺寸为19.2米 ×10米，位于庙轴线上，为仿汉风格的石质建筑，总建筑面积224平方米，五开间布局，4.8米高的18根柱子为花岗岩整条石。庙门台基比地面高出2.72米。庙门正上方“轩辕庙”匾为1938年蒋鼎文所题。

停车场 共有3个，位于入口广场两侧，可同时容纳300多辆中型轿车。停车场中广植松柏，车辆隐于树荫之中，既照顾到使用的方便，又不影响谒陵的气氛。

庙前区绿化 均以成材的松柏等常绿树种为主调，塑造“庄严、肃穆”的陵区气氛。印池周围与庙前区的大面积绿化，充分注意了桥山南立面形象的完整统一与自然和谐，基本恢复了历史上“圣水深邃，灵山翠微”的恢宏景象。

庙后公路 为了增加人们的谒陵神圣感和庄严感，以及方便大家上山谒陵，已从庙院后边新修一条长750米、宽7.5米的上陵公路。

陵道、神道 登陵道是陵园的重要构成部分，采用形断意连，曲不离直的手法。登陵道总长455米，其中陵道260米，神道195米，宽5米，全部用花岗岩条石铺筑。

龙驭阁 2001年8月开工，位于桥山之巅，高18米，取材于汉代陶楼和画像石，为钢筋混凝土结构花岗石贴面建筑。造型具有仿木结构特征，并兼具放火瞭望功能。南面“龙驭阁”三字集汉隶刻石，古朴端庄。周围设造型古朴的石灯笼18个。该工程于2003年3月完工。站在龙驭阁上，视野开阔，可以使谒陵者自然想到黄帝驭龙而去的美好传说，深切感受华夏始祖的丰功伟业。

此外，防火水池及管道铺设工程本来是二期工程的建设任务，已经在一期工程期间提前完成。完成的两个容量为1300立方米的大型消防蓄水池和近30000米长的防火输水管道，为桥山的古柏消防安全提供了保障。

2001年12月，整修黄帝陵二期工程开始，概算投资人民币2.5亿元，主要项目包括建设祭祀大殿和祭祀广场、古柏防火以及大环境治理等配套工程。其中古柏防火工程已经于2003年完成，祭祀大殿和祭祀广场也已于2004年清明节公祭活动前完成。黄帝陵整修二期工程，包括祭祀大院（殿）、古柏防火续建、功德坛等项目。

祭祀大院（殿） 新建殿区占地40000平方米，总建筑面积1.32万平方米。其中祭祀大院占地10000平方米，主要包括祭祀大殿、祭祀广场、三出阙、东西角楼、隧道及环境绿化等。祭祀大殿建筑面积1700平方米，由36根直径1.2米圆形石柱围成40米见方的空间，顶中央有14米的圆形天光，大殿地面中心处采用青、红、白、黑、黄五种彩色石材铺砌。祭祀广场面积8500平方米，东、西、北三面种植成形柏树林带，功能性设施均在隐蔽处。尾留的大殿东西角楼、中院东西便门、庙前广场改造等，于2004年全面完成。

2008年，为了更好地保护黄帝陵，营造更为浓郁的圣地氛围，弘扬中华民族优秀文化，陕西省委、省政府决定在黄帝陵周边规划建设黄帝文化园区，这是继承好中华民族优秀文化传统，守护好中华文明根脉和炎黄子孙精神家园的又一重大举措，也是陕西省确定实施的30个重大文化项目之一。

2011 年 7 月，经陕西省政府第 11 次常务会议研究通过由北京清华城市规划设计院和西安建筑科技大学城市规划设计院共同编制的《黄帝文化园区总体规划》。

2012 年开始，对黄陵县城“四山”和县城区、印池公园、印台山、轩辕大道及沮河沿线等重点区域进行了绿化美化亮化，实施了景区周边环境综合整治，景区建设规模不断扩大，文化内涵日益丰富，对外知名度和影响力持续提升，接待游客人数和旅游收入逐年增长，收到了良好的政治、经济、生态和社会效益。

2014 年 2 月，经省政府第 3 次常务会议研究通过由北京清华同衡规划设计院和中建西北院共同编制的《黄帝文化园区陵东片区西部门户区修建性详细规划》和《黄帝文化中心建筑设计方案》。

2016 年，黄陵县启动建设黄帝陵国家文化公园项目。公园建设作为国家文化

旗帜工程和坚定文化自信的陕西使命，已纳入国家“十三五”文化发展改革规划和陕西省“十三五”文化和旅游融合发展规划，陕西省专门成立了中共陕西省委黄帝陵文化园区工作委员会、陕西省黄帝陵文化园区管理委员会。

黄帝文化园区规划总面积24平方千米，与黄陵老城区规划范围完全重合，园区空间结构为“一轴、一河、一环、八区”。“一轴”即黄帝文化旅游展示核心轴线——轩辕大道，“一河”即穿过园区的沮河及其两岸开放空间，“一环”即“陵、城、山一体”的遗产景观环境，“八区”包括黄帝陵祭祀区、西部门户区、文化园旅游服务区、东湾景区、城市生活商业综合区、古城历史文化旅游服务区6个核心功能区和两个外围山体生态保护区。黄帝陵祭祀区包含桥山、印池与黄帝陵庙，功能定位为黄帝陵核心祭拜区和黄帝文化重要展示区，占地223公顷。主要建设黄帝文化中心，规划建筑面积2.4万平方米，概算投资3.9亿元。西部门户区是县城西侧进入文化园区的门户，以景观绿地、游客集散、旅游服务、文化休闲、交通换乘为主要功能，主要建设黄帝陵游客接待中心，占地面积67公顷，规划建筑面积9.7万平方米，概算投资7.1亿元。文化园旅游服务区位于黄帝陵祭祀区东侧，以文化博览、展示、旅游配套服务为主，占地面积81.8公顷，规划建设黄帝陵国家文化公园，估算投资29.6亿元。东湾景区位于黄帝文化园区最东侧，主要以发展休闲旅游度假产业为主，占地面积 125 公顷，规划建筑面积 14.6 万平方米，概算投资 12 亿元。城市生活商业综合区主要包括县城河西和商业街区域，是一个重要的居民生活片区，以群众居住和商业服务为主，并兼顾旅游休闲，占地面积 80 公顷，建设用地规模为 74 公顷。古城历史文化旅游服务区主要包括坊州古城（上城）与老县城（下城）两部分，占地面积 125 公顷，重点发展文化旅游产业与商业。

黄帝文化中心是黄帝文化园区启动实施的首个单体项目，它与轩辕庙、黄帝陵共同构成黄帝陵景区地景文化，是展示黄帝文化、弘扬爱国主义、传播民族文化的重要平台，具有文物陈列、文化展示、体验参与、旅游服务等多种功能。

黄帝文化中心建筑设计以五千年前玉龙为构思之源，寓意黄帝是龙的化身，中华民族是龙的子孙。它与轩辕庙、黄帝陵共同构成黄帝陵景区地景文化，集中展示黄帝文化、弘扬爱国主义、传播民族文化，游客在潜移默化中触摸历史记忆、延续文化根脉。黄帝文化中心立意“大象无形”之意，建筑主体全部隐藏于地下，顶板上覆 2 米以上的土层，密植成林，与桥山 81.9 公顷的古柏森林浑然一体，使桥上绵延的山行一直延伸至印池两岸，桥山对轩辕庙成环抱之势，凸显出黄帝陵的“圣地感”。

黄帝文化中心建筑设计方案由国家工程院院士、建筑设计大师张锦秋设计，中国建筑西北设计院具体承办，建设地点位于轩辕殿东南，东临 210 国道，西距黄帝庙区中轴线 390 米，南面是印池，北面是通向桥山黄帝陵冢的道路，用地面积 97620 平方米，建筑面积 24065 平方米，工程概算投资 3.91 亿元。黄帝文化中心总平面由地面广场、下沉式入口广场、文化中心地区全地下建筑主体、地面绿化、内部专用通道和专用停车场共同组成。内部功能分区为陈列区、公共服务区、办公区、藏品库区。项目于 2015 年 6 月 15 日开工建设，2018 年全面建成投用。

黄帝陵景区游客服务中心位于黄帝文化园区的西侧，是前往黄陵县与祭祀黄

帝陵的必经前序空间，在整个园区中占有重要地位，建设地点位于虎尾隧道以东，阳光小区沮河大桥以西，北临210国道，南临沮河，集文化休闲与展示、景观绿地、游客集散、旅游服务、交通换乘等多功能为一体，具有重要的形象展示作用。规划用地面积18.8万平方米，总建筑面积9.68万平方米，建设内容主要包括接待酒店、游客中心、休闲商业街、小火车换乘站、停车场及道路广场、园林绿化等项目。该项目由黄帝文化园区投资建设公司和延安旅游集团公司共同出资组建项目公司合作开发建设，具体负责黄帝陵景区游客服务中心项目的投资、设计、开发、建设、运营、管理等工作。于2016年3月正式开工建设，2018年全面建成投用。

2015年春节前夕，习近平总书记视察陕西时指出，黄帝陵是中华文明的精神标识。黄帝陵不仅以其独特的政治地位和深厚的人文资源，在历朝历代都得到了很好的修缮和保护，特别是1992年以来在各级党委政府的高度重视和大力支持下，先后实施了一期、二期整修和后续基础设施建设工程及景区周边环境综合整治。

历史与现代交相辉映、传统与时尚完美融合，黄帝陵国家文化公园在建设中

既突出传统符号，又注重用好现代元素。建成后，前来寻根祭祖的全球华人将在浓厚的圣地文化氛围中，顺畅地完成自己的朝圣之旅。

从包茂高速进入黄陵县城，人们可以在西部门户区的游客服务中心购票咨询、停车用餐，然后乘坐沿沮河河道行走的观光轻轨欣赏绿廊花海、水系风光。到达黄帝陵祭祀区后，人们在轩辕庙、黄帝陵行祭祀大礼，之后可以在黄帝文化中心了解黄帝文化，体验黄帝做衣冠、造舟车、教蚕桑、定音律、创医术、造历法的创造。文化园旅游服务区构建了四海归宗、文明星空、东方史诗三大文化体验板块，东湾景区主打休闲度假，这里将成为旨在弘扬中华传统文化的农耕文化体验、中医药养生、会展服务、国学论坛的集结地。

黄帝陵在中国文化中具有至高性、唯一性，黄帝文化园区建设坚持高起点、高标准、高水平，成为中华民族文化自信的新高地。

陕西省把黄帝陵国家文化公园建设放在了前所未有的高度和位置，并提出，要把黄帝陵国家文化公园的园区建设与黄陵县县城发展规划相融合。黄帝文化园区的规划面积与黄陵老城区规划范围完全重合，因此，黄帝文化园区、黄帝陵景区、黄陵县城区建设的融合互动成为黄帝陵国家文化公园建设的显著特点。

在园区规划的六个核心功能区中，城市生活商业综合区就是一个重要的居民生活片区，以群众居住和商业服务为主，并兼顾旅游休闲。古城历史文化旅游服务区则分为坊州古城和老县城两部分，展示黄陵传统民居和风土人情。

黄帝文化园区建设在坚持“景区、园区、老城、新区”大融合、大发展、大推进，加快老城区棚户区改造、古城改造、景观改造、管网改造工程，补齐交通、餐饮、住宿、停车等公共设施短板，着力打造全国知名文化旅游古城。同时以全新的理念建设梨园新区，完善基础设施和公共服务设施配套，启动商业综合体、主干道延伸及气化工程，建设绿色生态、舒适宜居的山水新城。

建设黄帝陵国家文化公园，守护、传承和弘扬好这一中华文明的精神标识，是落实习近平总书记来陕视察重要讲话精神的内在要求，是陕西省委、省政府保护、建设黄帝陵的又一重大举措，是实施中华优秀传统文化传承发展工程、坚定文化自信的重要载体。对于进一步提升黄帝陵在海内外的知名度和影响力，增强国家文化软实力，推进社会主义精神文明和培育社会主义核心价值观，增强文化自信、弘扬民族精神，凝聚民族情感，增进民族团结，实现中华民族伟大复兴都具有十分重要的意义。

中华民族是一个家在东亚又花开五洲的民族，可以说覆盖整个中华民族精神高地的就是以黄陵所画的一个圆。

整修和保护好黄帝陵，守好民族精神的圆心，让海内外华人在谒陵祭祖的同时更加深刻地感受到黄帝的功德和黄帝精神，是海内外中华儿女的共同心愿，也是每一位中国人义不容辞的责任和义务。